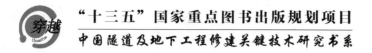

"十三五"国家重点图书出版规划项目

中国隧道及地下工程修建关键技术研究书系

THE KEY TECHNOLOGY INNOVATION AND APPLICATION OF
URBAN RAIL TRANSIT EXPRESS LINE
—— SHENZHEN METRO LINE 11 PROJECT

城市轨道交通快线关键技术创新与应用
——深圳地铁11号线工程

深圳市地铁集团有限公司
中铁南方投资集团有限公司 编

人民交通出版社股份有限公司
China Communications Press Co.,Ltd.

内 容 提 要

深圳地铁 11 号线是目前国内一次性建成线路最长、行车速度最快的地铁线路。本书编者全程参与了 11 号线的建设管理工作，搜集和整理了建设过程中的新技术和创新应用。

本书分为工程概况、规划及设计创新、明（盖）挖车站及区间关键技术、高架车站及区间关键施工技术、矿山法隧道区间施工技术创新、盾构区间隧道施工技术、车站出入口通道施工关键技术、车辆段及停车场施工关键技术、车站机电安装及装修工程以及轨道工程施工技术等 10 章，介绍了 11 号线建设过程中在规划设计、土建施工、机电安装、装饰装修以及轨道工程等方面采用的新技术、新工艺、新思路，包括：线路规划创新，应对深圳复杂地层的盾构施工技术、物探技术，深圳地铁首次采用外径 6980mm 非标准盾构、CP Ⅲ 精密测量技术等。编者旨在通过本书将 11 号线建设过程中关键技术创新与应用进行总结和推广，进一步推动地铁工程的健康、有序、高效发展。

本书可供地铁建设、设计、监理、施工、装备制造等单位的技术与管理人员参考，也可以作为大专院校相关专业师生的参考用书。

图书在版编目（CIP）数据

城市轨道交通快线关键技术创新与应用：深圳地铁 11 号线工程 / 深圳市地铁集团有限公司，中铁南方投资集团有限公司编 . — 北京：人民交通出版社股份有限公司，2018.7

ISBN 978-7-114-14657-2

Ⅰ．①城… Ⅱ．①深… ②中… Ⅲ．①城市铁路－铁路施工－施工技术 Ⅳ．① U239.5

中国版本图书馆 CIP 数据核字（2018）第 078313 号

书　　名：	城市轨道交通快线关键技术创新与应用——深圳地铁 11 号线工程
著 作 者：	深圳市地铁集团有限公司　中铁南方投资集团有限公司
责任编辑：	刘彩云　李　梦
责任校对：	孙国靖
责任印制：	张　凯
出版发行：	人民交通出版社股份有限公司
地　　址：	（100011）北京市朝阳区安定门外外馆斜街 3 号
网　　址：	http://www.ccpress.com.cn
销售电话：	（010）59757973
总 经 销：	人民交通出版社股份有限公司发行部
经　　销：	各地新华书店
印　　刷：	北京印匠彩色印刷有限公司
开　　本：	787×1092　1/16
印　　张：	22.25
字　　数：	517 千
版　　次：	2018 年 7 月　第 1 版
印　　次：	2018 年 7 月　第 1 次印刷
书　　号：	ISBN 978-7-114-14657-2
定　　价：	128.00 元

（有印刷、装订质量问题的图书，由本公司负责调换）

本书编写委员会

主　　任：肖　民　　陈湘生　　付漳湖　　温德智

副 主 任：李全清　　胡晖辉　　张国亮

委　　员：张中安　　钱秀武　　苑立武　　孙　波　　雷江松　　黎忠文
　　　　　　胡　鹰　　彭　义　　张　伟　　伍生龙　　王先高　　吴蔚博
　　　　　　王平豪　　朱斌顺　　陈　滨　　周建军　　赵雪峰　　周　勇
　　　　　　刘启峰　　周明亮　　王仕春　　杨永刚　　苟明中　　刘学勤
　　　　　　黄鑫琢　　贾晓辉　　徐世达　　文仁学

主　　编：黄力平　　赵　勇　　龙宏德

副 主 编：刘晓阳　　刘　恒

主　　审：刘继强　　罗　曼　　潘晓明　　刘锦辉

编写单位：深圳市地铁集团有限公司　　中铁南方投资集团有限公司

前 言
FOREWORD

  深圳地铁 11 号线是深圳市城市轨道交通三期工程建设重大项目之一，线路全长 51.936km，是深圳市城市轨道交通三期项目中线路最长、投资规模最大的一条线路，也是深圳市首条建设运营速度达 120km/h 的机场快线。

  11 号线作为快速城市轨道交通线路，承担深圳市中心区与西部滨海地区的快速联系功能，同时作为机场线，采用 8 节 A 型车编组（其中含 2 节商务车），承担深圳市中心区、次中心与深圳机场的快速联系功能，无缝对接高铁站、机场新航站楼，满足疏散机场旅客和提升深圳机场服务水平的需要，是一条运营服务水平较高的区域快线。

  11 号线是轨道交通规划创新的又一次成功实践，首先在轨道网络方案中确定了 11 号线的功能定位和线站位方案，继而又在线路详细规划中进一步深化了线站位规划设计方案及沿线城市和交通的组织协调，通过枢纽详细设计锚固沿线重要节点，确保规划理念在实施中的落实，为国内城市轨道快线规划提供了有益的经验、方法和范式。

  11 号线具有线路区间长、列车运行速度快、车站规模大等特点，列车在隧道内高速运行的空气动力形态引发一系列工程问题，对区间断面尺寸、车站主体结构、设备选型及安装等提出了新的要求，而国内暂无实例，国内地铁规范和标准尚未涵盖。基于此，设计单位针对运营速度目标值选择、列车编组和商务车编组运营管理、隧道断面等开展了多方面研究，亦为后期快速轨道线路建设提供好的实践经验。

  此外，11 号线工程自 2012 年 6 月 28 日开工建设以来，深圳市政府相关部门、地铁公司、设计、监理及施工各方建设者以"建设安全舒适、绿色环保、科技领先、人文和谐的轨道交通线，全线争创鲁班奖"为总目标，经过四年的精心组织，于 2016 年 6 月 30 日顺利实现开通运营。四年来，参建各方精诚合作，从建设伊始即对全线建设总目标、工期总策划、设计与施工互动、施工组织设计以及安全、质量、进度、工期等诸多保障措施进行了全方位的顶层设计，为优质高效推进工程建设提供了有力保障。

  11 号线施工过程中，广泛应用新技术和新工艺，大直径盾构国产化研制、关键盾构施工技术、围护结构防渗漏检测、中立柱定位、数码电子雷管爆破、盖挖逆作车站矮支架法施工等新技术达到国内领先；首次将高铁 CPⅢ高精测量技术引入深圳地铁工程，采用减振道床，极致降噪；率先应用 BIM 技术，通过构建各车站建筑结构、机电及综合管线三维模型，实现了碰撞检查、设计优化、施工模拟、现场漫游，大幅提高了工程实体质量和建设效率。

11号线装修工程遵循"统一风格，一站一景"的设计理念，点、线、面、块有机组合，细节精美、整体大气。车站装修与城市人文历史有机融合，设置文化艺术墙，展示深圳地域文化、科技文化、沿海文化、岭南文化、建设文化。接触网系统引入弹性支持结构和膨胀节头，实现更好的弓网结合；信号系统采用基于AP天线等方式的无线通信技术，实现全线路的信号移动闭塞功能，确保11号线120km/h的运营速度。

各层级的创新及新技术的应用，把11号线建设成为安全舒适、绿色环保、科技领先、人文和谐的城市轨道交通线，工程质量优良，实现了轨道交通建设"深圳速度"到"深圳质量"的目标，为后期轨道交通快线建设提供了可供借鉴的经验，并助力深圳构建先进的轨道交通体系，为深圳加快建成现代化、国际化创新型城市做出了积极贡献！

编　者
2018年6月

目 录
CONTENTS

第 1 章　工程概况

第 1 节　工程简介 ··· 002
1.1　线路走向及项目建设意义 ··· 002
1.2　线路主要工程 ·· 005
1.3　项目所处环境 ·· 008
1.4　工程特点及重难点 ··· 010

第 2 节　工程技术应用情况 ·· 012
2.1　施工工法 ·· 012
2.2　技术创新概述 ·· 015

第 3 节　建设历程 ··· 017
3.1　建设规划 ·· 017
3.2　建设历程 ·· 017
3.3　政府专项验收 ·· 019

第 2 章　规划及设计创新

第 1 节　规划创新 ··· 022
1.1　规划流程 ·· 022
1.2　轨道快线特点 ·· 023
1.3　技术创新 ·· 024
1.4　轨道快线与城市空间有机融合 ··· 026
1.5　应用成效 ·· 031

第 2 节　车站、区间设计创新 ·· 032
2.1　高速长大区间隧道空气压力波设计 ··· 032
2.2　填海区复杂环境设计创新 ·· 036
2.3　长大区间非标盾构设计创新 ·· 046

| 2.4 车站区间设计创新成果 | 055 |

第3节 机场航站楼与轨道交通一体化设计创新 057
3.1 机场站概况	057
3.2 机场站换乘设计	057
3.3 项目建设主体和项目建设时序统筹	060
3.4 机场站换乘设计成效	061

第4节 车辆段、停车场设计创新 062
| 4.1 松岗车辆段 | 062 |
| 4.2 机场北停车场 | 069 |

第5节 长大区间机电设计特点 070
| 5.1 给排水及消防设计 | 070 |
| 5.2 长大区间用电设备电缆截面选择 | 071 |

第3章 明（盖）挖车站及区间关键技术

第1节 基坑钢支撑自动轴力补偿与监测技术 076
1.1 工程概述	076
1.2 自动轴力补偿系统概述	076
1.3 自动轴力补偿系统在前海湾站盖挖逆作体系中的应用	079
1.4 自动轴力补偿系统应用成效	080

第2节 基坑止水帷幕ECR渗漏检测技术 081
2.1 工程概况	081
2.2 ECR技术检测原理及系统组成	082
2.3 防渗技术应用	083
2.4 应用成效	085

第3节 单侧悬臂液压大模板台车施工技术 086
3.1 侧墙施工方法分析及单侧悬臂液压大模板组成	086
3.2 模板台车组装工艺	087
3.3 模板台车施工注意事项	088
3.4 应用成效	088

第4节 十字型钢格构柱高精度定位技术 089
4.1 工程概述	089
4.2 技术应用难点分析	089
4.3 一柱一桩实时监测系统组成及工作原理	089
4.4 实时监测系统的主要特点	091
4.5 钢格构柱调垂	091
4.6 应用成效	093

第5节 大型枢纽车站盖挖逆作法施工技术 094

	5.1 工程概况	094
	5.2 总体施工组织	095
	5.3 盖挖逆作法施工技术应用	095
	5.4 应用成效	104

第6节 填海区深基坑与结构新型盖挖逆作法施工技术 ································ 105
    6.1 工程概况 ································ 105
    6.2 盖挖逆作段施工方案 ································ 106
    6.3 填海区复杂地层关键施工技术 ································ 109
    6.4 结构施工 ································ 111
    6.5 应用成效 ································ 112

第7节 填海区域地下连续墙施工技术 ································ 113
    7.1 工程概述 ································ 113
    7.2 水文地质条件分析 ································ 114
    7.3 围护结构施工难点 ································ 115
    7.4 地下连续墙成槽辅助性技术措施 ································ 115
    7.5 填海区复杂地质状况下的围护结构施工 ································ 118
    7.6 控制测量、监测控制措施 ································ 118
    7.7 应用成效 ································ 119

第8节 紧邻次高压燃气管数码电子雷管微振控制爆破施工技术 ································ 120
    8.1 工程概况 ································ 120
    8.2 技术应用特点 ································ 120
    8.3 爆破试验 ································ 120
    8.4 爆破方案 ································ 123
    8.5 应用成效 ································ 124

第4章 高架车站及区间关键施工技术

第1节 海域段地铁高架桥梁施工技术 ································ 126
    1.1 工程概况 ································ 126
    1.2 跨海段高架施工技术应用 ································ 127
    1.3 应用成效 ································ 131

第2节 高架区间吹填大砂被填海施工技术 ································ 133
    2.1 工程简介 ································ 133
    2.2 吹填大砂被填海的必要性 ································ 133
    2.3 施工方法 ································ 134
    2.4 应用成效 ································ 136

第3节 地铁高架桥挂篮法悬臂浇筑施工技术 ································ 137
    3.1 工程概况 ································ 137

3.2 挂篮系统构造、施工原理及施工特点·······137
3.3 挂篮施工技术应用·······139
3.4 应用成效·······140

第5章 矿山法隧道区间施工技术创新

第1节 矿山法区间超小净距下穿污水管（箱）涵施工技术·······142
1.1 工程概况·······142
1.2 施工方案比选·······143
1.3 数值模拟分析·······143
1.4 施工方案·······148
1.5 方案实施及工艺控制·······151
1.6 效益分析·······153
1.7 应用成效·······153

第2节 滨海滩涂区矿山法隧道防水施工技术·······154
2.1 工程概况·······154
2.2 施工情况·······155
2.3 现场成效·······157
2.4 应用成效·······158

第3节 矿山法隧道数控爆破技术·······159
3.1 工程概况·······159
3.2 施工重难点·······160
3.3 施工方案·······161
3.4 应用成效·······164

第4节 矿山法区间隧道大管棚超前支护施工技术·······165
4.1 大管棚支护的工程应用·······165
4.2 红后区间大断面矿山法隧道大管棚超前支护·······165
4.3 沙后矿山法区间下穿衙边涌箱涵段大管棚超前支护·······169
4.4 前宝区间盾构下穿既有地铁5号线大管棚超前支护·······172
4.5 大管棚超前支护法的适应性分析·······176

第6章 盾构区间地质勘察及不良地质处理技术

第1节 车红区间孤石综合物探技术·······178
1.1 工程概况·······178
1.2 技术应用难点分析·······178
1.3 地震勘探法技术应用·······179
1.4 地震横波反射法探测技术应用·······180

1.5　跨孔电阻率法探测技术应用····················181
　　1.6　应用成效····················181
第2节　孤石爆破效果及注浆效果的物探检验技术····················182
　　2.1　工程概况····················182
　　2.2　技术应用难点分析····················182
　　2.3　技术应用····················183
　　2.4　预裂爆破效果检验····················183
　　2.5　注浆效果检验····················188
　　2.6　应用成效····················195
第3节　地面钻孔地下爆破预处理硬岩技术····················196
　　3.1　工程概况····················196
　　3.2　技术应用难点分析····················197
　　3.3　技术应用····················198
　　3.4　应用成效····················200
第4节　区间地面空洞探测技术····················201
　　4.1　工程概况····················201
　　4.2　技术应用难点分析····················201
　　4.3　技术应用····················202
　　4.4　应用成效····················205

第7章　盾构区间主要施工技术创新

第1节　浅覆土段上跨既有地铁1号线施工技术····················208
　　1.1　工程概况····················208
　　1.2　施工难点····················209
　　1.3　关键技术····················210
　　1.4　实施结果····················214
　　1.5　应用成效····················216
第2节　盾构区间上软下硬地层预处理施工技术····················217
　　2.1　工程概况····················217
　　2.2　施工过程····················218
　　2.3　掘进施工控制····················221
　　2.4　应用成效····················223
第3节　大盾构小角度下穿既有运营线路施工技术····················224
　　3.1　工程概况····················224
　　3.2　施工难点····················226
　　3.3　数值计算分析····················227
　　3.4　关键技术····················230

3.5 遇到的困难及处理措施 ·········235
　　3.6 监测数据分析 ·········243
　　3.7 应用成效 ·········243
第 4 节 复合地层土压平衡盾构带压换刀施工技术 ·········244
　　4.1 工程概况 ·········244
　　4.2 带压换刀技术的前期基础研究 ·········245
　　4.3 膨润土泥浆的配比试验及制备 ·········246
　　4.4 应用效果 ·········248
第 5 节 重叠段隧道液压台车支撑保护施工技术 ·········249
　　5.1 工程概况 ·········249
　　5.2 工法特点 ·········250
　　5.3 施工技术应用 ·········250
　　5.4 出入线盾构掘进施工前准备工作 ·········251
　　5.5 台车拼装及配合出入线重叠段隧道掘进施工 ·········253
　　5.6 应用成效 ·········255

第 8 章　其他土建施工技术

第 1 节 车公庙枢纽大断面矩形顶管施工技术 ·········258
　　1.1 工程概况 ·········258
　　1.2 车公庙枢纽大断面矩形顶管机 ·········258
　　1.3 大断面矩形顶管管节 ·········259
　　1.4 大断面矩形顶管施工工艺 ·········260
　　1.5 施工测量 ·········263
　　1.6 应用成效 ·········264
第 2 节 地下通道开挖上穿共线下卧地铁隧道保护技术 ·········265
　　2.1 工程概况 ·········265
　　2.2 技术应用难点分析 ·········266
　　2.3 隧道监测方案及监测结果分析 ·········267
　　2.4 卸载率、隧道水平位置与上浮量的关系 ·········270
　　2.5 应用成效 ·········270
第 3 节 车辆段停车场移动式灯笼架立柱模板支撑系统施工技术 ·········271
　　3.1 工程概况 ·········271
　　3.2 设计方案优化 ·········271
　　3.3 整体式灯笼架应用 ·········271
　　3.4 整体式灯笼架应用经济效益分析 ·········272

第 9 章　车站机电安装装修工程技术创新

第 1 节　机电系统特点及创新 276
1.1　通风空调 276
1.2　给排水系统 277
1.3　动力照明 278
1.4　屏蔽门及安全门 281
1.5　气体灭火系统 283
1.6　综合监控系统 285

第 2 节　车站装修设计及特色 292
2.1　建筑装修原则 292
2.2　建筑装修要求 292
2.3　公共区装修创意 292
2.4　装修设计实践 293
2.5　导向、标识 294

第 3 节　公共艺术与地铁空间的对话 295
3.1　应用背景 295
3.2　功能性与光学媒介的对话 296
3.3　文化与空间的对话 297
3.4　在地元素与当代艺术的对话 298
3.5　文化的传播平台的对话 300

第 4 节　BIM 技术应用 301
4.1　BIM 技术应用工程概况 301
4.2　BIM 技术研究与应用 302
4.3　BIM 技术应用存在的问题与建议 304
4.4　应用效果 305

第 5 节　其他安装技术 306
5.1　综合支吊架技术 306
5.2　地铁车站的"裸装" 307
5.3　防静电地砖铺贴 308
5.4　阳极氧化铝板 309

第 10 章　轨道施工技术创新

第 1 节　减振垫浮置板施工技术 312
1.1　工程概况 312
1.2　主要施工工艺 313
1.3　技术创新 315

第 2 节 橡胶弹簧浮置板道床施工技术 …… 316
2.1 工程概况 …… 316
2.2 主要施工工艺 …… 316
2.3 技术创新 …… 318

第 3 节 钢轨吸振器及道床吸声板施工技术 …… 320
3.1 工程概况 …… 320
3.2 钢轨吸振器 …… 320
3.3 道床吸声板 …… 321
3.4 实施效果 …… 322

第 4 节 新型地铁道岔施工技术 …… 323
4.1 工程概况 …… 323
4.2 主要施工工艺 …… 323
4.3 技术创新 …… 325

第 5 节 钢筋桁架双块式轨枕施工技术 …… 327
5.1 工程概况 …… 327
5.2 主要施工工艺 …… 327
5.3 技术创新 …… 329

第 6 节 地铁 CPIII 精密测量技术 …… 330
6.1 工程概况 …… 330
6.2 轨道基础控制网的布设 …… 330
6.3 轨道基础控制网平面测量 …… 333
6.4 轨道基础控制网高程测量 …… 334
6.5 技术创新 …… 334

结束语 …… 336

参考文献 …… 338

编写人员名单 …… 340

特别鸣谢 …… 342

第1章

工程概况

第1节 工程简介

1.1 线路走向及项目建设意义

1.1.1 线路走向

深圳地铁 11 号线是深圳市城市轨道交通三期项目中线路最长、投资规模最大的一条线路,也是深圳市首条运营速度达 120km/h 的机场快线。

11 号线全长 51.936km,起于福田中心枢纽,经深南大道、海德三道,下穿平南铁路,在机场与规划的机场综合服务区预留轨道通道,实现无缝对接后进入 T3 航站楼的机场站,出机场站后沿宝安大道北行,经新和大道、沙江路、朗碧路,最终到达终点站碧头站。线路示意图如图 1.1-1 所示。

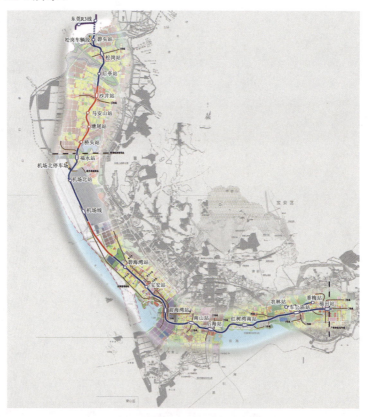

图 1.1-1 深圳地铁 11 号线线路示意图

1.1.2　项目建设意义

11号线处于深圳中心区发展带和城市西部空间拓展轴上,是与穗莞深城际线一起贯穿珠江东岸的港—深—莞—穗都市发展带的重要联系通道。随着国民经济的快速发展,11号线将使深圳市与珠三角各城市的联系越来越紧密。11号线的建设,通过与穗莞深城际线接驳,将有力地推动珠江东岸发展轴及其重点地区的发展建设,促进珠三角发展脊梁的形成,进一步推动珠三角区域的合作与发展,巩固并提升深圳在珠三角城市群的中心地位。珠三角城镇发展布局示意图如图1.1-2所示。

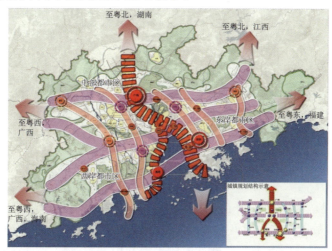

图1.1-2　珠三角城镇发展布局示意图

同时,11号线位于西部发展轴上,线路串联了福田、南山、宝安等中心区,与机场、福永、沙井、松岗等片区相连,与深圳市城市空间发展"南北贯通、东拓西联"以及"中心强化、两翼伸展"策略一致,适应中心区内外一体化发展的需要。深圳市城市空间发展策略示意图如图1.1-3所示。

图1.1-3　深圳市城市空间发展策略示意图

此外,11号线作为深圳机场快线,线路穿越机场航站楼,并设站于新航站楼下,与新航站楼无缝换乘，满足疏散机场旅客、提升深圳机场服务水平的需要，其建设为深圳及东莞地区居民航空出行提供便捷、高效的服务，是机场航空业服务量增长的重要交通保障。11号线的建设不仅能够提升深圳作为国际性城市的枢纽地位，而且能够适应国内航空客运高速发展的要求，完善深圳机场的布局，提升深圳机场在珠三角的地位，满足珠三角地区，甚至中国南部地区日益增长的航空客运需求。区间线路与机场综合服务区关系断面示意图如图1.1-4所示。

图1.1-4　区间线路与机场综合服务区关系断面示意图

11号线的修建从根本上改变了沿线居民的出行模式，方便、快捷、安全的轨道交通将成为沿线绝大多数居民首选的出行方式，将带动沿线空间布局的新一轮优化调整，以良好的交通基础设施引导城市主要发展方向的土地利用开发，使深圳公共交通体系向"高效、节约、环保"的方向发展，提升城市的总体发展水平。其建成对缓解西部城区的交通拥挤，促进中心区内外的一体化发展，提升西部城区形象具有非常重要的意义。远期市域中长距离客运交通需求走廊如图1.1-5所示。

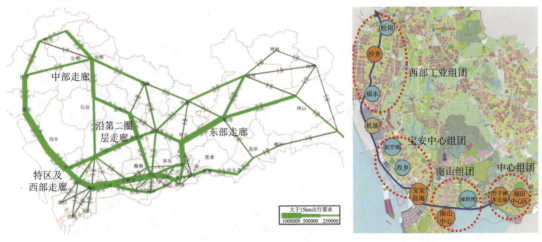

图1.1-5　远期市域中长距离客运交通需求走廊

无论是从深圳市的城市空间结构调整需要合适的交通方式来引导的迫切性、促进深圳发展与区域的融合需要便捷的对外交通衔接的迫切性和近期城市发展目标的实现需要轨道交通的建设来支持，还是从城市快速发展急需城市交通结构优化的迫切性来看，11号线的建设都是非常必要的，也具有重大的战略意义。

1.2 线路主要工程

1.2.1 车站及区间

11号线全线共设18座车站,沿线路走向依次为福田站、车公庙站、红树湾南站、后海站、南山站、前海湾站、宝安站、碧海湾站、机场站、机场北站、福永站、桥头站、塘尾站、马安山站、沙井站、后亭站、松岗站、碧头站。施工采用工法众多,包括明挖法、盖挖法、盾构法、矿山法等。

1)车站

14座地下车站主要采用明挖(个别车站含局部盖挖)法、盖挖法施工。围护结构主要采用钻孔灌注桩+旋喷桩或地下连续墙加内支撑的支护体系,个别岩面较高的车站采用桩锚体系,采用第一道的内支撑均为混凝土支撑。车站结构为两层或三层框架结构,防水采用结构自防水+全包防水。

其中,后海站、南山站为地下三层,其余皆为地下两层。除南山站、后海站及松岗站换乘节点基坑深25~28m外,其余地下两层车站基坑深约17m。除松岗站换乘节点、前海湾站、车公庙站采用盖挖逆作法施工外,其余地下车站均采用明挖顺筑法施工。车公庙站、前海湾站采用钻孔灌注桩作为围护桩,其余地下两层车站围护结构均采用800mm厚地下连续墙+内支撑。地下车站典型断面如图1.1-6所示。

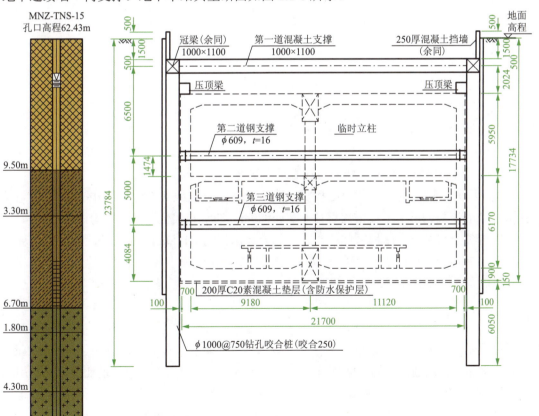

图1.1-6 地下车站典型断面图(尺寸单位:mm)

全线高架车站4座，结构采用"站桥合一"的形式，基础采用钻孔灌注桩，主体结构采用钢筋混凝土框架结构，顶层屋面采用轻型钢架结构，基础采用桩基础，高架区间标准跨采用结构功能适用性较好、技术成熟的30m飞燕式预应力混凝土箱梁结构，墩身采用独柱墩。跨越路口、河流大跨度处采用变截面连续箱梁结构，桩基均采用钻孔灌注桩，标准跨采用满堂支架现浇施工。地上高架车站典型断面如图1.1-7所示。

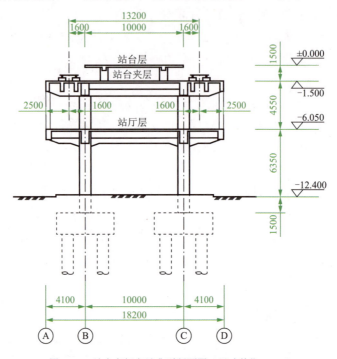

图1.1-7 地上高架车站典型断面图（尺寸单位：mm）

2）区间

11号线全线共6个高架区间段，基础采用钻孔灌注桩，桥梁主梁采用预应力混凝土斜腹板箱梁结构，附属结构的桥梁护栏采用钢筋混凝土预制结构。标准跨简支梁采用支架现浇方案，跨越通道、航道等处采用挂篮悬浇法施工。

地下区间采用盾构法、矿山法和明挖法施工。11号线线共14个盾构区间，掘进总长度56.417km。盾构隧道主要采用直径6280/6980mm的复合式土压平衡盾构机施工。

11号线全线共9个暗挖区间段，左右线合计总长约7.118km，主要采用台阶法、环形台阶法、双侧壁导坑法等工法开挖，辅助工法主要采用超前小导管注浆、全断面帷幕注浆加固、地表深孔注浆加固、大管棚等。

1.2.2 车辆段及停车场

11号线设车辆段、停车场各1座。停车场选址地块位于福海大道以南、福永河以西、机场跑道北端，规划为机场发展预留用地，现状为空地，尚未开发。机场北停车场总用地面积11.9ha，场内设有运用库、综合楼、材料库、污水处理站及混合变电所等建筑，运用库为网架结构，其余建筑为钢筋混凝土框架结构。停车场内铺轨线路长度为6.315km。机场北停车场选址地块及其平面布置如图1.1-8所示。

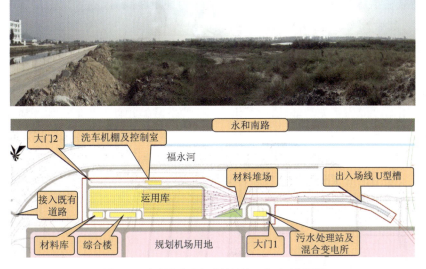

图 1.1-8　机场北停车场选址地块及其平面布置图

松岗车辆段选址地块位于规划松福大道、朗碧路和东宝河之间，现状为旧工业区和少量民房，松岗车辆段占地约 30.3ha，总建筑面积约 23 万 m^2，是深圳迄今占地面积最大、体量最大的车辆段，包括运用库、检修库和综合楼等 19 个单体建筑，铺轨线路长度达 18.8km。松岗车辆段选址地块及其平面布置如图 1.1-9 所示。

图 1.1-9　松岗车辆段选址地块及其平面布置图

1.2.3　轨道工程

1）轨道工程概况

11 号线正线铺轨总长约 103.94km（地下及过渡段约 81.99km，高架段约 21.95km），其中，较高减振措施的铺轨长度约 17.55km（均为地下线路），高等减振措施的铺轨长度约 25.42km（其中高架段 13.92km），特殊减振措施的铺轨长度约 2.1km（均为地下线）。减振地段铺设总长度约 45.07km，约占正线铺轨总长的 43.3%。

全线共设置铺轨基地 6 处，分别位于福车区间明挖段铺轨基地、车红区间盾构始发井、南前区间中间风井、碧机区间靠碧海湾站明挖段、机场北站、沙后区间明挖段。

轨道采用温度应力式无缝线路，采用双层非线性减振扣件、橡胶弹簧浮置板及钢弹簧浮置板等措施减振；正线及辅助线均采用整体道床，场段采用有砟道床及整体道床。

11 号线工程地下线正线整体道床主要采用带有桁架钢筋的双块式轨枕，辅助线及出入线整体道床采用钢筋混凝土短轨枕，浮置板道床地段及中心水沟过渡段等因道床结构形式也采用钢筋混凝土短轨枕。

高架线普通地段采用无耳墙纵向承轨台短轨枕式整体道床，过渡段采用与地下线一致的整体道床结构形式。

图 1.1-10　11 号线轨道

11 号线轨道如图 1.1-10 所示。

2）主要技术标准

钢轨：60kg/m U75V 钢轨。

扣件：DT-Ⅲ型常阻力和小阻力扣件。两种扣件除弹条、垫板之外其他部件可通用，实现了全线扣件的统一性和通用性，减少运营备品备件，方便养护维修。

轨枕：地下正线普通道床段、减振扣件段及隔离式减振垫浮置板段均采用钢筋桁架双块式轨枕，高架段、钢弹簧浮置板道床段、辅助线（含出入线）段采用钢筋混凝土短轨枕。正线按 1680 对/km 布置，辅助线及出入线按 1600 对/km 布置。

道岔：全线共采用 9 号单开道岔 23 组，9 号交叉渡线 4 组，12 号单开道岔 16 组，12 号交叉渡线 2 组；地下线道岔前后各设一对 25m 长的缓冲轨，高架线道岔前后各设两对 25m 长的缓冲轨。

为抑制轮轨噪声的影响，提高旅客乘坐舒适度，在塘尾高架站及前后制动区段铺设轨道吸声板 1km，在车公庙站—红树湾南站区间钢弹簧浮置板道床地段和松岗站—碧头站区间全线最小曲线半径地段（R=450m）铺设钢轨吸振器 1km。

1.3　项目所处环境

1.3.1　气象、水文及地质概况

1）气候条件

深圳市的气候属亚热带湿润气候区。冬季无严寒，夏季湿热多雨，台风影响重，暴雨强度大，灾害性天气较多。年平均气温 22.2℃，最冷月（1 月）平均气温 14.3℃，极端最高气温 38.7℃，极端最低气温 0.2℃。

年平均降水量为 1914.5mm，一日最大降水量为 303.1mm（1964 年 10 月 13 日）。年

平均蒸发量1755.4mm。常年盛行南东东风（频率为16%）、北北东风（频率为14%），其次为东风（频率为13%）、北东风（频率为11%），随季节和地形不同，风向频率也不同。年平均风速2.7m/s，极端最大风速40m/s。年平均相对湿度77%，无霜期355天。

2）地质、地貌环境

11号线沿线微地貌发育，主要发育台地、冲洪积平原及其间沟谷、浅海区及海陆交互沉积区地貌。根据线路经过的地貌单元特征、工程地质特征及水文地质特征等因素，线路地质主要分以下为三个工程区。

（1）Ⅰ区（台地区）

上覆第四系土层主要为人工填土层，全新统冲洪积软土、黏性土、砂层，上更新统冲洪积软土、黏性土、砂层；下伏基岩主要为燕山期粗粒花岗岩、加里东期混合花岗岩、震旦系变质岩。区段线路局部地段有断裂穿越，岩芯比较破碎。

上覆地层内富水程度一般，主要为上层滞水，水位随地形的起伏而起伏。基岩裂隙水分布在混合岩的中等～强风化带、构造节理裂隙密集带及断层破碎带中，一般为承压水。

（2）Ⅱ区（滨海滩涂区）

上覆地层主要由海相淤泥、淤泥质粉质黏土组成，表层为厚度不大的人工填土，填海区表层主要为块石、黏性土及砂砾，局部含有建筑垃圾；下伏基岩主要为燕山期粗粒花岗岩、加里东期混合花岗岩、震旦系变质岩。本区段线路局部地段有断裂穿越，受其影响，岩芯比较破碎。

上覆地层内砂层分布不连续，其透水性、富水程度一般，大部分地段地下水主要为上层滞水，水位随地形的起伏而略有起伏。基岩裂隙水分布在混合岩的中等～强风化带、构造节理裂隙密集带及断层破碎带中，多数为承压水。

（3）Ⅲ区（海冲积平原区）

上覆第四系土层主要为人工填土层、海陆交互相沉积软土、砂土层，全新统冲洪积软土、黏性土、砂层，上更新统冲洪积软土、黏性土、砂层；下伏基岩主要为加里东期混合花岗岩。局部地段有断裂穿越，部分地段岩芯比较破碎。

3）地震条件

深圳市曾经发生过的地震最大震级为3.6级，绝大多数为小于3.0级的微震，对地面的影响地震烈度均未超过5度，微震震源深度多在5～25km。地震活动大致呈相隔2～3年的相对活跃与相对间歇性特征。深圳地区现代地震活动多以微震和弱震为主，活动水平不高。

根据《中国地震动参数区划图》（GB 18306—2015），11号线线路通过地区震动峰值加速度为0.1g，地震基本烈度为7度。

4）水文情况

（1）地表水

沿线穿过地表水体主要有双界河、新圳河、西乡河、涌边河、福永河、茅洲河、松岗河等及多处小溪、鱼塘，海水主要分布于后海湾段、前海湾段及机场段。地表水与地铁隧道顶板、车站基坑坑壁之间主要为冲洪积黏性土、砂层、残积土层，局部为全及强风化岩等。由于地铁工程的施工将改变场地周围的地质环境，改变正常的地表水排泄及渗流通道，将造成地表水从隧道、基坑内涌出，甚至突涌。

（2）地下水

沿线地下水主要为土层孔隙水及基岩裂隙水，地下水位较高，砂层为主要含水层，富水性较好，具中等～强透水性，局部地段地下水与地表水体具有一定的水力联系，基岩裂隙水在构造碎裂带中非常发育，水量丰富，连通性较好。部分地段地下水对混凝土结构具弱～中等腐蚀性，对钢筋混凝土中的钢筋有中等～强腐蚀性。

1.3.2 沿线周边环境及不良地质

1）沿线周边环境

（1）道路及管线

11号线沿线周边建（构）筑物较密集，穿越较多场地、道路、小区，主要为深南大道、侨城东路、滨海大道、桂庙路、月亮湾大道、宝源路、深圳机场、宝安大道、沙浦围村、沙浦围工业区等。线路穿越地面环境主要有交通干道、居民生活区、商业区等，地表交通繁忙，建筑物密集。沿道路行走段场地地下管线密集，主要有污水管道、给水管道、电信管道、电力管道、通信光缆等，地下管线埋深0.5～3.0m，局部地段管线埋深超过5.0m，位于基坑开挖深度范围内。

沿线多数地段楼宇众多、人口稠密、交通繁忙，地下障碍物主要有市政管线（部分路段存在深埋的管线）、沿线建（构）筑物基础（包括桩基）。

（2）沿线建（构）筑物

沿线线路穿越建（构）筑繁多，主要为居民生活住宅楼、工业厂房、跨线高架桥梁、跨河流桥梁等。根据沿线初步调查，沿线局部地段建（构）筑物基础形式、基础埋深已经深入隧道结构或距离隧道结构很近，对地铁设计及施工有较大影响。

2）不良地质

沿线不良地质问题主要包括全线遍布的填土、残积土和风化岩的不均匀性、较差的稳定性以及花岗岩的差异风化问题。其中，平原区分布较厚的软土、砂类土、砾石类土、填土，稳定性差，结构松软，且地下水水位高，具腐蚀性；台地、丘陵区多以残积层、风化岩为主，部分地区分布填土。

1.4 工程特点及重难点

1.4.1 工程特点

（1）本项目采用整条线路招标，包含站前站后各专业和系统。

（2）本项目为深圳市城市轨道交通三期工程线路最长、规模最大、投资最多的线路。

（3）本项目为西部快线兼有机场快线功能，是深圳市首条轨道交通快线项目，为满足快线项目快速（120km/h）和舒适（两节商务车）的功能需求，在车公庙站—红树湾南站、南山站—前海湾站两个区间采用了管片内径6000mm的盾构隧道，这在深圳轨道交通建设中尚属首次。

（4）本项目地质条件复杂、周边环境影响大，前期工程复杂且实施具有较大的艰巨性，站前站后工程一体化施工管理，项目管理难度大。

1.4.2 工程重难点

1）盾构区间施工环境复杂

11号线沿线分别穿越基岩隆起、透水砂层、球状风化岩、海积淤泥、填石层等不良地层；盾构区间多处穿越河流、海湾等水体，大量旁穿及下穿市政道路、桥梁、楼房、别墅、机场飞行区等建（构）筑物，沉降控制要求严，施工安全风险高；盾构区间多次穿越既有及同期建设轨道交通线路，11号线8次上跨或下穿运营中的地铁1、2、5号线及平南铁路，施工期间必须确保运营安全。

2）关键节点工点施工难度高

（1）车公庙枢纽

车公庙枢纽位于福田区深南大道与香蜜湖立交交叉口处，是以既有1号线及同期建设的7、9、11号线城市轨道交通换乘为主，常规公交接驳为辅，兼顾出租车、社会车辆接驳的客运综合交通枢纽。

车公庙枢纽临近1、11、7、9号线车站及地下商业街施工；7、9号线车站北端区间要下穿既有1、11号线区间。深基坑施工、1号线运营、地下商业街及立交桥安全风险控制要求高。

（2）前海湾站

前海湾站位于填海区，基坑东侧依次紧邻5号线前海湾站、1号线鲤鱼门站。基坑为淤泥质软土且分布大量填石，易发生地质灾害。施工前，对填石层进行换填，并对基坑西侧及南北端头各15m范围进行加固，形成挡淤墙。

（3）滨海区大跨度高架桥施工

11号线部分高架区间位于滨海滩涂区及填海区，地质条件复杂，深水基础施工、高支模地基处理、桥梁工后沉降及外观质量控制等工程要点需强化施工组织与管理。同时，填海涉及填海手续等问题，报批难度大。

（4）松岗车辆段

松岗车辆段总拆迁建筑面积达29万 m^2，主要为旧工业区、民房、高压电网，产权形式多样，拆迁难度大；段内涉及土建、轨道、机电安装、装修等专业及上盖物业工程，工程量庞大，潜在工期风险高。

（5）车红区间

车公庙站—红树湾南站盾构区间全长约5459m，隧道内径6000mm，采用4台ϕ6980盾构机施工，区间穿越主要不良地质和特殊岩土，沿线紧邻、穿越1号线及竹子林车辆段等多处建（构）筑物及欢乐海岸人工湖等重要建（构）筑物和地表水体，且为深圳首次采用ϕ6980盾构机施工，盾构机性能需重点关注。

第 2 节
工程技术应用情况

2.1 施工工法

11号线为深圳首条最高运营速度120km/h的机场快线,在建设中,结合工程实践,开展多项科研攻关及技术创新,应用先进工艺和技术措施,解决了施工难题,获得多项专利和工法成果。

2.1.1 土建施工工法

11号线全线施工工法众多,地下区间采用盾构法、矿山法和明挖法施工,高架区间桥梁采用预制拼装、现浇法施工;地下车站主体结构主要采用明挖法、盖挖法施工,高架车站采用框架结构施工。

1) 盾构施工工法

11号线全线共16个盾构区间,包含车公庙枢纽及7、9号线两盾构区间,总长62.23km,共投入盾构机29台,为满足工程特殊需求,首次使用由中国中铁自行研制的$\phi6980$大型盾构机。11号线工程是目前国内盾构投入强度最大、地质和环境条件最为复杂的地铁线路之一。盾构区间工点情况见表1.2-1。

11号线盾构区间工点(单位:m)   表1.2-1

序号	区间	左线长度	右线长度	序号	区间	左线长度	右线长度
1	福田站—车公庙站	2321	2321	9	机场北站—福永站	1600	1600
2	车公庙站—红树湾南站	5359	5398	10	沙井站—后亭站	713	713
3	红树湾南站—后海站	2592	2453	11	后亭站—松岗站	2041	2041
4	后海站—南山站	1759	1761	12	松岗站—碧头站	1311	1322
5	南山站—前海湾站	3235	3210	13	停车场出入线	675	675
6	前海湾站—宝安站	1389	1389	14	车辆段出入线	1081	1081
7	宝安站—碧海湾站	3055	3055	15	农林站—车公庙站	1405	1398
8	机场站—机场北站	950	950	16	香梅站—车公庙站	1653	1406

2) 矿山法施工工法

11号线全线共8个暗挖区间段,矿山法区间左右线合计总长约6.457km。矿山法区间工点情况见表1.2-2。

11 号线矿山法区间工点（单位：m）　　　　表 1.2-2

序号	区间	左线长度	右线长度	序号	区间	左线长度	右线长度
1	红树湾南站—后海站	0	138	5	福永站—桥头站	247	205
2	前海湾站—宝安站	937	946	6	沙井站—后亭站	78	78
3	碧海湾站—机场站	742	742	7	后亭站—松岗站	255	255
4	机场北站—福永站	860	860	8	松岗站—碧头站	32	82

11 号线全线共 7 个矿山法竖井工点，见表 1.2-3。

11 号线竖井工点　　　　表 1.2-3

序号	区间位置	区间中心里程	竖井尺寸（长×宽×深）(m)	支护结构
1	前海湾站—宝安站吊出井兼竖井	DK19+347.000	16.5×24.5×31.7	连续墙
2	前海湾站—宝安站吊出井兼竖井、兼风井	DK20+329.240	27.1×26.4×37.2	连续墙
3	碧海湾站—机场站右线竖井	DK25+250.000	10.5×6.5×21.1	钢格栅＋锚喷混凝土
4	沙井站—后亭站 1 号竖井	DK42+928.964	7×47×26.2	钻孔桩＋旋喷桩＋钢支撑
5	沙井站—后亭站 2 号竖井	DK42+843.296	7×49×27.1	钻孔桩＋旋喷桩＋钢支撑
6	后亭站—松岗站竖井	DK47+795.000	7.2×6.1×21.9	钢格栅＋锚喷混凝土
7	松岗站—碧头站竖井	DK50+883.000	7×5×24.704	喷锚混凝土

3）明（盖）挖车站、区间施工工法

11 号线全线共 14 个明挖车站（个别车站局部暗挖或盖挖）。明（盖）挖车站工点详见表 1.2-4。

11 号线明（盖）挖车站工点　　　　表 1.2-4

序号	车站	长度（m）	围护结构	工法	备注
1	福田站	已建		明挖法	地下两层岛式站台
2	车公庙站	414	地下连续墙	明挖法	地下两层岛式站台
3	红树湾南站	划入 9 号线施工		明挖法	地下两层双侧式站台
4	后海站	498	地下连续墙	明挖法	地下三层岛式站台
5	南山站	310	地下连续墙	明挖法	地下三层岛式站台
6	前海湾站	830	钻孔桩	明挖法	地下两层岛式站台
7	宝安站	275	地下连续墙	明挖法	地下两层岛式站台
8	碧海湾站	276	地下连续墙	明挖法	地下两层岛式站台
9	机场站	已建		明挖法	地下两层岛式站台
10	机场北站	600	地下连续墙	明挖法	地下两层岛式站台
11	福永站	335	地下连续墙＋钻孔桩	明挖法	地下两层双岛式站台
12	后亭站	287	地下连续墙	明挖法	地下两层岛式站台
13	松岗站	494	钻孔桩	明挖法＋局部盖挖	地下两层岛式站台
14	碧头站	426	地下连续墙	明挖法	地下两层岛式站台

11 号线全线共 8 个明挖区间，左右线明挖区间长度合计约 9116m。明挖区间工点详见表 1.2-5。

11号线明挖区间工点（单位：m） 表 1.2-5

序号	区间	左线长度	右线长度	围护结构
1	福田站—车公庙站	125	125	地下连续墙+内支撑
2	南山站—前海湾站	123	3	地下连续墙+内支撑
3	碧海湾站—机场站	1747	1743	地下连续墙+内支撑、钻孔桩
4	机场站—机场北站	380	380	地下连续墙+内支撑
5	福永站—桥头站	645	652	地下连续墙+内支撑
6	沙井站—后亭站	640	640	地下连续墙+内支撑
7	停车场出入线	475	475	地下连续墙+内支撑
8	车辆段出入线	483	483	地下连续墙+内支撑

4）高架车站、区间施工工法

11号线全线共4个高架车站和5个高架区间，高架区间左右线长度约18444m，高架区间桥梁采用预制架设、现浇法施工，高架车站采用框架结构施工。高架区间、车站工点详见表1.2-6。

11号线高架区间、车站工点（单位：m） 表 1.2-6

序号	工点	左线长度	右线长度	备注
1	碧海湾站—机场站	4176	4176	连续梁体系、单箱单室整体箱梁与板式墩
2	福永站—桥头站	452	452	连续梁体系、单箱单室整体箱梁与板式墩
3	桥头站	186		高架三层岛式
4	桥头站—塘尾站	1535	1535	连续梁体系、单箱单室整体箱梁与板式墩
5	塘尾站	189		高架三层岛式
6	塘尾站—马鞍山站	1510	1510	连续梁体系、单箱单室整体箱梁与板式墩
7	马鞍山站	186		高架三层岛式
8	马鞍山站—沙井站	1576	1576	连续梁体系、单箱单室整体箱梁与板式墩
9	沙井站	186		高架三层岛式

2.1.2 站后工程技术

1）供电系统

11号线供电系统采用与一、二期轨道交通工程相同的110/35kV集中供电方式，共4座主变电所为本工程供电（其中，本工程新建1座，6号线新建1座，9号线新建1座，利用既有1座）。牵引供电系统采用DC1500V架空接触网供电、走行轨回流方式。地下段采用刚性架空接触网，高架段及场段采用架空柔性接触网。接触网方案如图1.2-1所示。

图 1.2-1　接触网方案

2）弱电系统

11号线通信系统与二期轨道交通工程一致，由专用通信系统、警用信息通信系统、公众通信系统组成；信号系统采用技术成熟可靠，并且与二期工程同制式系统，即基于通信的列车控制系统（CBTC）；综合监控系统推荐采用技术成熟、功能实用，并且与二期工程相同的系统结构，即两级管理、三级控制，集成系统FAS、BAS、SCADA；AFC系统引入头等车服务，深圳全线网内发售商务车单程票（既有车站采用客服中心发售）。既有车站通过软件调整出站自动检票机票卡回收模式；安防系统采用成熟、稳定，并与二期工程安防系统相同的技术，包括正线安防系统和车场智能化系统，两个系统相对独立，接口清晰，安防系统车站摄像机按60台/站、门禁点按30点/站规模进行设计。11号线为机场线，乘客资讯系统在本线的沿途各个车站增加航班信息显示功能，提高对本线乘客的服务水平。

3）常规设备

车站通风与空调系统采用集中冷源中央空调系统，区间隧道通风系统由TVF风机、U/O排热风机等组成。

排水系统包括污水排水系统和废水排水系统。站内生活用水、冲洗用水、空调冷却水等给水由车站给水引入管直接引入供给。区间上下行隧道分别设消防给水干管。

为保障行车安全，全线设置了线路及信号标志，线路末端采用了液压缓冲滑动式挡车器，高架段设置防脱护轨。正线信号系统采用移动闭塞制式ATC系统。

2.2 技术创新概述

2.2.1 土建工程技术创新

11号线多数地下车站位于填海区，地下水丰富、地质条件差；周边环境复杂、管线密布、交通疏解难度大。施工过程中，重视深基坑等重大风险源动态管控，广泛应用先进工艺和技术创新措施。

为解决施工过程难题，前海湾站采用围护结构防渗漏检测技术、花岗岩地层中大直径钻孔桩成孔施工技术、钢支撑轴力自动补偿施工技术、单侧壁液压大模板施工技术及钢筋自动绑扎滚扎机等新工艺。福永站采用数码电子雷管爆破技术。松岗站、前海湾站、车公庙站为盖挖逆作车站，采用矮支架施工技术；松岗站、车公庙站、前海湾站均使用十字型钢格构柱高精度定位技术。车红区间使用中国中铁研发的$\phi6980$大直径盾构机施工，施工过程中采用硬岩段地面深孔爆破预处理施工技术。停车场和车辆段使用整体移动式灯笼架立柱模板支撑系统施工技术。

2.2.2 站后工程技术创新

在轨道技术创新方面，首次将高铁CPⅢ高精测量技术引入深圳地铁工程。此项技术的使用提高了轨道施工质量，保障了运营舒适性要求，并实现了轨道施工测量与运营测量数据的共享。

在降噪方面，穿过居民密集区时采用板式无砟道床、隔离式减振垫道床、钢筋桁架轨枕、隔离式减振垫预制浮置板等，减少扰民。

在美观方面，公共区墙面、立柱饰面材料首次采用模块化的阳极氧化铝板，车站设备机房、设备区走廊灯管线集中区域布置综合支吊架。突出"裸装为主"和"文化地铁"的装修理念，在实现"四节一环保"的基础上体现地铁与城市人文历史的融合。车公庙枢纽站作为11号线重点文化站，引入宋代车公文化、导视灯带等。

在信息技术方面，11号线率先应用BIM技术，通过构建各车站建筑、结构、机电及综合管线三维模型，实现了碰撞检查、设计优化、施工模拟、现场漫游，大幅提高了施工质量和建设效率。

2.2.3 车辆技术创新

11号线是一条对运量和服务水平均有较高要求的线路，配置车辆33列，列车类型为A型鼓形车体，采用大断面铝合金型材，整体焊接，实现最大限度的轻量化；车头采用流线型设计，以减少隧道内空气压力波对乘客舒适度的影响；车轮采用直幅板结构，安装的制动盘和降噪阻尼环能够显著地降低轮轨之间的噪声；转向架选用MC120型，是目前国内唯一以120km/h速度等级运营的A型地铁车辆转向架。

列车制动采用变频变压牵引传动系统，刹车时通过先进的电制动技术，将发出来的电回馈电网。车内照明相对于常规照明节电30%以上。车厢内空调机组运用智能技术，能自动根据乘客数量，调节空调冷风的挡位，实现人多多吹风、人少少吹风的节能目标，并提高了舒适度。机组内安装等离子空气净化装置，具有杀菌、消毒、防霉、清新空气等功能。

为满足高端客流及长距离出行的部分城市客流需要，11号线开创性地采用"商务车厢+普通车厢"运营模式，地铁车辆8列编组中有6辆为普通车，2辆为商务车，商务车为全坐席定员，坐席全部按横列式软席布置，并设置行李架，且车厢照明采用国内地铁首创的顶板整体照明技术，透光区面积大、发光均匀、接近自然光效果。11号线地铁车辆及车厢内部情况如图1.2-2所示。

图1.2-2 11号线地铁车辆及车厢内部图

11号线首次采用具有自主知识产权的静音地铁列车，车轮加装"降噪环"，车体采用大断面中空铝型材，车内噪声平均值远低于国内其他列车，为目前国内静音效果最好的地铁列车。

第 3 节
建 设 历 程

3.1 建设规划

2011年4月5日，国家发展与改革委员会印发《关于深圳市城市轨道交通近期建设规划（2011—2016年）的批复》（发改基础〔2011〕852号文件），批准深圳地铁11号线工程建设规划。2012年8月15日，印发《关于深圳市轨道交通11号线可行性研究报告的批复》（发改基础〔2012〕2472号），批准11号线工程建设可行性研究报告。

2014年5月26日，深圳市发展和改革委员会、市规划和国土资源委员会、市交通运输委员会及市住房和建设局印发《关于深圳市轨道交通11号线工程初步设计的批复》（深发改〔2014〕876号），批准11号线工程初步设计。

2012年2月20日，国家国土资源部印发《关于深圳市城市轨道交通11号线工程建设用地预审意见的复函》（国土资预审字〔2012〕35号），许可11号线工程建设用地，完成建设用地预审意见。

2012年5月7日，深圳市规划和国土资源委员会批准11号线建设项目选址意见书。

2012年7月～2013年1月，深圳市住房和建设局对11号线的工程施工进行了许可批复。

3.2 建设历程

11号线工程于2012年4月19日开工，2016年3月30日完成竣工验收并"三权"移交，2016年6月28日开通试运营。11号线主要建设节点如下：

2012年4月19日，深圳前海系列项目暨地铁11号线开工仪式在前海举行，如图1.3-1所示。

图1.3-1　11号线开工仪式（2012年4月19日）

2012年5月31日，11号线沙后区间2号竖井、福车区间明挖段、塘马区间高架段、碧机区间高架段等四个工点打开作业面，标志着11号线实质性开工。

2012年7月24日，11号线首个工点通过开工前条件验收。

2012年9月28日，11号线工程完成初步设计修编专家评审和政府审查。

2012年11月14日，11号线首个承台混凝土浇筑完成。

2013年5月31日，三期工程首台盾构机"中铁67号"在红树湾顺利下井始发（见图1.3-2），标志着11号线正式进入区间隧道施工阶段。

2013年12月14日，11号线机场站—机场北站区间左线盾构隧道提前17天胜利贯通（见图1.3-3），成为三期工程首个贯通的区间盾构隧道。

图1.3-2　盾构始发（2013年5月31日）　　图1.3-3　首个盾构隧道贯通（2013年12月14日）

2013年12月26日，11号线后亭站混凝土浇筑完成，实现车站主体结构封顶（见图1.3-4），成为三期工程首个完成主体结构施工的车站。

图1.3-4　结构封顶（2013年12月26日）

2014年4月28日，11号线沙后高架区间D6～D7号简支梁混凝土浇筑完成，实现了全线首个高架区间的贯通。

2014年9月2日，三期工程最长盾构区间——11号线车红区间顺利贯通。

2014年11月27日，11号线后亭站、沙后明挖段在全线率先通过竣工初验。

2015年1月13日，11号线在三期工程建设中率先全面开始铺轨，为2016年通车试运营奠定了基础。

2015年3月30日，11号线高架段实现全线贯通。

2015年8月1日，11号线第一条环网电缆成功敷设。

2015年9月22日，11号线第一列地铁车厢成功落在松岗车辆段轨道上，实现胜利接车（见图1.3-5），比建设单位制定的"9.30"接车目标提前了8天。

图1.3-5 松岗车辆段接车（2015年9月22日）

2015年10月13日，11号线110kV机场北变电所一次性送电成功。

2015年12月30日，11号线全线热滑成功（见图1.3-6）。

图1.3-6 热滑（2015年12月30日）

2016年1月19日，11号线通信专用传输网全网开通，标志着11号线进入全面系统联调阶段。

3.3 政府专项验收

2016年3～5月，在深圳市住房和建设局及市建筑工程质量安全监督总站的监督下，分五批次完成了11号线全线工程的质量竣工验收（见图1.3-7）。

图1.3-7 竣工验收（2016年3月30日）

2016年3月30日～4月30日，11号线工程调度指挥权、属地管理权和设备使用权完成向运营单位移交（见图1.3-8）。

图 1.3-8 "三权"移交（2016年3月30日～4月30日）

2016年3月30日～6月28日，政府主管部门分别组织完成11号线特种设备验收、工程档案专项验收、防雷装置验收、环保检查验收、卫生防疫评价、人防设施验收、试运营安全评价、消防设施专项验收、票价方案和票价表、信号系统国际第三方认证机构认证证书等专项验收工作。

11号线于2016年6月28日开通试运营（见图1.3-9）。

图 1.3-9　11号线开通试运营（2016年6月28日）

第 2 章
规划及设计创新

第1节 规划创新

1.1 规划流程

1.1.1 多层次规划技术体系

一条轨道交通线路规划建设和成功的运营，离不开正确的规划理念和良好的规划指引，以及对规划方案正确有效的贯彻落实。深圳市在长期的交通规划和城市轨道交通规划实践中，不断总结形成了城市轨道交通规划、设计、建设和运营的协同技术体系。深圳市在深圳市轨道交通建设指挥部办公室的统筹协调和各职能部门的配合下，通过深圳市城市和交通规划研究部门与城市轨道交通工程设计和建设单位在网络规划、近期建设规划、线路详细规划、轨道交通设计和网络化运营等不同规划设计和建设阶段共同参与，在各阶段多层面的技术研究、协调和配合，确保规划理念先进、规划方案优秀、规划意图落实、规划工程方案落地、规划线路运营效果明显。深圳市轨道交通规划设计技术流程如图2.1-1所示。

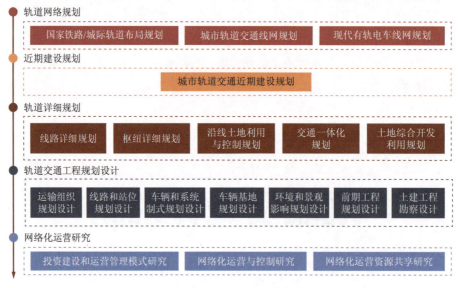

图 2.1-1　深圳市轨道交通规划设计技术流程图

1.1.2 规划设计全过程咨询服务及技术统筹

首先在轨道网络方案规划阶段，城市交通规划和工程设计单位共同参与对深圳市西部发展轴交通需求、客运交通走廊、轨道网布局和工程可行性、相关线路功能定位进行了充分的方案比选和论证，初步确定了11号线在线网规划中的功能定位和线站位规划方案。根据深圳市修编稳定的线网规划方案，开展了深圳市城市轨道交通三期工程建设规划编制和审批工作，三期工程建设规划确定了深圳地铁11号线为城市轨道交通快线兼顾机场快线功能。工程可行性研究阶段又在线路详细规划中进一步深化了线站位规划设计方案及沿线城市和交通的组织协调，通过枢纽详细设计锚固沿线重要控制节点，通过工程可行性研究和相关详细规划进一步协调稳定了规划条件和工程建设外部条件，为工程设计和项目建设实施提供了技术保障，确保规划意图落实、规划工程方案落地、规划线路运营效果明显，具体规划设计协同技术体系见图2.1-2。11号线是轨道交通规划设计的又一次成功实践，为国内城市轨道快线规划设计提供了有益的经验、方法和范式。

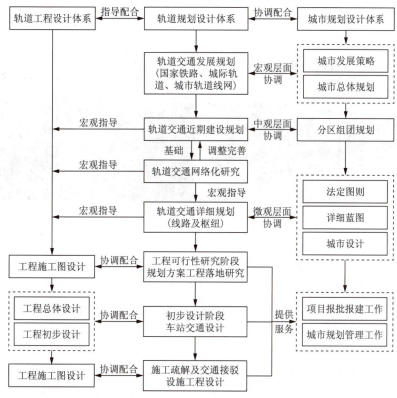

图 2.1-2　深圳市轨道交通规划设计协同技术体系

1.2　轨道快线特点

深圳秉承"建轨道就是建城市"发展理念，大力推动城市轨道交通建设，对城市功能集聚和空间有序拓展发挥了重要作用，通过深圳市轨道一、二期工程建设已经形成178km网络。11号线作为深圳市城市轨道交通三期工程首条开通线路和深圳市首条轨道快线，创下了诸多国内第一，实现了深圳轨道交通规划建设的又一次飞跃：

（1）复合功能线路完美实现了速度和效益的平衡

11号线是国内首条将机场快线与组团快线相结合的城市轨道线路。线路直接进入规划建设的机场T3航站楼，30min可达福田中心区——福田枢纽。为解决机场快线普遍存在客流效益较差，运营服务行车间隔较大的难题，通过"机场至市中心要速度、机场以北要覆盖"的规划设计理念，通过机场以北适当加密站点，实现了速度和效益的完美平衡，为我国其他城市机场快线规划提供有益的借鉴模式。

（2）国内首条采用"机场商务车厢+普通车厢"运营方案的城市轨道线路

机场航站楼位于线路高断面客流的中部，为保障机场客流服务功能，减少机场大件行李旅客对通勤客流的影响，在保留6节普通车厢服务沿线客流的基础上，增设2节商务车厢，为机场商务客流和高峰时段大件行李旅客提供更多的服务选择，切实保障轨道快线的运行效率。

同时借助轨道沿线车站设置自助值机柜台和机场信息系统，实现无行李远程值机和机场航班信息与地铁信息的互联互通。11号线在服务方面的诸多创新实践，有力保障了机场快线功能的实现。11号线列车及商务车厢内景如图2.1-3和图2.1-4所示。

图2.1-3　11号线列车　　　　　　　　图2.1-4　11号线商务车厢内景

（3）国内首条设计速度达120km/h的8A编组城市轨道线路

对采用DC1500V供电制式、120km/h运行速度的A型车，通过弓和网的技术改进，以及车辆授电弓合理的授流点和取流值，突破了直流供电车辆在行驶速度和授流质量方面的瓶颈，实现城市轨道快线线路制式、车辆制式的创新。超前规划制定8节编组方案，适应走廊客流需求。

1.3　技术创新

（1）细分走廊多元需求，明确"城市快线+机场快线"功能定位

城市交通规划和工程设计单位在线网规划前期研究阶段，对深圳西部走廊轨道规划穗莞深城际线和11号线共用同一通道，如何通过线路规划、工程设计和灵活的运营组织，实现城际、深圳西部快线、深圳机场快线、深港机场联络和深港西部过境五大功能进行了深入、全面的方案研究和比选论证。

随着对西部走廊功能组织和客流需求认识的加深，并考虑广东省铁路建设投资集团有限公司、港铁和深圳市多元主体不同的利益诉求，深圳市城市交通规划设计研究中心以功能组织优化为前提，适时调整规划方案，将11号线、深港西部快轨剥离出来，与穗莞深城际线（保留但对线位进行调整）共同分担五大功能，其中11号线的定位为承担城市西部快线和深圳机场快线的功能。11号线成功运营的实践证明，这一规划理念和规划方案，不仅厘清了西部走廊的功能组织，适应了西部走廊的发展要求，而且加速了11号线的规划建设。11号线线

位与功能衍变分别如图 2.1-5 和图 2.1-6 所示。

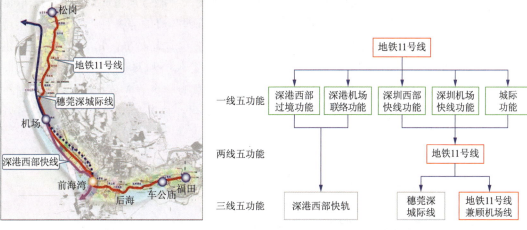

图 2.1-5　地铁 11 号线、穗莞深城际线、深港西部快线线位

图 2.1-6　地铁 11 号线规划功能和规划方案衍变历程

（2）采用外密内疏的站点布局模式，实现机场至福田中心区 30min 可达

基于 11 号线功能定位，深圳市城市交通规划设计研究中心和中铁二院工程集团有限责任公司在轨道交通网络规划和线路详细规划中进一步确定了 11 号线的线站位方案。为兼顾组团快线和机场快线的服务要求，11 号线机场以南和机场以北区间采取了差异化的站点布设方案。机场南段严格控制站点数量，主要串联城市枢纽节点，确保中心城区与机场 30min 可达，由于与 1 号线几乎并行敷设，11 号线机场南段覆盖不足的问题得到了有效弥补。机场北段适度加密站点，提高轨道覆盖范围，同时确保沙井松岗组团 50min 可达福田中心区。11 号线站点建设规划和工程建设方案对比如图 2.1-7 所示。

图 2.1-7　11 号线站点建设规划和工程建设方案对比

（3）创新技术和服务标准，超前规划 8 节编组方案

11 号线通过提高轨道快线技术标准，满足运行速度快与服务质量高的同时，采取创新复合功能线路差异化服务措施，兼顾了机场客流和通勤客流的服务标准要求。为实现福田中心区与机场快速可达的服务要求，11 号线设计速度定为 120km/h，通过车辆、供电方式等方面的创新，实现了 A 型车运行速度的提升。结合机场航站楼位于线路高断面客流的中部，为进一步提高服务水平，11 号线超前规划"2 节商务车厢+6 节普通车厢"的 8 节 A 型车编组形式，既为机场客流提供了多样化服务，又兼顾走廊大运量客流需求。

1.4 轨道快线与城市空间有机融合

（1）直达城市核心地区，打造黄金商务走廊

通过接入福田中心区、车公庙、深圳湾超级总部基地（见图 2.1-8）、后海中心、前海先导区（见图 2.1-9）、宝安中心等六大城市核心地区，11 号线构筑起城市中心与机场之间的黄金商务走廊，成为整个轨道网络乃至综合交通网的骨干线路。11 号线的通车，大幅缩短了六大核心地区与机场及六大核心地区之间的出行时间，提高了交通可靠性和乘客使用便捷性，势必有效增强城市商务活力，促进城市社会经济健康发展。

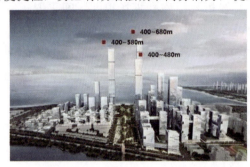 

图 2.1-8　深圳湾超级总部基地效果图　　　　图 2.1-9　前海先导区效果图

（2）串联四大综合枢纽，高效衔接综合交通网络

11 号线串联机场枢纽、前海枢纽、车公庙枢纽和福田枢纽四大综合交通枢纽，高效衔接整个综合交通网络。其中，深圳市城市交通规划中心提前介入 T3 航站楼与 11 号线规划协调工作，在机场 GTC（交通中心）做好空间预留。11 号线最终得以直接接入 T3 航站楼，实现"零换乘"。机场枢纽 GTC 与 11 号线换乘衔接及换乘通道情况，分别如图 2.1-10 和图 2.1-11 所示。

深圳市城市轨道交通三期工程方案规划之初，7 号线经过竹子林站，9 号线经过车公庙站，11 号线存在车公庙与竹子林两大枢纽的方案比选问题。为进一步方便 1、7、9 号线沿线居民利用 11 号线快速到达机场及沿线组团，11 号线将枢纽站点选在车公庙站，并将 7 号线站点调整至车公庙站，成功地将车公庙枢纽打造成为集合 11、1、7、9 号线的四线换乘枢纽，有力促进了车公庙中心的快速崛起。车公庙枢纽规划布局如图 2.1-12 所示。

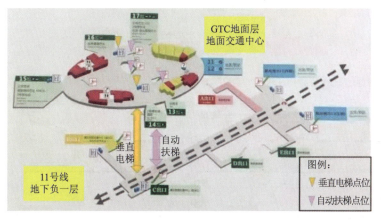 

图 2.1-10　机场 GTC 与 11 号线换乘衔接示意图　　图 2.1-11　GTC 至地铁换乘通道

图 2.1-12　车公庙枢纽规划布局图

11 号线接入福田枢纽，与广深港客运专线及 2、3 号线共筑亚洲最大的地下火车站（福田枢纽规划布局及效果图见图 2.1-13、图 2.1-14），与规划的 14 号线（快线）的衔接打通了深圳自东向西的快速联系通道。11 号线接入前海枢纽（前海枢纽规划布局及效果图见图 2.1-15、图 2.1-16），缩短了前海中心与福田中心和机场的时空距离，有力带动了前海先导区的快速发展。机场枢纽规划布局及效果图见图 2.1-17、图 2.1-18。

（3）车辆基地上盖开发和车公庙枢纽综合体，实现城市空间和土地集约利用

①车辆基地上盖开发

11 号线松岗车辆段位于线路最北端，车辆段及周边用地规划为三期工程最大的上盖开发地块，规划总建筑面积约 66 万 m²，主要为保障性住房、商品房、商业办公及学校。11 号线最初规划的终点站为松岗站，距松岗车辆段 1km 以上，为改善上盖物业的交通接驳条件，深圳市城市交通规划设计研究中心提出线路北延并增设碧头站，与上盖物业无缝衔接，确保 TOD 规划理念落地不走样。松岗车辆段效果图如图 2.1-19 所示。

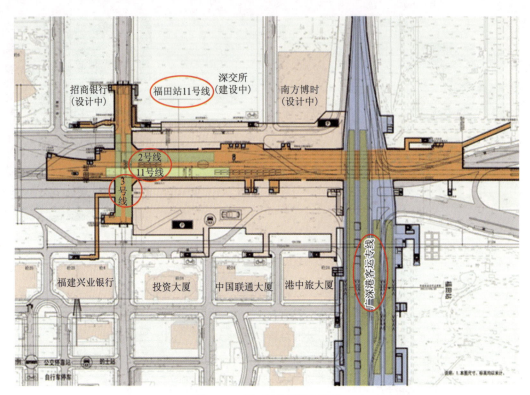

图 2.1-13 福田枢纽规划布局图

图 2.1-14 福田枢纽效果图

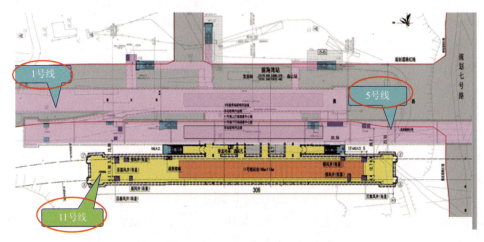

图 2.1-15 前海枢纽规划布局图

图 2.1-16 前海枢纽效果图

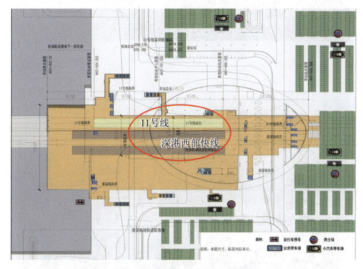

图 2.1-17 机场枢纽规划布局图

图 2.1-18 机场枢纽效果图

②车公庙枢纽综合体

车公庙综合枢纽是集地铁1、7、9、11号线及出租、公交、小汽车接驳等一体化综合交通换乘枢纽，其中7、9、11号线为三线同期建设，呈L形设置，采用站厅换乘。由于周边环境条件制约，必须对原车公庙立交进行改造才具备工程实施条件和实现四线良好的换乘功能。通过城市交通规划和工程设计单位的共同研究，确定对车公庙立交进行全互通功能完善，调整深南大道南侧匝道形式，较好地实现了城市立交全互通功能，释放了原立交西南侧土地，同时为轨道交通建设和枢纽综合体开发创造了条件。综合体规划功能为商业、商务办公和酒店等，用地 5.04 万 m²，规划建筑面积 7.585 万 m²。车公庙枢纽效果图如图 2.1-20 所示。

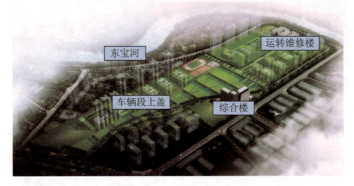

图 2.1-19　松岗车辆段效果图

图 2.1-20　车公庙枢纽效果图

（4）完美融入湾区海景，高架段提供最佳乘坐体验

11 号线机场站—碧海湾站的站间距约为 7.2km，是目前深圳地铁最长的区间段。最初规划方案和建设规划批复方案均为地下线路，鉴于工程地质环境条件、长大区间的运营安全及乘客乘车体验，经工程设计单位深入反复研究和项目建设单位深圳市地铁集团有限公司及市政府相关部门多次讨论后，市政府决策将原地下敷设方式调整为高架方案，并通过对主体结构、接触网等进行优化，与沿线海景完美融合，打造出"深圳最美的能看海的地铁线"。沿线美景如图 2.1-21 和图 2.1-22 所示。

图 2.1-21　深圳最美地铁线

图 2.1-22　11 号线线路远眺

1.5 应用成效

2016年6月28日，11号线正式开通试运营，成为深圳市第一条城市轨道快线，开创了诸多规划之先河。11号线从规划、设计、建设到运营通车的全过程，深圳市城市交通规划设计研究中心在规划关键技术环节中发挥了重要的规划决策技术支持作用，通过市政府相关部门与深圳市地铁集团有限公司多方协调，以及参建各方的共同努力，11号线规划意图在工程实施中得到准确落地，成为深圳"轨道都市"建设的又一里程碑。

第2节
车站、区间设计创新

2.1 高速长大区间隧道空气压力波设计

2.1.1 项目背景

1）项目特点

11号线设计速度为120km/h，为快速城市轨道交通线路，具有线路区间长、列车运行速度快、车站规模大等特点。列车在隧道内高速运行，由于空气流动受隧道及车体的限制以及空气的可压缩性，导致隧道内空气压力剧烈变化，由此引发一系列工程问题：初始压缩波诱发的出口微压波造成噪声及周边构筑物破坏，压力波动传入车厢引起乘客耳膜压痛，压力波动引起列车侧壁、车窗玻璃以及隧道内设施破坏等，上述问题对于后续的设计、施工及运营提出一系列挑战。

2）国外压力舒适度标准选用情况

目前，国际上尚无被广泛接受的统一列车乘客舒适度标准。不同国家及研究机构采取的压力舒适度标准差异较大，但通常都是采取一个特定时间范围内的压力波动值作为舒适度标准。很明显，这个标准还与采用的列车类型和实际条件有关。对于密闭性列车，由于车厢内外压力是隔绝的，通常采用更为严格的压力舒适度标准，如日本新干线、德国ICE、磁悬浮。然而，采用非密闭性列车和使用既有隧道的国家，则采用相对宽松的压力舒适度标准，例如英国铁路，虽然车速较多年前有较大提升，但因为使用非密闭性列车，既有隧道断面狭小，因此压力舒适度的标准较为宽松。

3）国内压力舒适度标准选用情况

（1）《新建时速200～250公里客运专线铁路设计暂行规定》（铁建设〔2005〕140号文），对于非密闭性列车采用压力变化不超过3kPa/3s的标准。

（2）"关于印发《铁路隧道设计施工有关标准补充规定》的通知"（铁建设〔2007〕88号文），详见表2.2-1。

我国客运专线隧道设计压力舒适度标准　　表2.2-1

隧道长度/占线路比例			隧道密集程度（座/h）	瞬变压力（kPa/3s）
单线	<10%	且	<4	2
双线	<10%	且	<4	3
单线	>25%	或	>4	0.8
双线	>25%	或	>4	1.25

4）乘客健康标准

空气压力波动可能会引起人类耳部的不舒适，卫生专家指出引起人耳损伤的最低压差为 8.0kPa。

通常，一个健康的人在 1s 内能承受 1000Pa 的压力波动，而不会产生严重的影响，但对压力舒适度的感觉因人而异。

压力舒适度与压力波动的绝对值及波动的频率有关，表 2.2-2 归纳了在不同的静压短期变化情况下人类出现的典型生理症状。

不同压力变化值下人类出现的典型生理症状　　　　表 2.2-2

压力变化值（Pa）	典 型 症 状
400～690	感觉耳部充胀
690～1300	感觉耳部更为充胀
1300～2000	感觉耳部十分充胀，听觉强度降低
2000～4000	耳部更为不适，出现耳鸣、耳叫、耳嘶叫及爆裂声；可能出现疼痛及晕眩

5）11 号线压力舒适度标准的选用

11 号线是一条设计运营服务水平较高的区域快线，采用 8 节编组，其中含 2 节商务车，其舒适度标准应与之服务水平相适应，参照《铁路隧道设计施工有关标准补充规定》（铁建设〔2007〕88 号文），本次初步设计确定舒适度标准为 800Pa/3s。

2.1.2　应用研究模拟情况

11 号线线路总长为 51.7km，高架段有 2 段，地下线被高架线路分割为 3 段，分别位于福田站—碧海湾站（8 站）区间、机场站—福永站（2 站）区间及后亭站—碧头站（3 站）区间。基于目前设计的线路、隧道、车站、列车、行车及通风系统资料，本压力波专题研究分析利用 Thermo Tun 软件进行数值建模，考虑了不同隧道段的环境、列车行车速度、列车发车间隔和不同发车方式，分析了不同情况下列车车厢内的压力变化，主要分析探讨现在的隧道设计能否达到所要求的不应大于 800Pa/3s 的最大压力变化值，找出不满足建议的压力舒适度的隧道段，并提出了相关缓解措施及可行的泄压系统方案，为结构专业对隧道结构的优化设计提供参考。

1）压力舒适度分析

模型模拟中的所有风井都假设打开，模拟除了考虑因隧道阻塞比和车速所产生的压力波改变外，同时亦考虑了压力波在隧道内的反射及衰减现象。模拟压力舒适度分析结果：最大压力变化值出现在碧海湾站附近的洞口位置，当列车驶进隧道时，压力变化值为 1390Pa/3s，此外，宝安站—前海湾站区间的中间风井及后海站—红树湾南站区间的中间风井亦出现相对较大的压力变化，变化值分别为 866Pa/3s 及 1175Pa/3s。

碧海湾站—福田站隧道段的最大压力变化出现在洞口位置，但其部分中间风井位置的压力变化也相对较高。需要进一步采取措施，以降低最大压力变化值。

2）达到 800Pa/3s 舒适度标准采用的隧道结构优化措施

11 号线的压力舒适度研究结果显示，在现有的隧道结构设计条件下，有 5 个位置未能达到 800Pa/3s 的舒适度要求，其中 2 个位置为隧道洞口，其余的 3 个位置则出现在中间风井与车站之间的隧道内。表 2.2-3 列出了未能达到 800Pa/3s 舒适度要求的位置及其压力变化值。

未能达到 800Pa/3s 舒适度要求的位置及其压力变化值　　表 2.2-3

工况	位置	左/右线	压力变化值（Pa/3s）
1	后亭站至洞口	右	1105
2	碧海湾站至洞口	左	1387
3	前海湾站—宝安站区间	左	866
4	红树湾南站—后海站区间	右	1078
5	红树湾南站—后海站区间	左	1175

针对此 5 个位置，研究使用了加大洞口隧道断面面积及加设泄压风管的压力缓解方法进行分析，如图 2.2-1 所示。

由于过大的隧道断面面积将影响工程造价及安全，所以加设泄压风管能在适当的隧道断面面积中有效缓解压力。此外，在特定情况下，过大的隧道面积不仅不能减少压力变化值，还可能会令压力变化值变大。由于过大的隧道断面与盾构隧道的结合点会有很大的面积变化，因而可能会造成另一次的压力突变，情况就像隧道中出现了"第 2 个洞口"。

考虑建造成本及运营时的控制，泄压风管将利用隧道联络通道安装。由于空间有限，压力波反射及其他隧道通风系统的问题，泄压风管的面积不宜太大，本次研究采用 0.4m² 及 1m² 断面面积的泄压风管作分析，如图 2.2-2 所示。

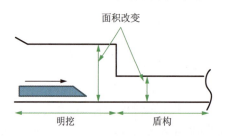

图 2.2-1　过大的隧道断面与盾构隧道的结合点

图 2.2-2　联络通道上泄压风管的安装示意图

加装泄压风管时需要设置电动风量调节阀。采用 220V 消防电源，正常运行时开启。电动风量调节阀由动力照明供电，由 BAS 系统负责控制，开关状态经 BAS 系统反馈至控制室。如图 2.2-3 所示为泄压孔示意图。

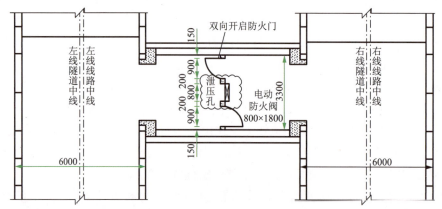

图 2.2-3　泄压孔示意图（尺寸单位：mm）

表 2.2-4 表示了上述 5 个位置为达到 800Pa/3s 舒适度标准可采用的缓解措施。

达到 800Pa/3s 舒适度标准的缓解措施　　　　　　　表 2.2-4

工况	位置	缓解措施	加大面积的隧道长度（m）	左/右线	原压力变化值（Pa/3s）	采取措施后压力变化值（Pa/3s）
1	后亭站至洞口	加大面积至 32.24 m² + 1 支泄压风管（0.4m²）	50	右	1105	591
2	碧海湾站至洞口	加大面积至 40.8m² + 2 支泄压风管（0.4m²）	270	左	1387	665
3	前海湾站—宝安站区间	2 支泄压风管（0.4m²）	—	左	866	702
4	红树湾南站—后海站区间	4 支泄压风管（1m²）+ 从中间风井小里程方向 100m 外加 1 支泄压风管（1m²）	—	右	1078	723
5	红树湾南站—后海站区间	4 支泄压风管（1m²）+ 从中间风井小里程方向 100m 外加 1 支泄压风管（1m²）	—	左	1175	764

2.1.3　项目实施方案

（1）常规盾构断面区间设置泄压阀。11 号线在机福区间、碧机区间、宝碧区间、南前区间、红后区间、车红区间、福车区间共 7 个长大区间，与联络通道结合设置 16 处泄压阀。泄压阀安装示意如图 2.2-4～图 2.2-6 所示。

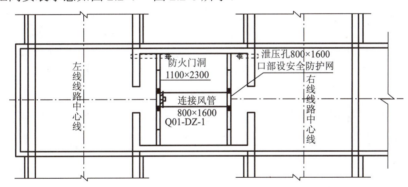

图 2.2-4　区间联络通道处泄压阀安装平面图（尺寸单位：mm）

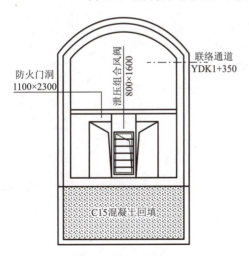

图 2.2-5　区间联络通道处泄压阀安装剖面图（尺寸单位：mm）

图 2.2-6　区间联络通道泄压阀示意图

（2）在大于 3.5km 的车红区间、南前区间采用 6m 直径盾构扩大断面技术。

（3）碧机区间、沙后区间、福桥区间地下隧道段及过渡段采用渐变断面技术。

（4）碧机区间、沙后区间、福桥区间过渡段两侧及顶面设置渐变泄压口，如图 2.2-7 所示。

根据运营一年多来乘客反馈的情况和相关检测数据分析，通过以上措施对列车运行带来的区间隧道压力波控制取得了较好的效果。

图 2.2-7 过渡段泄压口安装效果图

2.1.4 应用成效

（1）与采用全部扩大隧道断面、提高车辆密封性能等常用技术手段相比，采用泄压阀或泄压孔技术大大减少了投资成本，具有可观的经济效益。

（2）采用的技术措施满足列车高速运行时人员舒适及结构安全性要求，保证了列车高速运营的条件，实现中心区—宝安半小时生活圈的目标，具有良好的社会效益。

（3）11 号线为国内首条开通运营时速最快（120km/h）、最长的城市轨道交通线路，本项目具有良好的社会效应和经济效益，并对后期深圳地铁快线的建设和发展起到积极的引领及示范作用。

2.2 填海区复杂环境设计创新

2.2.1 腐蚀环境混凝土耐腐蚀性、耐久性成套设计

1）项目特点

11 号线沿海边敷设，沿线水系如图 2.2-8 所示，沿线大部分区间及站点地下水对混凝土、混凝土中的钢筋有中~强腐蚀性。根据相关规范要求，11 号线主体结构混凝土强度等级要达到 C40，甚至 C45 以上。而靠提高混凝土强度等级为主的设计势必带来更严重的构件开裂等违背耐久性设计的一系列问题。11 号线通过开展专题研究，提出以耐久性为核心，强调工作性、突出抗裂性的地铁工程混凝土配合比设计研究方法。

11 号线线路多处穿越填海区、河流、受工业污染的土壤环境；填海区地表海水较发育，与地下水具

图 2.2-8 11 号线沿线水系分布平面示意图

有较强的水力联系。腐蚀等级评价见表 2.2-5。

11 号线的腐蚀等级评价（有 13 处属Ⅳ-E 级） 表 2.2-5

序号	工点名称	主要腐蚀介质浓度（mg/L）				腐蚀环境等级
		Cl^-	SO_4^{2-}	Mg^{2+}	侵蚀性 CO_2	
1	福田站—车公庙站	35～405	20～60	3～115	10～25	Ⅳ-C、Ⅴ-C
2	红树湾南站	800～10200	300～650	40～810	2～10	Ⅳ-E、Ⅴ-C
3	后海站	7107	2244	123	6	Ⅳ-E、Ⅴ-D
4	南山站	826	226	43	8	Ⅳ-D、Ⅴ-C
5	前海湾站	11270	1189	111	7	Ⅳ-E、Ⅴ-D
6	宝安站	5242	619	217	8	Ⅳ-E、Ⅴ-C
7	碧海湾站	150	45	9	0	Ⅳ-C、Ⅴ-C
8	碧海湾站—机场站区间	1442～109553	79～869	2～359	0～6	Ⅳ-E、Ⅴ-C
9	机场站—福永站	543～5357	124～480	29～173	28～38	Ⅳ-C、Ⅴ-C
10	福永站	5357	480	173	0	Ⅳ-E、Ⅴ-D
11	后亭站	8240	510	283	25	Ⅳ-E、Ⅴ-D
12	松岗站	8940	519	316	22	Ⅳ-E、Ⅴ-C
13	碧头站	141～5723	68～318	9～183	34～40	Ⅳ-E、Ⅴ-D
14	松岗车辆段出入线	38～392	34～55	1～16	0～12	Ⅳ-C
15	松岗车辆段	8630	2572	823	117	Ⅳ-E、Ⅴ-E
16	停车场出入线	5357～7870	480～951	27～173	0～19	Ⅳ-E、Ⅴ-C
17	机场北停车场	8263	1294	28	19	Ⅳ-E、Ⅴ-D
18	机场北站	2860～9342	668～1877	160～600	0～13	Ⅳ-E、Ⅴ-C

2）研究内容

本工程进行耐久性设计的依据为《混凝土结构耐久性设计规范》（GB/T 50476—2008）、《铁路混凝土结构耐久性设计规范》（TB 10005—2010）。两本规范针对耐久性设计的主要措施是提高混凝土强度等级、限制最大水胶比和加大混凝土保护层厚度，环境作用等级决定设计应采用的措施。

我国现阶段对两种或两种以上腐蚀介质同时存在的环境作用尚无深入的研究成果和成功的工程经验，两本规范对于多种介质同时存在时的设计规定不够全面，也不够具体。因此本工程混凝土结构耐久性主要研究内容包括：

（1）高工作性、抗裂和耐腐蚀混凝土的优化配制

主要包括：水胶比的影响试验研究、水泥品种的影响试验研究、外加剂品种的影响试验研究、掺合料品种及掺量配制试验研究、混凝土含气量的影响试验研究、混凝土抗裂性指标的综合评价试验、不同腐蚀环境作用等级下的不同工段混凝土基本配合比及其性能指标。

（2）钢筋混凝土劣化机理和破坏速率试验分析

主要包括：钢筋混凝土试件在有压渗透状况下，钢筋和混凝土在不同腐蚀介质浓度环境中的劣化机理和破坏速率试验检测；室内干湿交替的加速试验条件下，采用电化学无损检测技术、化学分析和微观结构分析技术以及其他物理力学方法，研究氯离子和 CO_2 双重环境作用和拉应力条件下，钢筋混凝土的退化机理和规律；室内干湿交替的加速试验条

件下，采用电化学无损检测技术、化学分析和微观结构分析技术以及其他物理力学方法，研究氯离子和硫酸镁双重环境作用下，钢筋混凝土的退化机理和规律；室内干湿交替的加速试验条件下，采用电化学无损检测技术、化学分析和微观结构分析技术以及其他物理力学方法，研究拉应力—氯离子—硫酸镁多重环境作用下，钢筋混凝土的退化机理和规律；室内干湿交替的加速试验条件下，采用电化学无损检测技术、化学分析和微观结构分析技术以及其他物理力学方法，研究杂散电流—氯离子—硫酸镁多重环境作用下，钢筋混凝土的退化机理和规律；根据试验分析结果，最终确定地铁工程钢筋混凝土结构环境作用等级的影响。

（3）材料和施工工艺附加措施对钢筋混凝土耐久性的影响

主要包括：钢筋阻锈剂对混凝土工作性、抗裂性和抗腐蚀、耐久性的影响试验，自养护剂对混凝土工作性、抗裂性和抗腐蚀耐久性的影响试验。

（4）混凝土耐久寿命的综合评估

主要包括：多因素、多重环境作用下的钢筋混凝土退化行为及寿命预测模型研究，混凝土耐久寿命的综合评估。

3）研究方法

以耐久性为核心，强调工作性、突出抗裂性的地铁工程混凝土配合比设计研究方法。通过模拟11号线所处环境进行一系列试验和理论分析，提出满足耐久性要求的最优的混凝土强度等级和耐久性构造设计要求，以及不显著提高混凝土强度等级的高性能混凝土配合比、外加剂采用要求，提出施工过程中工艺、质量控制要求和验收标准，提出可靠的设计和施工最优的耐久性综合措施。

最终11号线正线工程主体结构混凝土强度均设计为C35，较规范要求降低1～2级。明挖区间主体及矿山法二次衬砌采用混凝土配合比主要参数见表2.2-6。

不同腐蚀等级的混凝土配合比主要参数表　　表2.2-6

序号	项　　目	非常严重氯盐+严重硫酸盐腐蚀环境下推荐混凝土参考配合比	中等腐蚀环境下的推荐混凝土参考配合比
1	水胶比	不大于0.38	不大于0.40
2	矿渣粉掺量	35%～40%	35%～40%
3	粉煤灰掺量	15%～20%	15%～20%
4	含气量	4%～5%	4%～5%
5	坍落度	出机口180mm±20mm	出机口180mm±20mm
6	强度等级	C35	C35
7	标准养护28d氯离子扩散系数（RCM法）	小于4.0×10^{-12} m²/s	小于5.0×10^{-12} m²/s
8	标准养护28d混凝土抗硫酸盐等级	不小于KS150	不小于KS90
9	标准养护28d混凝土试件60d快速碳化深度	小于20mm	小于20mm

4）应用成效

（1）通过混凝土水胶比、水泥品种、外加剂、掺合料配制对混凝土工作性、力学性能、变形性能、抗氯离子渗透、抗硫酸盐侵蚀、抗碳化耐久性影响试验研究，明确降低混凝土水胶比有利于提高混凝土耐久性，但不利于混凝土工作性和抗裂性。矿渣掺量的增加，有利于提高混凝土耐久性；单掺矿渣，混凝土工作性降低，混凝土干缩增大，抗裂性降低;为满足钢筋混凝土100年耐久性设计要求,胶凝材料中矿渣掺量不应小于30%。粉煤灰掺量的增加,有利于提高混凝土工作性和抗裂性,但降低混凝土早期强度;为保证混凝土抗碳化100年耐久性设计要求,粉煤灰掺量不宜超过25%。引气混凝土有利于提高混凝土工作性和耐久性。

(2)根据配合比优化试验结果以及相关规范,推荐了不同腐蚀环境下的混凝土参考配合比和混凝土性能控制指标参数。根据混凝土性能试验,严重和非常严重腐蚀环境作用等级的工段混凝土优先推荐水胶比0.38且掺加15%~25%粉煤灰+30%~40%矿渣的引气混凝土,混凝土含气量4%~5%,标准养护28d混凝土氯离子扩散系数小于$4\times10^{-12}m^2/s$,标准养护28d混凝土抗硫酸盐等级不小于KS150,满足钢筋混凝土100年耐久性设计要求。

(3)混凝土耐久寿命的综合评估表明,在氯盐腐蚀非常严重环境作用等级下,推荐的最大水胶比0.38高耐腐蚀钢筋混凝土预测寿命为156年。随着混凝土构件受拉应力增加,钢筋混凝土预测寿命降低,40%极限拉应力和60%极限拉应力钢筋混凝土构件的钢筋锈蚀起始年限由115年分别降低至109年和96年。混凝土碳化明显阻碍了氯离子的渗透,在CO_2和氯离子复合环境中,使用氯离子扩散的数学模型来预测混凝土寿命,可得到较单纯氯盐环境更长时间的寿命值;在氯离子以及拉应力作用条件下,各配合比以碳化模型预测寿命,均满足100年的耐久性设计要求。在氯盐干湿循环试验条件下,随着混凝土内钢筋中杂散电流密度的增加,水胶比0.38的普通混凝土中钢筋锈蚀起始年限由6年降低至3年;推荐的最大水胶比0.38高耐腐蚀混凝土中钢筋锈蚀起始年限由74年降低至59年,高耐腐蚀混凝土中钢筋锈蚀起始年限较同水胶比普通混凝土提高近20倍。

(4)通过毛细渗透和0.3MPa渗透压力试验研究表明,在11号线最严酷腐蚀介质浓度有压渗透下,氯盐腐蚀危害深度远未达到混凝土侧墙外层钢筋保护层厚度,更加影响不到侧墙内层钢筋。因此不存在薄壁结构内侧干湿交替破坏环境。氯离子的存在限制了硫酸盐的渗透,硫酸盐的渗透深度不可能超过氯离子渗透深度,因此也不存在硫酸盐薄壁结构干湿交替结晶腐蚀破坏环境。2014年3月新颁布的《地铁设计规范》(GB 50157—2013)第11.6.1条佐证了该试验结论,即厚度不小于300mm的钢筋混凝土结构可不计干湿交替作用。

(5)试验研究表明,在硫酸盐和氯盐共同作用环境下,掺阻锈剂混凝土的抗硫酸盐侵蚀能力、抗氯离子侵蚀能力和抗钢筋锈蚀能力未见改善。低水胶比大掺量矿物掺合料混凝土已能满足桩基混凝土的防腐要求。混凝土的工作性因掺加阻锈剂后,会出现坍落度损失较快,不利于施工的情况。综合考虑技术、经济性能,可以不再掺加钢筋混凝土防腐阻锈剂。

2.2.2 填海区海相淤泥层深基坑设计

1)项目特点

11号线线路沿深圳填海区敷设,多个基坑地处原状淤泥区,淤泥厚度可达13.6m,如机场站—机场北站明挖区间淤泥含水率平均值为71.2%,孔隙比平均值为1.985。深厚淤泥区深基坑情况见表2.2-7。

11 号线位于深厚淤泥区的深基坑汇总表（单位：m）   表 2.2-7

序号	区间	基坑规模（长×宽×深）	淤泥层厚度
1	碧海湾—机场站明挖区间	908×14×17	厚 0.50～13.60，平均层厚 6.40
2	机场站—机场北站明挖区间	378×15×21	厚 0.50～13.20，平均层厚 6.10
3	机场北停车场出入线区间	435×12.7×13.6	厚 0.50～7.50，平均层厚 3.45
合计		基坑总长 1700	

2）研究内容

研究内容主要为基坑设计时的欠固结土强度指标问题。首次提出了欠固结土层采用十字板原位测试测算确定基坑设计强度指标方法。

（1）技术应用分析

工程实施前，对淤泥采取堆载/真空预压进行处理是安全、经济的办法。如果直接利用勘察指标进行深基坑设计，会导致投资大幅增加。但堆载预压后的淤泥强度指标如何确定，是首先需要解决的问题。对于软黏土层，其性质软弱，在传统的钻孔取样试验室试验的过程中，土样极易受到扰动，得到的强度指标不能真实反映土的实际抗剪强度。如果是新近填海场地，软黏土层可能处于欠固结状态，试验的结果也有可能高估了实际强度。现有基坑设计规范中，对确定欠固结软黏土层抗剪强度指标没有明确的交代，对如何确定和选用软黏土层的抗剪强度指标问题上，国内也有不同意见。淤泥强度及真空降水情况如图 2.2-9 和图 2.2-10 所示。

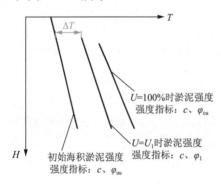

图 2.2-9 t 时刻淤泥强度

图 2.2-10 机场地区真空降水

（2）研究方法：理论推导+勘察验证

地层的 c、φ 值可根据十字板强度指标按《铁路工程地质原位测试规程（附条文说明）》(TB 10018—2003) 方法换算：

$$\tan\varphi_t = \frac{3c_u}{(1+2K_0)\sigma'_p}$$

根据沈珠江有效固结应力强度增长理论，十字板强度的增长和固结度的关系：

$$\Delta\tau_f = \Delta\sigma_z U_t \tan\varphi_{cu}$$

进一步，可根据软黏土层的固结度，推算基坑设计强度指标，用于工程设计。

$$\tan\varphi_t = U_t \frac{\Delta\sigma_z}{(\sigma_{z0}+\Delta)} \tan\varphi_{cu} + \frac{\sigma_{z0}}{(\sigma_{z0}+\Delta)} \tan\varphi_0$$

（3）研究结论（见表2.2-8）

推算结果与实测结果比较表　　　　　　　　表2.2-8

指标 获取方法	基坑工程勘察			基坑开挖前			开挖至基坑底		
	勘察成果	推算结果	差值	勘察成果	推算结果	差值	勘察成果	推算结果	差值
含水率（%）	69.6			63.6			60.4		
孔隙比	1.8			1.69			1.59		
$\Delta\tau_f$ (kPa)	10.9	11.5	0.6	18.4	19.0	0.6	24.4	23.0	0.6
φ_t (°)	7.5	7.0	0.5	10.7	10.5	0.2	13.9	12.5	1.4

注：数据基于11号线机场站基坑项目。实际基坑设计时，已采取了推算结果，基坑施工前实测的勘察成果与设计输入吻合，证明上述研究结果可用于工程实践。基坑可正常开工。

所以在新填海场地软黏土层处于欠固结状态时，可以通过测算软黏土层的固结度，利用十字板强度就可以计算出该土层的强度和不排水剪摩擦角，这对基坑设计具有重大意义。

3）应用成效

（1）国内现行规范只是利用十字板强度（τ、σ）换算当时地层的c、φ值，并未将十字板强度与固结度结合考虑。对于强度值随时间不断增长的软土，其c、φ值无法从规范中得到答案，经研究并通过实际勘察验证，可以用于工程实践，对类似地层的工程具有重要借鉴意义。该成果已进行查新。

（2）总结多个填海场地基坑工程经验。主要总结支护结构、强度指标确定、基坑加固方法等。首次提出基底加固宽度不宜小于3倍软土层厚度。桩锚结构设计如图2.2-11所示。

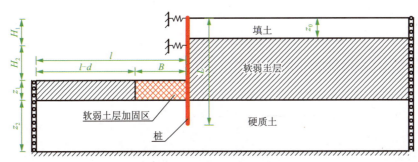

图2.2-11　桩锚结构设计简图

4）创新措施

（1）地下连续墙成槽过程中的加固示意图如图2.2-12所示。

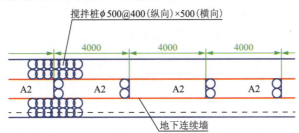

图2.2-12　地下连续墙两侧、端头进行搅拌桩加固示意图（尺寸单位：mm）

事实证明，加固后，11号线地下连续墙的成槽施工是成功的。辅以合适的槽宽，成槽过程中槽壁稳定。

（2）基坑外侧淤泥层加固。加固主要目的：提高坑外淤泥层的稳定性，给施工机械提供行走条件。事实证明，在深圳原状淤泥层进行这种"代价"较大的加固是必要的。坑外搅拌桩加固示意图如图 2.2-13 所示。

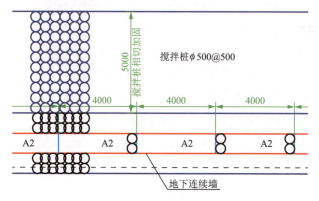

图 2.2-13　坑外搅拌桩加固示意图（尺寸单位：mm）

（3）基坑内侧淤泥层加固。加固主要目的：为阻止基坑开挖期间淤泥的纵向涌动，为基坑顺利开挖提供保障。搅拌桩坑内点状加固示意图如图 2.2-14 所示。

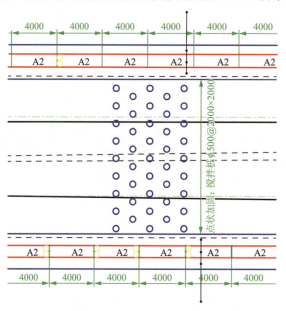

图 2.2-14　搅拌桩坑内点状加固示意图（尺寸单位：mm）

从欠固结淤泥层的 c、φ 值选取，基坑内外两侧淤泥层加固方案，第一道钢筋混凝土支撑的运用，到如何防止基坑开挖期间淤泥的纵向流动，总结出了一整套完整的设计方法。通过精心设计、精心施工，在这种"漂移"的淤泥层中实施的11号线深基坑工程均顺利完工。

11号线已通车运营，所有深基坑工程均得以顺利实施，证明设计中采取的加固措施安全、经济，可为类似工程提供重要参考。

2.2.3 淤泥及砂层中的联络通道设计

1）项目特点

11 号线区间隧道段穿越滨海区，沿线海积区则主要分布有海积成因淤泥、砂土以及残积黏性土，海陆混合相地段广泛分布淤泥、黏土、砂层，地质条件较差。在淤泥及砂层较厚的区间设置联络通道时，施工风险较大，因此 11 号线针对此问题进行了专门研究设计。下面以机场站—机场北站区间联络通道为例进行阐述。

机场站—机场北站区间共设置联络通道 5 座。其中 4 号联络通道拱顶埋深约 15.5m，结构高 7650mm，位于砂质黏性土和全强风化花岗岩中，拱部以上淤泥层厚约 10.2m（见图 2.2-15）。5 号联络通道拱顶埋深约 13.5m，结构高 4250mm，位于中砂、砂质黏性土和全风化花岗岩中，拱部以上淤泥层厚约 5.8m，砂层厚约 3.5m。

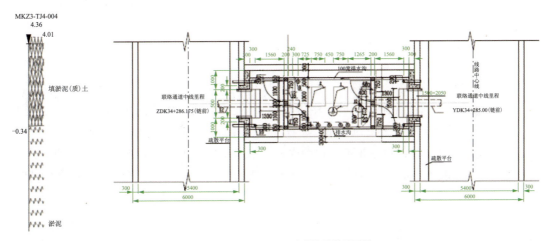

a) 联络通道平面图

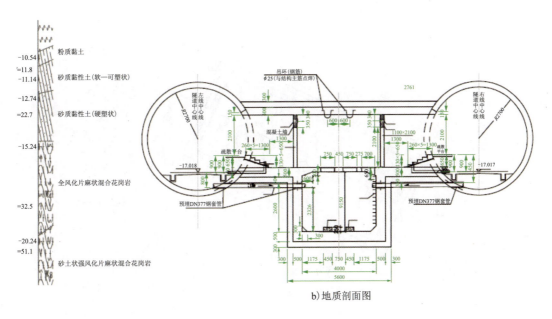

b) 地质剖面图

图 2.2-15 机场站～机场北站区间 4 号联络通道平面图及地质剖面图

2）项目特点及难点

（1）项目特点

联络通道所处位置地层复杂，从上到下为人工填土、海陆混合相淤泥、淤泥质黏土层、砂层，常规的地面加固难以保证加固效果，需要针对地层选取合适的加固方案，施工风险大。联络通道施工是整个隧道的薄弱环节。

（2）技术难点

①淤泥及砂层加固效果难以保证：由于淤泥层和砂层都较厚，加固措施的选取具有局限性，加固效果难以保证；

②在淤泥和砂层中施作封闭连续墙也存在一定困难，需要采取预加固措施来保证连续墙的成槽效果；

③支护体系要求高：由于土层自稳性差，施工联络通道时风险大，需要很强的支护体系来保证结构施工安全。

3）主要设计创新

（1）制定地层加固方案

联络通道采用喷锚构筑法施工，所处地层中淤泥和砂层较厚，拟采用地面旋喷加固的辅助施工措施。但直接在淤泥和砂层中进行旋喷桩加固，加固效果难以保证。为了限定加固范围，联络通道加固前采用600mm厚的素地下连续墙对加固区域围闭。同时为了便于在淤泥中成槽，在地下连续墙挖槽前，在墙内外先施作一排$\phi500@400$咬合护壁搅拌桩。

旋喷桩采用$\phi600@450\times450$。加固范围：线路纵向，联络通道外扩3m；线路横向，两个联络通道加固至正线隧道外扩1m；竖向，联络通道拱顶以上3m，底板以下2m。旋喷桩加固体无侧限抗压强度大于0.8MPa，渗透系数应小于1.0×10^{-6}cm/s，若达不到要求，则必须及时补充注浆。加固示意图如图2.2-16和图2.2-17所示。

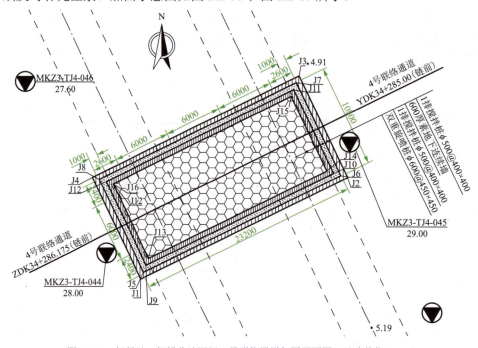

图2.2-16　机场站—机场北站区间4号联络通道加固平面图（尺寸单位：mm）

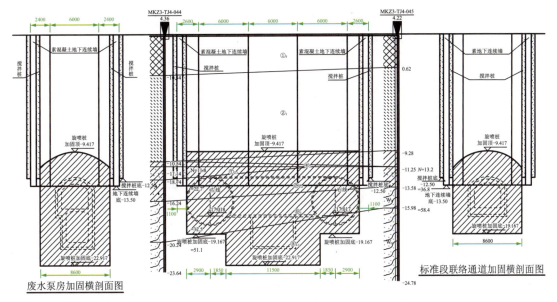

图 2.2-17　机场站—机场北站区间 4 号联络通道加固剖面图（尺寸单位：mm）

（2）制定支护体系

由于土层自稳性差，联络通道施工时风险大，需要很强的支护体系来保证结构施工安全。支护体系主要由超前支护、初期支护和二次衬砌三部分组成，其中初期支护与二次衬砌间设全封闭防水隔离层。

联络通道初期支护采用结构稳定、牢靠的超前支护、系统支护、系统锚杆和格栅钢架等，支护体系如图 2.2-18 所示。

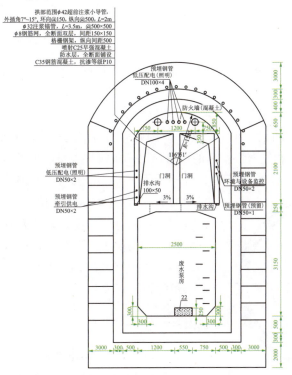

图 2.2-18　机场站—机场北站区间 4 号联络通道结构横断面图（尺寸单位：mm）

（3）制定防水方案

由于联络通道处于砂层中，防水也是整个设计的关键环节。初期支护与二次衬砌之间采用塑料防水板+土工布缓冲层，喷射混凝土背后进行充填注浆。联络通道结构采用防水钢筋混凝土内衬和全包柔性防水夹层组成双道防水防线。防水示意图如图2.2-19所示。

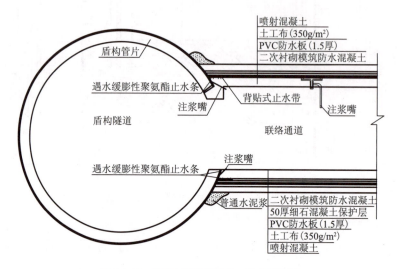

图2.2-19　隧道与联络通道接口防水示意图

2.3　长大区间非标盾构设计创新

2.3.1　深圳地区首次采用管片内径6000mm非标盾构隧道

作为国内首条组团快线兼顾机场快线功能的线路，11号线部分区间行车速度达到120km/h。为提高司乘人员的舒适度，最大限度地减缓隧道压力波，最为直接有效的方法是扩大隧道断面。通过空气动力学、舒适度研究成果，确定了11号线长大地下区间的盾构隧道断面有效通风面积不小于28.6m^2，因此盾构隧道内径采用6000mm（见图2.2-20）。结合车辆流线形设计和气密性指标的要求，可满足司乘人员的舒适度要求。

根据上述要求，11号线车公庙站—红树湾南站区间、南山站—前海湾站区间共有16.908km隧道为φ6000盾构隧道。φ6000盾构隧道无论在刀盘、盾体、后配套，还是在对车站始发、吊出要求方面，均与深圳地区传统的φ5400盾构隧道有一定差别，因此11号线在设计过程中，形成了一套φ6000盾构隧道的设计标准和方法。

2.3.2　非标盾构隧道设计标准和方法

1）盾构始发、吊出要求

（1）φ6000盾构始发车站沿车站纵向长度不应小

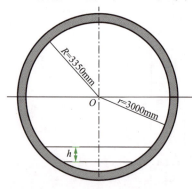

图2.2-20　φ6000盾构隧道横断面图

于 12000mm 为盾构始发井段。始发井段处车站侧墙与线路中心线间的净距离应不小于 4350mm，始发井处中柱与线路中心线间的净距离应不小于 4150mm。盾构始发井处车站顶板及各层楼板应预留盾构吊装孔，孔口尺寸为 11500 mm（长）×8000mm（宽）（一般对称线路中线），孔口应尽量靠近端墙。

（2）车站盾构始发端端墙上预留盾构始发孔尺寸为 $\phi 7320$。

（3）始发井段车站底板面应低于线路轨面线 1720mm。

（4）盾构始发端端头墙由于盾构拼装引起的临时地面超载按 $85kN/m^2$ 考虑，车站顶板由于设置龙门吊及堆放管片引起的临时地面超载按 $45kN/m^2$ 考虑。盾构始发和吊出要求如图 2.2-21、图 2.2-22 所示。

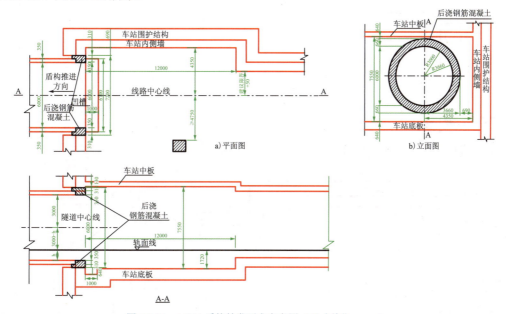

图 2.2-21　$\phi 6000$ 盾构始发要求参考图（尺寸单位：mm）

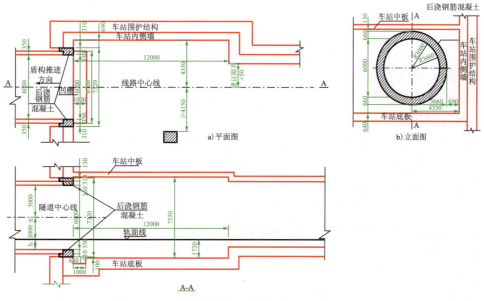

图 2.2-22　$\phi 6000$ 盾构吊出要求参考图（尺寸单位：mm）

2）盾构过站要求

（1）车站底板面应低于线路轨面1720mm。

（2）盾构过站车站站台层净空尺寸为7400mm（宽）×7600mm（高）。

（3）车站两端端墙上预留盾构始发、到达孔尺寸为 $\phi7320$。

（4）过站的车站盾构（盾构内径6000mm）进站端沿纵向长度不小于12000mm，盾构始发端沿纵向长度不小于12000mm为工作井段。工作井段车站侧墙与线路中心线间净距不小于4350mm。车站中柱与线路中心线间的净距离应不小于4900mm。盾构过站要求如图2.2-23所示。

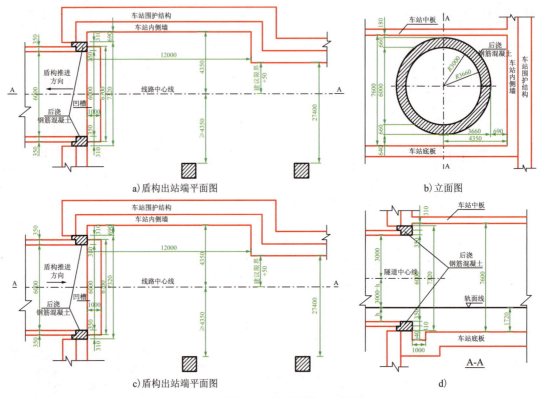

图2.2-23 $\phi6000$ 盾构过站要求参考图（尺寸单位：mm）

3）盾构加固范围要求

盾构在进出车站时，须对盾构进出站的地层进行加固，以达到加固土体，截水防渗，并减少对周围土体扰动的目的。

目前对地层的加固方法主要有高压旋喷注浆法、水泥搅拌桩法、压力注浆法等，具体加固方法、加固范围应根据工程地质及水文地质条件进行综合比较后确定。在地面有加固条件情况下，尽量采用地面加固措施。

$\phi6000$ 盾构加固范围为线路纵向10.0m及隧道周边3.0m、隧道下部2.0m以内，如图2.2-24所示。加固深度范围内，若遇中风化、微风化地层，则该地层范围不必加固。

4）盾构始发井要求

盾构始发井一般设置在车站端头，有时根据工程筹划，需要在区间单独设置盾构始发井。深圳地区，常规 $\phi5400$ 盾构始发井长度一般为80m，对于 $\phi6000$ 盾构，由于其盾构机设备整体尺寸增加到91m，每环盾构掘进出渣量增加约22%，需要增加一列运渣车，因此要求盾构始发井加长至100m。盾构始发井布置如图2.2-25所示。

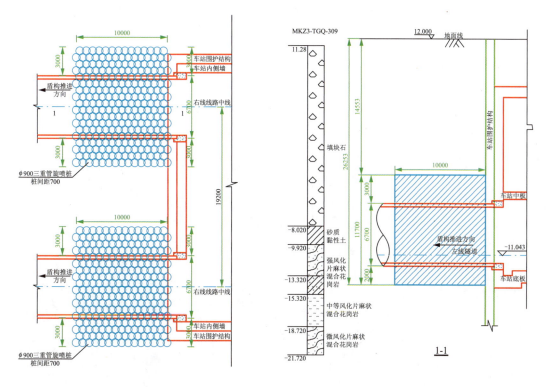

图2.2-24 φ6000盾构加固范围示意图（尺寸单位：mm）

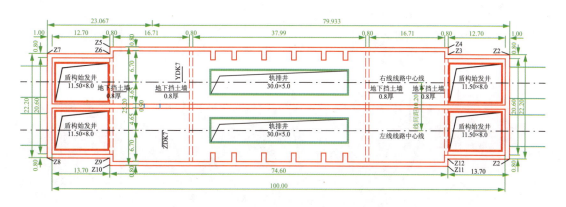

图2.2-25 φ6000盾构始发井布置图（尺寸单位：m）

5）盾构管片设计图

根据结构计算分析和既有地铁建设的成熟经验，φ6000盾构隧道采用350mm厚的管片，管片宽度推荐采用1500mm。区间采用六分块：三个标准块B1、B2、B3，两个邻接块L1、L2，一个封顶块F。11号线φ6000盾构隧道衬砌环采用"标准环+左转弯环+右转弯环"的组合形式。环缝采用16根M30螺栓，纵缝采用12根M30螺栓。φ6000盾构隧道衬砌构造如图2.2-26～图2.2-28所示。

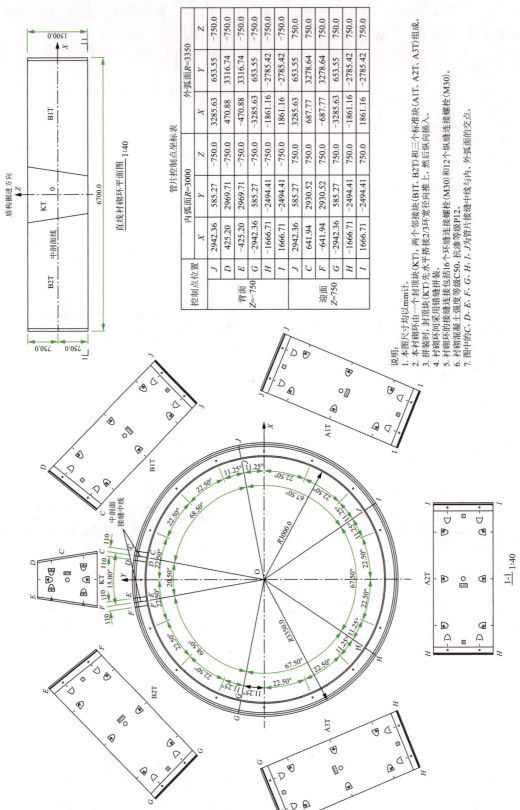

图 2.2-26 φ6000mm 盾构隧道直线衬砌环构造图

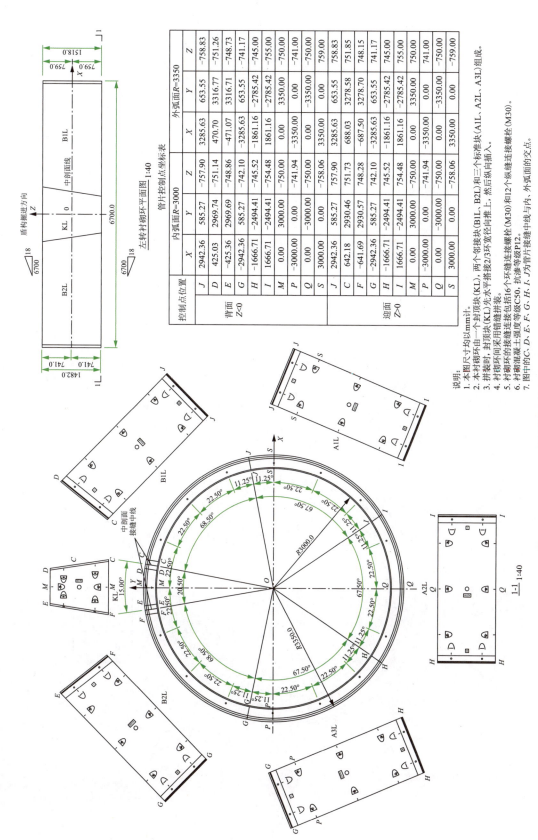

图 2.2-27 φ6000mm 盾构隧道左转弯衬砌环构造图

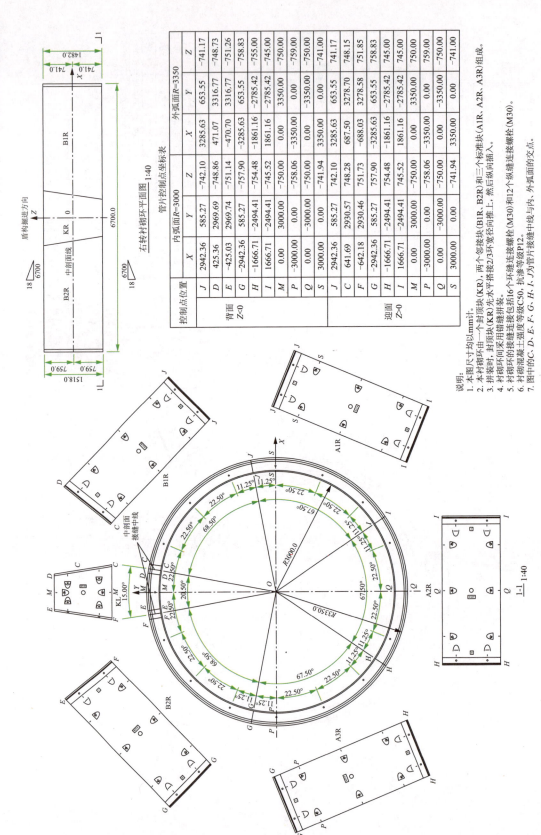

图 2.2-28 φ6000mm 盾构隧道右转弯衬砌环构造图

根据埋深、地层、周边建（构）筑物及后续规划情况，11号线ϕ6000盾构隧道设置了三种管片含钢量：普通地段为165kg/m³，加强地段为190kg/m³，特殊地段为220kg/m³。

2.3.3 应用成效

（1）深圳地区首次在11号线区间设计中采用了ϕ6000盾构隧道，形成的成套设计标准和方法丰富了深圳地铁区间设计。

（2）根据建设规划，深圳市城市轨道交通四期工程中的6号线支线、13号线、14号线、20号线等线路，考虑行车速度或软弱地层等因素，均会采取ϕ6000盾构隧道，上述技术成果将直接运用于深圳市城市轨道交通四期工程建设中。

2.3.4 深圳地区盾构隧道关键几何尺寸设计新标准

1）项目特点

自深圳地铁开通运营以来，区间隧道部分地段尤其是填海区出现了不均匀沉降、椭圆度加大、管片开裂、边角崩裂等病损状况。对这些病损的处理，多采用调线调坡、结构补强等方法，但限于目前的技术手段，这些处理方法只能是有限度地弥补，无法根治。处理过程中的经验使工程人员逐渐认识到盾构隧道在结构的可维护性方面弱于矿山法隧道和明挖法隧道。因此有必要重新审视盾构隧道的结构设计。

结合深圳市城市轨道交通一、二期工程运营调查资料，依托11号线工程，重点研究了最高运行速度不超过100km/h的深圳地铁盾构隧道的关键几何尺寸。

2）研究方法和内容

根据地铁建设及运营经验，考虑为日后隧道病害加固处理提供空间，研究隧道内径合理取值；研究盾构隧道管片厚度合理取值。

（1）情况调研

调研国内其他城市隧道内径取值、内径加大状况及原因。全国主要城市盾构隧道内径情况见表2.2-9。

全国主要城市盾构隧道内径统计表　　　　表2.2-9

序号	盾构隧道内径（mm）	管片厚度（mm）	城　　市	备注
1	5400	300	北京、广州、重庆、成都、郑州、武汉、长沙、石家庄、青岛、南昌、南宁、合肥、东莞、佛山	14个
2	5500	350	上海、天津、杭州、南京、福州、厦门、郑州、武汉、石家庄、宁波、苏州、常州、无锡	13个
3	5800～6000	350	北京、上海、天津、重庆、东莞、佛山、绍兴	7个

根据调研资料，从2015年开始，国内大部分城市的地铁盾构隧道内径都进行了调整，调整原因主要为列车车型调整、便于道床安装、工后沉降影响以及为未来预留补强空间。

根据深圳地铁隧道运营数据及病害维修需求，结合深圳地质特性和百年使用寿命要求，对深圳地铁盾构隧道内径加大的必要性和可行性进行分析，充分考虑未来调线调坡、加固空间（提出相对应的加固措施），研究并确定隧道内径的合理取值。深圳地铁运行情况及隧道异常变形情况见表2.2-10和表2.2-11。

深圳地铁运行状况表 表2.2-10

路线号	通车日期（年-月-日）	起点站	终点站	运营里程（km）	车站数	列车编组
1号线	2004-12-28	罗湖站	机场东站	41.0	30	6A
2号线	2010-12-28	赤湾站	新秀站	34.1	29	6A
3号线	2011-06-28	双龙站	益田站	41.9	30	6B
4号线	2004-12-28	福田口岸站	清湖站	20.5	15	6A
5号线	2011-06-28	前海湾站	黄贝岭站	40.0	27	6A
7号线	2016-10-28	西丽湖站	太安站	30.2	28	6A
9号线	2016-10-28	红树湾南站	文锦站	25.4	22	6A
11号线	2016-06-28	福田站	碧头站	51.9	18	8A
合计里程				285		

深圳地铁盾构隧道异常变形统计表 表2.2-11

路线号	运营年限	变形情况	地质条件	变形原因
1号线	13年（6年）	鲤鱼门站—前海湾站—新安站区间隧道的最大沉降达73mm，最大侧移达25mm	隧道拱部有较厚的淤泥、淤泥质土层	有高层建筑物施工，基坑失水及变形，造成隧道变形
2号线	6年	红树湾南站—世界之窗站区间邻近房地产基坑的左线隧道有60m范围椭圆度长轴变形超过50mm，最大达到74mm	隧道上覆土70%为填土、淤泥质黏土	受深湾汇云中心项目影响
2号线	6年	登良站—后海站区间隧道的最大沉降达26mm，最大侧移33mm	隧道上覆土65%为填土、淤泥	受后海中海油项目影响
5号线	5.5年	前海湾站—临海站区间左右线隧道共有约180m范围椭圆度长轴变形超过70mm，其中最大变形达118mm	隧道顶部位于淤泥层	隧道上方有双界河水廊和双界河路工程实施，基坑开挖，造成隧道上浮和侧移
11号线	约1年	南山站—前海湾站区间左右线隧道共有约165m受影响，管片出现破损、渗漏，其中最大沉降64mm，最大侧移46mm	隧道上覆土80%为填土、淤泥质黏土	有高层建筑物施工，基坑失水及变形，造成隧道变形

（2）限界分析及加固方法

课题研究详细分析了 $\phi 5400$、$\phi 5500$、$\phi 5900$ 和 $\phi 6000$ 的限界设计，确定了不同的内径设计，对应不同的限界和加固需求，并给出了 $\phi 6000$ 的加固补强设计方法（见图2.2-29）。

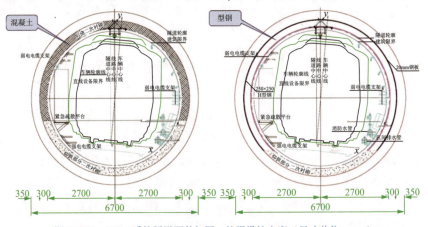

图2.2-29 $\phi 6000$ 盾构隧道两种加固、补强设计方案（尺寸单位：mm）

(3) 盾构隧道管片厚度取值研究

①不同厚度管片的承载力和变形分析。选取合理的地层（荷载）模型、管片结构模型及管片接头模型对管片承载力及变形进行理论分析，确定了不同内径盾构隧道的管片厚度。

②不同厚度管片的正常使用状态下的超载研究。研究地面超载的影响程度，研究因荷载种类、覆土厚度、地层特性不同情况下不同厚度（直径）管片的极限荷载，从而限定地面超载。

③纵向变形刚度分析。对于隧道穿越地块为待开发区，应考虑隧道一侧进行物业基坑开挖的工况，包括卸载、失水工况。盾构隧道受基坑影响计算模型如图 2.2-30 所示。

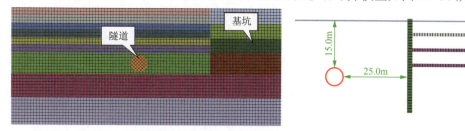

图 2.2-30　盾构隧道受基坑影响计算模型

(4) 隧道内径及管片厚度调整的工程影响分析

课题研究中，以盾构隧道内径调整为 6000mm，管片厚度相应调整为 350mm，盾构机刀盘直径由 6.3m 调整为 7.0m 为例，详细分析了隧道内径及管片厚度调整后，在质量、工期、工程投资、对车站接口等方面的影响。

3）研究成果

(1) 隧道洞身位于填土、淤泥、淤泥质土、粉细砂地层等不良地质中，除了需要地质改良外，还应采用 $\phi6000$ 的盾构内径。

(2) 隧道建设场地原始地貌为滩涂、冲洪积平原，虽然洞身位于砾质黏土、全风化地层，但上覆土为填土、淤泥、淤泥质土、粉细砂地层等不良地质，且不良地层厚度 $h \geqslant 0.5H$（H 为隧道埋深）。

(3) 盾构隧道位于城市待高度开发区。隧道周边空旷，但根据规划，隧道结构外两侧各 30m/50m（填海区按 50m，非填海区按 30m）范围内有待建高层建筑，应考虑后续周边建（构）筑物施工及使用时对隧道产生的影响。

深圳地区除（1）～（3）以外的其余地段，推荐采用 $\phi5500$ 内径盾构。

依托 11 号线工程制定了适宜深圳地区特点的盾构隧道关键几何尺寸，制定了盾构隧道设计的新标准，研究成果将在深圳市城市轨道交通四期工程建设中广泛推广。

2.4　车站区间设计创新成果

针对 11 号线特有的地下水腐蚀环境、填海区地质条件、复杂的线路敷设方式、周边环境和结构布置特点，进行了耐久性研究，填海区海相淤泥力学参数研究和填海区盾构隧道特殊设计，并采用了多种工法组合施工。区间隧道既有矿山法、明挖法，又有盾构法，且每种大的工法里面还细分了多种施工工法。盾构法施工有 $\phi6000$ 和 $\phi5400$ 两种内径盾构隧道，有掘进后直接拼装管片、矿山法初期支护＋盾构空推拼装管片；矿山法隧道净宽 $5200\sim9800$mm，工法有台阶（环形）法、CD 法、CRD 法等；明挖法施工有 U 形槽结构、矩形隧道和马蹄形隧道。在下穿既有地铁车站、隧道、铁路等特殊地段，均采取了针对性的对策，很好地避免了施工中的各种风险。

在设计和施工过程中以科技为先导，不断加大科技投入，以 11 号线项目为背景，先后完成了"深圳地铁 11 号线地下结构耐久性专题研究""填海场地深基坑工程实施技术研究""深圳地铁盾构隧道关键几何尺寸研究"等科研项目，还完成了"区间工法专项报告""线路下穿建构筑物专项报告""矿山法区间隧道专题报告"等报告。

在设计和施工过程中不断采用新技术、新工艺、新材料，实现了多项技术创新，取得了一系列的成果，以 11 号线项目为背景，设计和施工获得了两项实用新型专利、一项省级工法，这些成果为复杂隧道的成功实施提供了技术保障，解决了该段隧道在施工及运营期间的一系列技术难题，加快了施工速度，确保了施工安全，提高了工程质量，节省了工程投资，取得了显著的社会和经济效益，设计成果对以后类似工程条件的地铁设计和施工具有十分重要的借鉴作用。

第 3 节
机场航站楼与轨道交通一体化设计创新

3.1 机场站概况

1）深圳机场 T3 航站楼

2003 年深圳市启动深圳机场扩建工程前期工作，2010 年 T3 航站楼开工建设，2013 年 T3 航站楼投入使用。深圳机场扩建工程是深圳市重大交通设施项目，是深圳大空港地区规划发展的重要组成部分，深圳机场现占地面积 11km²，扩建完成后占地面积为 24km²，新建 3800m×60m 跑道一条，45.1 万 m² 的 T3 航站楼，300 万 m² 的客货机坪，108 万 m² 的货运区、综合服务区和综合交通系统等。新航站区鸟瞰如图 2.3-1 所示。

图 2.3-1 新航站区鸟瞰图

2）深圳地铁 11 号线

11 号线具备快速联系城市中心区与西部片区的功能，身兼机场快线和深圳西部轨道快线双重功能，为体现"快"的特点，在规划站点布设时，尽量串联沿线主要的客流集散点，重视与其他线路和交通方式的换乘接驳，围绕站点构筑综合交通枢纽，以达到提供客流支持、延伸覆盖范围的目的，也有利于提升城市公共交通服务水平。

3.2 机场站换乘设计

3.2.1 规划

1）机场扩建的意义

深圳机场是深圳市的对外门户，深圳机场扩建结合 T3 航站楼同步规划了机场综合交通枢纽，有轨道交通、机场大巴、常规公交枢纽站及社会车辆停车场、出租车停车场等。规划定位为重要的对外交通枢纽及常规公交枢纽与轨道交通车站结合的大型综合枢纽，承担多种交通方式的换乘及区域服务并举的综合性功能。该项目的建成将会提升深圳在珠三角城市群中的中心地位，实现城市空间合理布局与重组，带动周边区域发展，有利于城市交通发展战略目标的实现，缓解西部发展轴的交通拥挤，提升西部城区环境品质，充分发挥轨道交通的社会经济效益，发挥环境保护效益。新机场航站区规划平面如图2.3-2所示。

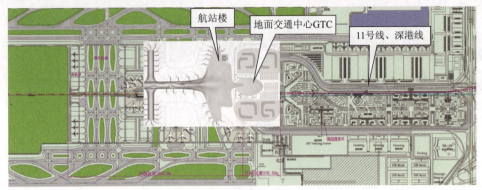

图2.3-2　新机场航站区规划平面示意图

2）轨道枢纽规划

2008年10月深圳新机场完成了工程可行性评估，新机场下方规划了3条轨道线，11号线、深港线和机场APM。11号线和深港线在机场交通中心下平行设站，如图2.3-3所示，11号线则贯穿于整个机场新航站区范围，车站采用单岛布置形式，其北段区间与机场APM系统平行重叠布设，深港线车站是在深圳境内的终点站，采用侧式站台布置形式。根据对机场航站楼、交通中心整个平面及柱网的分析，确定11号线站台中轴线与航站楼中轴线在一条直线上，以减小对航站楼及交通中心柱网的影响。

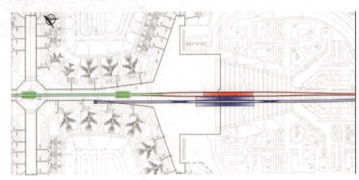

图2.3-3　新机场航站区规划轨道线布置平面图

深港线与11号线平行布置，较11号线低；机场APM（旅客自动捷运系统）与11号线上下重叠布置，如图2.3-4、图2.3-5所示。

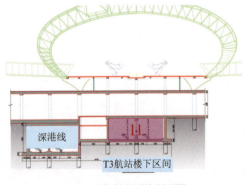

图2.3-4　新机场轨道线断面图

图2.3-5　新机场轨道线断面图

3）同步实施工程划分原则

由于新机场先于11号线实施,为了减少11号线工程建设对新机场的影响,新机场建设和开通运营先于11号线实施预留土建工程,在新机场下方的11号线、深港线需和新机场同步进行实施。

3.2.2 设计客流

根据深圳市城市交通规划研究中心提供的11号线客流资料、深港线客流资料分析,机场站早高峰小时客流量大于晚高峰小时客流量,因此以早高峰小时客流量为控制客流量。本站客流以机场站初步设计评审的客流为准,详见表2.3-1～表2.3-3。

2040年远期早高峰小时11号线机场站预测客流表　　　表2.3-1

站　名	预测客流（人/h）	福田到松岗（人/h）		松岗到福田（人/h）		超高峰系数
		下车	上车	下车	上车	
机场站	10740	2931	2298	1867	3644	1.3

1）11号线机场站预测客流

上车设计客流量为:（2298+3644）×1.3=7359人/h

下车设计客流量为:（2931+1867）×1.3=6237人/h

设计客流量为:（2298+3644+2931+1867）×1.3=13596人/h

2040年远期早高峰小时深港线机场站预测客流表　　　表2.3-2

站　名	预测客流（人/h）	香港机场到深圳机场（人/h）		深圳机场到香港机场（人/h）		超高峰系数
		下车	上车	下车	上车	
机场站	3600	1647	0	0	1653	1.3

2）深港线机场站预测客流

上车设计客流量为:1653×1.3=2149人/h

下车设计客流量为:1647×1.3=2142人/h

设计客流量为:（1653+1647）×1.3=4290人/h

3）换乘接驳客流

2040年远期高峰小时接驳客流表（单位：人次/h）　　　表2.3-3

交通方式	T3航站楼	GTC					合计
		A、B航站楼	航空城	出租车和公交大巴	长途大巴	小计	
11号线	5482	704	4043	271	6	5024	10506
深港线	2723	171	103	58	11	343	3066
合计	8205	875	4146	329	17	5367	13572

3.2.3 枢纽换乘方案

深圳机场新航站区轨道交通枢纽是为机场客流集散提供服务的轨道交通枢纽,主要由11号线、深港线在深圳机场新航站区地下交汇而成,南北横贯整个航站区。整个轨道交通枢纽基本从机场规划的航站楼中轴线穿过,轨道交通深圳机场枢纽站主体位于新航站楼前的地面交通中心（GTC）下,北段区间和航站楼指廊结合,南段区间穿过机场的南部商务区，轨道交通与地面交通的换乘通过地面交通中心实现便捷换乘。

轨道车站方案：11号线、深港线机场站主体位于机场交通中心下，大致呈南北走向。其中北端的配线区局部伸入机场T3航站楼的地下行包房下，深港线根据当前两地的基本需求，其有效站台伸入航站楼一节车的长度，为以后深港线预留行李处理的可能，南端的配线区位于机场交通中心前的绿地下，根据预留出入境边检的需要，两条线采用站厅换乘。

车站北侧的两组风亭设置在机场航站楼前的绿化天井内，南侧的风亭设置在交通中心地面的道路南侧和规划停车场之间的绿化带上。南侧的出入口设置在机场交通中心内，结合机场交通中心布置设置。

车站设计平面图详见图2.3-6。

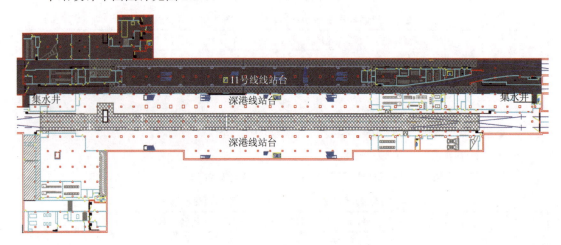

图2.3-6　机场站设计平面图

车站为地下两层。地下一层为站厅层，由非付费区、付费区、设备管理用房区组成。站厅层北端设置少量必要的设备用房，主要的设备管理用房设置在站厅层的南端。地下二层为站台层，11号线为单岛两线站型，站台宽12m，有效站台长度为186m。深港线为双侧双线站型，每个侧式站台宽度为12m，有效站台长度为220m。车站总长为376.55m，车站标准段宽为56.85m。由东向西依次为11号线、深港线。两线总建筑面积57072 m^2，共设置风亭13个，与航站楼结合设置出入口2个，公共区单独设置出入口6个，设备区设置疏散出入口4个。

3.3　项目建设主体和项目建设时序统筹

新机场扩建工程、11号线和深港线为各自的项目，分属不同的建设主体：新机场为深圳机场（集团）有限公司；11号线为深圳市地铁集团有限公司；深港线为深圳和香港共同投资建设，属于深圳市远期城市轨道规划线路，尚未明确建设主体单位。

新机场扩建工程2008年完成初步设计，2010年2月启动建设，2013年11月28日正式启用，是三个项目中最早开工的一个，为了避免各项目独立实施对已建成项目的不利影响，由深圳市轨道交通建设指挥部办公室、市发展和改革委员会牵头，在新机场范围内（航站楼、地面交通中心和停机坪跑道）将11号线和深港线的土建结构部分从各自的项目中划出来，作为土建预留结构进行单独立项，委托深圳机场（集团）有限公司代建。深圳机场（集团）有限公司建设新机场时同步进行11号线和深港线的土建结构施工，当新机场投入使用时，土建结构已完成，11号线和深港线施工时只需进行安装装修的施工。

3.4 机场站换乘设计成效

11号线机场站的规划设计，实施同步规划、同步设计和同步施工预留工程，使得深圳机场站成为目前国内轨道交通与机场接驳最为便利的航站楼，通过连接出发厅、到达厅的电扶梯，直达地铁站厅，另一组楼扶梯直接接驳机场交通中心。同时，根据深圳机场远期规划T4航站楼，11号线在建设规划方案基础上增设了机场北站与T4航站楼衔接换乘。如图2.3-7所示。

轨道交通项目和机场航站楼项目必须进行统筹组织才能节省投资，发挥最大效能，实现新的功能，突破创新。从项目的综合规划—项目立项—设计—施工，各阶段都离不开深圳市政府的大力统筹协调以及深圳机场（集团）有限公司的配合支持。机场有严格的航管区管理和沉降控制要求，综合规划避免了地铁车站和新机场分离实现一体化，极大地方便旅客。合理划分投资分块，理顺施工时序，把几个施工时序不一致的项目作为土建预留工程独立立项，由先进场的单位进行代建，极大地减少了各项目独立实施的影响。合理划分设计标段，减少了技术接口的协调。施工阶段的组织协调工作巨大，如安装装修单位进场、预留结构验收交接、楼扶梯安装协调碰口、风亭和出入口的安装协调、冷却塔和管线用地及施工协调等，克服了这些困难，最终为深圳市民建设了一个满意的11号线机场换乘枢纽站。

图2.3-7 机场站站厅直接联系出发厅、到达厅

第4节
车辆段、停车场设计创新

4.1 松岗车辆段

4.1.1 车辆段概况

松岗车辆段在松岗站接轨,段址位于松福大道、朗碧路和东宝河之间的地块。松岗车辆段作为国内速度最快、编组最大的A型车大架修车辆段,不仅承担11号线列车的检修和运用任务,还承担线网A型车大架修任务。松岗车辆段设计规模:大架修3.5列位,定修2列位,双周/三月检4列位,停车列检32列位。

4.1.2 主要设计方案

1)车辆段布局合理,功能完善

松岗车辆段定位为A型车大架修基地,并预留相邻线车辆的大架修条件。同时车辆段内还设置了国内地铁第一处工程车大修基地。松岗车辆段总用地面积30.21ha,车辆占地面积指标为878m^2/辆,在停车规模大、功能齐全的情况下,占地指标还远低于《城市轨道交通工程项目设计标准》(建标104—2008)的大架修车辆段车辆占地面积指标1000m^2/辆的标准。

2)制定快线地铁车辆检修周期

根据11号线车辆特点,借鉴铁路高速动车组和电力机车车辆的检修周期,参考广州地铁3号线(120km/h快线B型车)车辆段设计采用的检修周期,制定了本线车辆基地设计采用的检修周期,详见表2.4-1。

11号线快线车辆检修指标表　　　　表2.4-1

修　程	检修周期(×10^4km)	停修时间(d)	库停时间(d)
大修	150	36	30
架修	75	24	18
定修	15	8	6
三月检	3.75	2	2
双周检	0.625	0.5	0.5

3)制定快线、大编组列车的工艺设计标准

(1)增加受电弓检测设施。由于11号线车辆最高运行速度为120km/h,与常规车辆相比,其弓网间的动态稳定性更复杂,经常会出现弓网燃弧现象,导致受电弓碳滑板磨耗异常等问题，给列车正常运营带来影响。为了更方便更有效地对受电弓滑板磨耗、受电弓中心线偏差、受电弓工作位接触压力等相关数据进行检测，及时更换或检修受电弓相关部件，在松岗车辆段出入段线终端平直段设置了受电弓动态检测系统，如图 2.4-1 所示，在运用库设置了受电弓检修作业平台，并设置平台作业安全防护装置，以更好地保证列车运营安全。

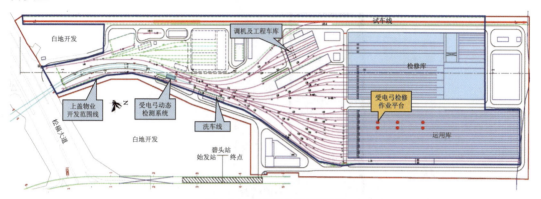

图 2.4-1　受电弓动态检测系统

（2）规范转向架检修工艺流程。由于 11 号线列车运行速度快，其转向架的检修工艺更为复杂。通过对车辆转向架系统的仔细研究、与运营单位及车辆供货商的多次沟通以及借鉴铁路快速车的检修经验，确定 11 号线车辆转向架的检修作业采用流水修模式，结合深圳地铁大架修的运营经验，制定了 11 号线车辆的转向架检修工艺流程，如图 2.4-2 所示。

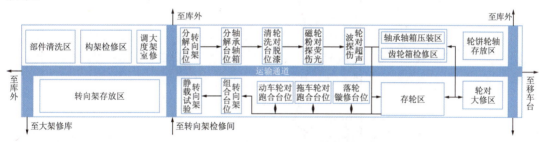

图 2.4-2　11 号线车辆的转向架检修工艺流程图

在双周/三月检、定修、静调等带车顶作业平台的股道，设置了操作简单、安全快捷的一体化五防联锁系统设备。该五防联锁系统可自动断开隔离开关、自动接地、自动验电、智能开锁，人工操作，设备自动执行，人员可在操作现场对设备的状态进行确认，既保证了人员安全，又方便快捷，大大提高了作业效率。

4）车辆段满足检修功能和上盖物业开发并举

（1）节约用地显著，经济效益显著。

综合利用土地、提高土地的利用效率，日益成为城市地铁建设者重点关注的问题。由于地铁车辆段占地面积较大，根据车辆段生产特点，设计在满足工艺要求的前提下，充分考虑生产、办公、生活等各项设备、设施的功能要求和工作性质，对车辆段内单体进行整合，优化布局，并利用车辆段屋面上部空间，增加了上盖物业开发的功能。车辆段除了综合楼、运转维修楼、易燃品库外，进行全上盖物业开发，为上盖物业开发创造出更大的物业空间及景观平台。同时,结合周边白地,对车辆段进行综合物业开发,创造了巨大的经济效益,反哺地铁建设。本段创造开发用地 42.1ha,物业开发总用地 39ha,其中保障性住房 6ha。车辆段上盖物业开发如图 2.4-3 所示。

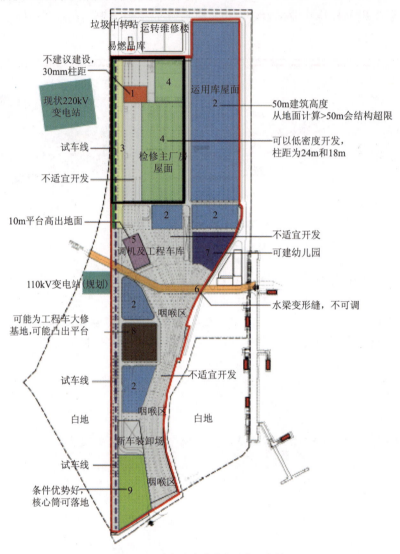

图 2.4-3　车辆段上盖物业开发示意图

(2) 上盖物业结构转换形式复杂。

车辆段的上盖物业与车辆段为一体结构,结构共用柱网与基础,上部物业荷载通过车辆段屋盖平台或转换结构传给车辆段的结构体系及基础,将上部结构按坐落在车辆段上盖相关范围及层数建立结构模型,屋盖荷载按规划布置的绿化、活动场地、消防通道进行荷载取值计算。

运用库、咽喉区(局部)结构模型在运用库和咽喉区(局部)9m 标高平台上建 12 层结构,其中:一层运用库、二层停车库(层高 5.5m)、三~十三层住宅(层高 2.9m),转换层设在停车库层,因下部运用库的柱间距大(柱距 12.2~21m、平均层高 10.8m),一层结构的纵、横向侧向刚度薄弱,为使车辆段与停车库的层间侧向刚度比满足规范要求，在不影响车辆段工艺使用要求的位置增加纵、横向抗震墙。根据上盖物业提供的模型建模，使上部结构的荷载传递给车辆段结构及基础，结构类型按部分框支抗震墙结构计算。

检修库结构模型在检修库13m标高平台上建6层住宅，其中：一层检修库（平均层高15m）、二～七层住宅（层高2.9m），转换梁设在检修库13m标高处，转换梁跨度均为15m，按6层框架建模，使上部结构的荷载传递给车辆段结构及基础，结构类型按框支框架结构计算。

①根据上盖物业方案设计单位的提资条件为设计依据，设两层大底盘裙房，上设11层高层住宅的多塔结构，结构类型为框架结构，在高层住宅的裙房二层设置部分框支抗震墙结构转换结构，按单体和整体分别进行结构计算和分析。其标准层单位面积质量比一般结构略大，为$1.5t/m^2$。

②根据试算，扭转位移比、侧向刚度比、位移角、楼层抗剪承载力比、剪重比满足规范要求。

③根据住宅使用要求，上部结构可能为抗震墙结构，但因下部运用库、检修库有车辆界限的要求，大部分抗震墙不能落地，且柱距较大，转换结构为15m、21m的托墙或托柱，下部结构的刚度相对较为薄弱，结构类型并不能完全符合部分框支抗震墙的要求。

对于下部结构刚度较薄弱，在不影响车辆段工艺要求条件下，采用增加下部结构的侧向刚度措施：尽量将上部抗震墙落地；将车辆段内的框架柱沿竖向逐渐加大截面，即变截面柱，以增加一层结构的侧向刚度；在可能的部位设置斜撑构件，增加侧向刚度。

结构计算在满足结构侧向刚度的条件下，按抗震墙结构要求控制位移指标，是可以按部分框支抗震墙结构进行地震作用计算和采取抗震措施，保证结构的安全可行。

（3）车辆段盖上盖下建筑外立面统一，与市政周边衔接。

由于上盖物业设计与车辆段设计的不同步性，导致盖上盖下建筑外立面无法完全统一，在车辆段设计时，尽量将外立面与周边城市的环境相结合，使车辆段融入大的城市设计中，后期需根据上盖方案的稳定，对整个盖上盖下外立面方案进行二次深化设计。

（4）车辆段与上盖物业的人员疏散通道及疏散出口分别独立设置（见图2.4-4）。上盖下部的车辆段按《建筑设计防火规范》（GB 50016—2014）执行，框架梁、板（盖）、柱、基础的耐火极限需达到4h。

移车台区域梁跨度最大达37.05m，主要耐火极限处理措施为：

①组合梁耐火等级一级，耐火时限不小于4h，设计使用年限15年。

②组合梁采用45mm厚涂型（非膨胀型）防火涂料作为防火保护措施。

③防火涂料的涂装应符合《建筑设计防火规范》（GB 50016—2014）、《钢结构防火涂料应用技术规范》（CECS 24：90），《钢结构防火涂料》（GB 14907—2002）的相关规定。

④防火涂料必须有国家检测机构对其耐火性能认可的检测报告，防火涂料涂装前钢材表面除锈及防锈底漆涂装应符合设计要求和国家现行有关标准的规定。

⑤当风速大于5m/s，或雨天和构件表面有结露时，不宜作业。

⑥防火涂料涂装层不应有油污、灰尘和泥砂等污垢；防火涂料不应有误涂、漏涂，涂层应闭合无脱层、空鼓、明显凹陷、粉化松散和浮浆等外观缺陷。

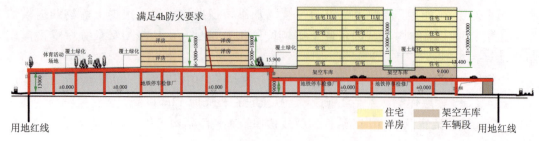

图 2.4-4 人员疏散通道及疏散出口示意图（尺寸单位：mm）

（5）上盖下的空间的排烟系统主要由两部分组成：一部分是距离敞开部分进深30m，采用自然排烟（《地铁工程烟气控制与人员疏散系统设计导则》），其余采用机械排烟。检修主厂房与运用库之间的消防通道以结构梁为挡烟垂壁，共划分9个防烟分区，每个防烟分区的面积不超过500m²，设置2台排烟风机进行排烟；车辆段的咽喉区以结构梁为挡烟垂壁，共划分4个防烟分区，每个防烟分区设置4台射流风机进行辅助排烟，使咽喉区及室外空间达到准安全区要求。排烟系统示意图如图2.4-5所示。

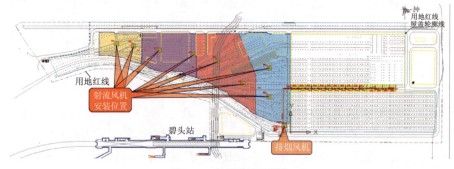

图 2.4-5 排烟系统示意图

（6）盖上盖下管线结合互不干扰。

①给水接口

车辆基地及物业开发的市政给水接口主要有三处，朗碧路与现有市政管网相接，松福大道为新建道路，预留11号线松岗车辆段接市政水条件，满足两路供水要求。

②雨水接口

上盖设雨水沟收集地面雨水，采用虹吸雨水系统排放，一部分排至地面雨水蓄水池，经净化处理后供绿化和道路浇洒用水，一部分排至盖下室外雨水系统，最终排入车辆基地的雨水箱涵里面。

③污水接口

塔楼雨污水由立管排至上盖室外雨污水井，在四周设置排水主干管，排至±0.00平面污水井，雨污水经化粪池处理排至松福大道市政污水管网。

④电力接口

盖下车辆基地（包括盖外单体）用地铁用电，通过出入段线引入；盖上物业开发采用市电，通过市政管线引入。

⑤燃气接口

燃气接口如图2.4-6所示。车辆段燃气沿朗碧路接入，通过车辆段东侧入口接入到车辆段综合楼食堂。上盖物业燃气通过南侧松福大道入口上大盖平台接入到住宅。

4.1.3 设计创新

（1）松岗车辆段为国内第一个最高运行速度120km/h、8辆编组及商务车厢的大架修车辆段。设计针对车辆特点，制定了快线地铁车辆的检修周期制度，制定了快线、大编组地铁车辆运用检修工艺流程。

（2）松岗车辆段内设置了国内第一个地铁工程车大修基地。工程车辆作为地铁新线建设、设备修理、抢险和检查的主要设备，到深圳市城市轨道交通三期工程时工程车辆的数量已具备规模维修效应。考虑到轨道交通网络化运营后维修成本合理化以及维修资源共享的要求，从维修规模、经济性、维修及时性、维修质量可控性等方面综合分析，线网中的工程车辆宜采用的维修模式为：初

图 2.4-6 燃气接口

期外协维修，近远期从依托自身维修、委外配合，逐步达到自修为主。工程车大修基地设置在松岗车辆段内，亦可共享地铁车辆检修资源，提高设备设施的综合利用率。

（3）做温度应变分析设计后，分15个结构单元，变形缝数量减少，方便上盖方案设计。减少变形缝处的建筑防水处理和漏水发生，减少各种管道跨变形缝处的特殊处理，方便物业开发管道的布置。结构单元划分如图2.4-7所示。

图 2.4-7 结构单元划分示意图（尺寸单位：m）

(4) 大盖屋面采用建筑和结构结合找坡的形式,结构东西向 1%,建筑南北向 1%。沿东西两长边设计 800mm×300mm 外排水天沟,虹吸雨水系统布置在排水天沟内。屋面全部雨水汇集到东西两侧的排水沟内,再排至地面。取消屋面板中间的虹吸雨水斗开孔,使屋面板更完整,方便物业开发。屋面结构坡度及排水如图 2.4-8 所示。

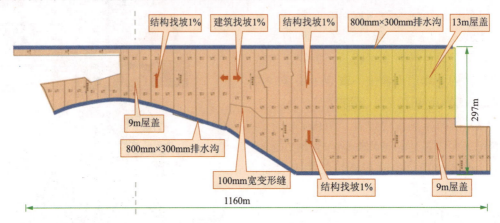

图 2.4-8 屋面结构坡度及排水示意图

(5) 为提高物业开发品质及节约投资,在车辆段上盖物业范围外扩 30m 范围内的库外有砟轨道下铺设道砟减震垫(宽 3.5m);试车线及库内线均为无缝线路。如图 2.4-9 所示。

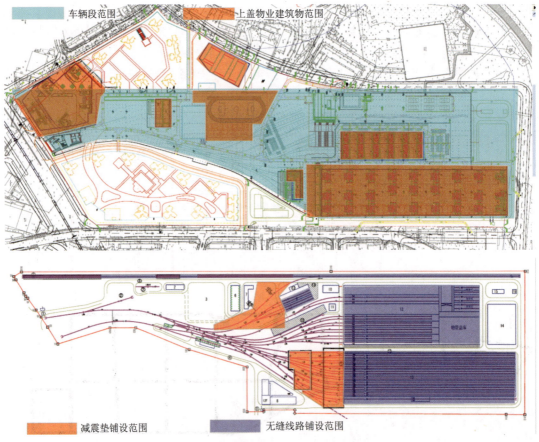

图 2.4-9 减震垫及无缝线路铺设范围图

4.2 机场北停车场

机场北停车场在机场北站接轨，场址位于福海大道以南、福永河西侧地块。机场北停车场设计规模：双周/三月检4列位，停车列检近期12列位，远期24列位。机场北停车场总平面规划见图2.4-10。

图 2.4-10　机场北停车场总平面规划图

4.2.1　设计特点

（1）机场北停车场地块距离机场跑道较近，建筑限高25m，上盖开发条件受限，故机场北停车场是深圳地铁目前唯一没有上盖平台的车辆基地。

（2）合并建筑单体，总图布置紧凑。将污水处理站和前殿降压混合变电所合设，将运转办公楼、综合楼和食堂、司机公寓合设，优化了占地面积，总图布局紧凑，车辆占地指标为530m^2/辆，远低于《城市轨道交通工程项目建设标准》（建标104—2008）停车场占地指标600m^2/辆的标准。

4.2.2　设计创新

（1）机场北停车场无上盖平台，室外的电缆沟失去了上盖平台的保护，考虑深圳地区雨量大及雨期长的气候特点，在电缆沟外侧平行设置了电缆沟排水管线，在末端接入提升泵后可将雨水汇入站场排水沟，避免了暴雨过后室外电缆沟内长时间积水。

（2）机场北停车场设置雨水回用系统，在咽喉区设置了雨水回用收集池，减少优质水水资源取水量和城市雨水排放量，节约水费的同时提高了区域排洪排涝系统的安全性。

第 5 节 长大区间机电设计特点

5.1 给排水及消防设计

5.1.1 长大区间给排水管网技术标准

11 号线设计最高速度 120km/h，车站少，区间距离长，运行速度快。本线站间距为 3km 以上的区间达 7 个，其中机场站—福永站区间更是达到 6km 以上。本线主要技术标准如下：

（1）本线给水及水消防系统水源采用城市自来水。

（2）水消防系统采用两路进水，消防给水管网环状布置。

图 2.5-1　消防管道区间布置图

（3）地铁消防系统按规范要求，设计能力按全线同一时间内发生一次火灾计。

（4）车站应有完善可靠的消火栓给水系统，对重要电气设备用房采用气体灭火系统。

（5）地下车站的消火栓用水量按 20L/s 计；地下人行通道、地下区间隧道、地下折返线、地下区间风井、高架区间消火栓用水量按 10L/s 计。

本线消防管道在区间的布置如图 2.5-1 所示。

5.1.2 长区间水消防设计

本线主要特点是区间长度大，因此长区间的水消防组织方案是本线设计重点。因区间供水水头损失随线路长度急剧增加，以区间常用的 DN150 球墨铸铁管为例，按 10L/s 消防用水量计算，忽略其他因素影响，管道长度每增加 100m 水头损失将增加 0.5m，故对于长区间，采用传统的两站供水消防模式（见图 2.5-2），特别是利用市政管网压力直接供水的车站，相邻区间的消防水压很难达到要求，供水保证率不高。

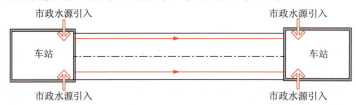

图 2.5-2　传统区间水消防组织示意图

针对长区间特点，本线水消防组织方案拟结合长区间设置区间风井的特点，利用区间风井作为"小车站"设计，即从区间风井处引入两路消防水源，供给区间消防，从而缩短了消防供水长度，以满足消防水压要求。长区间水消防组织如图 2.5-3 所示。

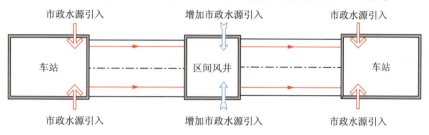

图 2.5-3　长区间水消防组织示意图

这样做，有以下几方面的优点：
（1）增加了区间消防供水的可靠性；
（2）就地利用市政水压，避免了长距离供水能耗；
（3）减少了消防泵房设置，节约地铁设备用房用地，减小了土建投资。

5.1.3　长区间潜污泵控制

长区间潜污泵的控制也是本线给排水专业的特点之一。区间水泵控制信号随传输距离变大而迅速衰减，传统的区间潜污泵控制方式已经不能用来传输长区间的控制信号。为解决该问题，本线采用的潜污泵控制箱中增加了光电转换装置，把电信号转换为光信号，再利用区间的光纤传输，创造性地解决了该问题。

5.2　长大区间用电设备电缆截面选择

随着我国城市轨道交通的快速发展，车辆运行速度越来越高，线路长度越来越长，站间距越来越大，区间用电设备（主要是射流风机及区间水泵）越来越多，且容量也越来越大。这些用电设备均采用电缆供电，由于前述原因导致供电电缆又粗又长，电缆投资大幅增加，为此需要特别关注长大区间用电设备电缆截面的选择问题，既要保证用电设备工作的可靠，更要避免随意放大电缆截面，浪费资源。

一般而言，供电电缆截面的选择需要考虑以下三个主要方面：
（1）设备正常运行情况下，供电电缆线路的电压损失不超过国家规范要求。如果设备正常运行情况下，供电电缆线路的电压损失过大，即用电设备处的工作电压过低，将导致设备发热严重，缩短设备使用寿命，甚至烧坏设备。
（2）设备起动过程中，接触器供电电压不低于其线圈的释放电压。如果设备起动过程中，接触器供电电压低于其线圈的释放电压，将导致设备无法起动，无法进入正常工作状态。
（3）电缆的持续运行载流量不低于配电开关长延时保护整定值。如果电缆的持续运行载流量低于配电开关长延时保护整定值，将导致故障情况下，配电开关无法有效保护供电电缆。

通过分析计算，可得出不同功率配置、不同供电距离、不同起动方式下的用电设备供电电缆截面选择结果，见表 2.5-1～表 2.5-3。

2×11kW 设备电缆截面选择结论（单位：mm） 表 2.5-1

序号	供电距离（km）	两台设备同时直接起动	两台设备错时直接起动	两台设备同时软起动	两台设备错时软起动
1	0.1	50	50	50	50
2	0.2				
3	0.3				
4	0.4				
5	0.5				
6	0.6	70			
7	0.7	95	70	70	70
8	0.8	120			
9	0.9	150			
10	1.0	185	95	95	95
11	1.1	—			
12	1.2	—	120		
13	1.3	—	150	120	120
14	1.4	—	185		
15	1.5	—	240	150	150

2×15kW 设备电缆截面选择结论（单位：mm） 表 2.5-2

序号	供电距离（km）	两台设备同时直接起动	两台设备错时直接起动	两台设备同时软起动	两台设备错时软起动
1	0.1	70	70	70	70
2	0.2				
3	0.3				
4	0.4				
5	0.5	95			
6	0.6	120			
7	0.7	185	95	95	95
8	0.8	—			
9	0.9	—	120	120	120
10	1.0	—	185		
11	1.1	—	240	150	150
12	1.2	—	—		
13	1.3	—	—	185	185
14	1.4	—	—		
15	1.5	—	—	240	240

2×18.5kW 设备电缆截面选择结论（单位：mm） 表 2.5-3

序号	供电距离（km）	两台设备同时直接起动	两台设备错时直接起动	两台设备同时软起动	两台设备错时软起动
1	0.1	95	95	95	95
2	0.2	95	95	95	95
3	0.3	95	95	95	95
4	0.4	95	95	95	95
5	0.5	150	95	95	95
6	0.6	240	95	95	95
7	0.7	—	120	95	95
8	0.8	—	185	120	120
9	0.9	—	—	150	150
10	1.0	—	—	185	185
11	1.1	—	—	185	185
12	1.2	—	—	240	240
13	1.3	—	—	240	240
14	1.4	—	—	—	—
15	1.5	—	—	—	—

参考表 2.5-1～表 2.5-3 来选择电缆截面，既可保证用电设备工作的可靠，又避免了随意放大电缆截面造成的资源浪费。

第 3 章

明（盖）挖车站及区间关键技术

第 1 节 基坑钢支撑自动轴力补偿与监测技术

1.1 工程概述

11 号线前海湾站全长 830m，为地下三层岛式车站，采用两柱三跨框架式结构，车站标准段宽度 25.7m，底板埋深约 18.1m，两端设盾构始发井。车站设出入口、风亭组各两个，建成后与地铁 1、5 号线实现中间换乘，与既有线位置关系如图 3.1-1 所示。由于车站所处填海区地质情况复杂，且东侧距已运营 5 号线最小净距仅 9.1m，故车站临近 5 号线的 720m 部分采用了盖挖逆作法施工工艺，并在盖挖段的钢支撑上设置了自动轴力补偿系统，在基坑变形控制方面取得了良好的效果。

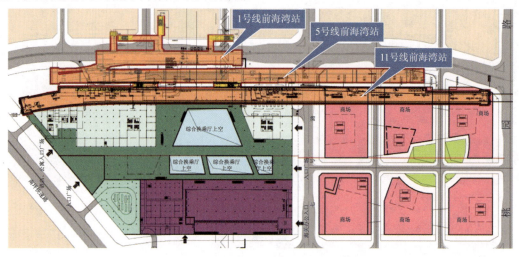

图 3.1-1 11 号线前海湾站与既有线位置关系平面图

1.2 自动轴力补偿系统概述

1.2.1 系统组成及原理

根据设计方案，11 号线前海湾站盖挖段设置了三道 $\phi600$ 钢管支撑。车站施工期间，为保证临近既有线的运营安全，确保基坑变形的有效控制，并在结构负二层板上方 1m 位置的第二道和负三层底板上方 2m 位置的第三道钢支撑上加设了自动轴力补偿系统装置。通过自适应自动轴力补偿系统实现深基坑施工时钢支撑轴力 24h 不间断的监测、控制和补偿。

自动轴力补偿系统采用"树状即插分布式模块，结构、多重安全体系"的总体工艺技术路线，将机电液比例控制技术、PLC 电气自动控制技术、总线通信技术、现代 HMI 人机界面智能技术和计算机数据处理技术等多项现代高科技技术有机集成起来，创新地开发了具有高技术含量，且能有效控制和减少深基坑施工变形的深基坑施工钢支撑轴力自适应实时监控与补偿系统，简称为自适应支撑系统。

1）系统组成

自动轴力补偿系统主要由以下部件组成：①监控站；②操作站；③现场控制站；④液压伺服泵站系统；⑤总线系统；⑥配电系统；⑦通信系统；⑧移动诊断系统；⑨组合增压千斤顶；⑩液压站接线盒装置等。

2）主要技术参数

自动轴力补偿系统响应精度 95%，响应速度 2s，千斤顶最大推力 300t/个，系统工作压力 28MPa，最大工作压力 35MPa，伺服泵站系统电动机功率 1.5kW/个。

3）主要技术性能特点

（1）自动轴力补偿系统采用了冗余设计，可以应用在各种轴力范围、各种深度大小和各种支撑数量、钢支撑轴力需要实时补偿的深基坑工程中。

（2）自动轴力补偿系统对钢支撑轴力实时补偿的能力强、精度高、速度快。

（3）设计并配置了基于移动诊断技术的多功能移动诊断控制箱，能在中央监控系统（监控站）、操作站或现场控制站等模块通信失效的情况下实现故障单元的轴力自动补偿和故障诊断，能在控制模块硬件故障情况下实现故障单元的轴力手动补偿。同时提高了系统的应急处理能力，大大增加了系统的安全性和可靠性。

（4）自动轴力补偿系统采用独特的钢支撑轴力支顶结构，千斤顶采用体积小、重量轻、便于现场安装的增压结构，设计了自动调平机构，具有自动调平功能，头部系统结构上还独特设计了机械锁＋液压锁的双重安全装置，确保系统安全。

1.2.2 系统装置现场布置与安装流程

1）系统现场布置

现场布置包括设备和线路的现场布置与供电系统的布置，自动轴力补偿系统平面架构示意图如图 3.1-2 所示。现场控制站与泵站的布置位置坚持线路最短原则，即现场控制站与泵站间的线路最短、泵站与千斤顶间的油管最短。自动轴力补偿系统现场应用如图 3.1-3 所示。

2）系统装置钢支撑安装流程

完成自动轴力补偿系统的现场布置和安装调试后，进行钢支撑的安装，具体安装流程如下：

（1）将钢箱体与钢支撑通过高强螺栓或焊接连接为整体；

（2）将钢支架平台在设计位置与预埋钢板焊牢；

（3）将钢箱体连同支撑一起吊装至钢支架平台；

（4）吊放千斤顶至钢箱体内，并安装油管；

（5）预撑钢支撑，待预撑到位后安装限位构件；

（6）通过千斤顶对钢支撑施加预应力；

（7）启动自动轴力补偿系统自动调压程序。

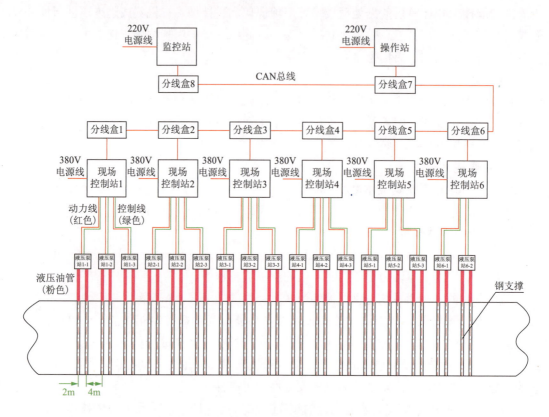

图 3.1-2　自动轴力补偿系统平面架构示意图

图 3.1-3　自动轴力补偿系统现场应用

1.3 自动轴力补偿系统在前海湾站盖挖逆作体系中的应用

1）系统设计要求与现场布置

11号线前海湾站盖挖段长720m，现场布置分为南北两区两个独立监控体系。根据基坑形状和开挖方案，将自适应支撑系统的现场控制站放在已施工好的负一层板上，泵站沿负一层板边缘一字排开。前海湾站基坑支撑监控现场平面布置如图3.1-4所示。

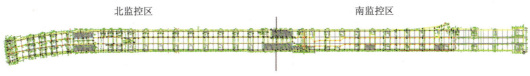

图3.1-4　前海湾站基坑支撑监控现场平面布置图

2）监测控制指标

（1）根据设计要求，基坑结构变形和轴力损失控制指标都高于同类车站，见表3.1-1。

基坑结构变形和轴力损失控制指标一览表　　　表3.1-1

序号	监测项目	设 计 值		预 警 值		控 制 值	
1	围护结构水平位移	36mm		28mm		36mm	
2	地表沉降	27mm		21.6mm		27mm	
3	钢支撑轴力	第二层	第三层	第二层	第三层	第二层	第三层
		3171kN	3511.0kN	2536.8kN	2808.8kN	3171.0kN	3511.0kN

（2）根据设计规范和地铁保护相关要求，既有线各监测项目控制标准见表3.1-2。

既有线各监测项目控制标准一览表　　　表3.1-2

序号	监测项目	预 警 值		报 警 值		控 制 值	
1	道床平顺度	2.0mm/10m		3.2mm/10m		4.0mm/10m	
2	左右轨道差异沉降	2.0mm		3.2mm		4.0mm	
3	结构绝对变形量	沉降	位移	沉降	位移	沉降	位移
		6.0mm	4.0mm	8.0mm	6.0mm	10.0mm	8.0mm

3）监测数据情况

根据车站与既有线位置，由北至南选取了5个点作为本次测试基准点。其中CX11、CX12测斜孔处的结构已完成，地表沉降基准点与桩体位移基准点位置相近，每隔68m选择一根钢支撑作为控制点。桩体水平位移累计值与控制值对比见图3.1-5，钢支撑轴力值与控制值对比见图3.1-6。

通过对车站基坑支撑轴力、桩体位移、周边地表沉降的监测发现：采用自动轴力补

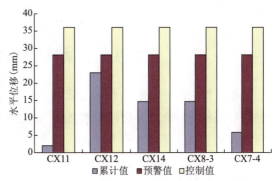

图3.1-5　桩体水平位移累计值与控制值对比图

偿系统钢支撑体系可及时补充轴力损失，减少基坑变形。桩体位移变形最大仅为26mm（CX12），而钢支撑轴力与设计轴力基本一致，未出现大幅衰减。周边地表沉降也在控制值内（选取的4个点，沉降最大的也未超过20mm，小于控制值27mm）。

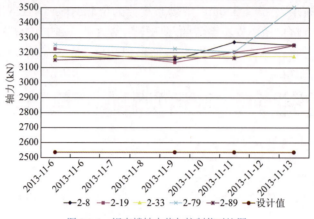

图 3.1-6　钢支撑轴力值与控制值对比图

既有线（5号线）自动化监测区间统计见表3.1-3。

既有线（5号线）自动化监测区间统计表　　表 3.1-3

统计项目	里　程	监测点号	累计变形量（mm）	变化速率（mm/d）	备　注
下行线水平位移	ZK0+650	LW33	-7.2	-0.04	已超预警值（6mm）
	ZK0+670	LW34	-7.7	-0.07	
下行线沉降	ZK0+490	LC25	+7.3	+0.03	已超预警值（6mm）
	ZK0+490	LG25	+6.6	+0.11	
	ZK0+650	LG33	-7.5	+0.00	
	ZK0+670	LW34	-7.5	+0.10	
	ZK0+690	LC35	-6.2	+0.13	
	ZK0+690	LC36	-7.5	+0.09	
	ZK0+720	LC36	-8.4	+0.10	已超预警值（8mm）
	ZK0+670	LG34	-9.4	+0.10	

监测数据表明，车站结构板全部完工后，既有线水平位移和沉降均在控制值范围内（区间为盾构管片隧道，较为敏感，最大沉降为9.4mm，小于10mm的控制值）。采用自动轴力补偿系统的车站施工对既有线的影响比盾构隧道施工对既有线的影响要小，真正确保了既有线的运营安全。

1.4　自动轴力补偿系统应用成效

钢支撑自动轴力补偿系统装置实现了对深基坑施工变形的动态控制，能够24h不间断地进行监测与控制。前海湾站所处前海填海区地质条件复杂，变形控制难度大，又临近既有线，对基坑变形要求极其苛刻，在车站施工过程中通过自动轴力补偿系统彻底避免钢支撑轴力衰减所引起的围护结构变形，从而有效控制基坑变形，同时有效控制了相邻既有线的变形，保证了既有线的运营安全。

第 2 节
基坑止水帷幕 ECR 渗漏检测技术

2.1 工程概况

2.1.1 概述

前海湾站车站东侧围护桩设计为 $\phi1200@1300+\phi600$ 旋喷桩止水帷幕，西侧围护桩设计为 $\phi1500@1600+\phi600$ 旋喷桩止水帷幕。东侧围护桩设计时按照枢纽的最大基坑底设计高程为 $-24m$、西侧为 $-30m$ 设计。基坑平面见图 3.2-1。

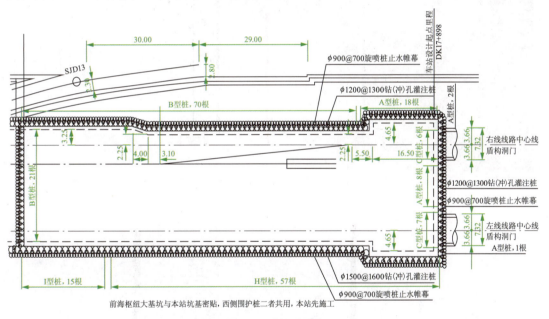

图 3.2-1 基坑平面图

2.1.2 技术应用难点分析

前海湾站施工中采用的止水帷幕工艺是深基坑工程中地下水控制的主要技术措施之一，止水帷幕是否可靠有效，直接关系到整个基坑的变形与安全。因此，前海湾站采用了止水帷幕渗漏检测新技术（ECR 技术），并通过现场试验，对 ECR 技术的应用和止水处理措施展开研究，分析渗漏点的检测效果及影响检测效果的主要因素，针对渗漏水的类型和程度，研究合理的止水措施，以达到尽快止水确保基坑安全的目的。

2.2 ECR 技术检测原理及系统组成

2.2.1 ECR 技术检测原理

通过对地下工程发生渗漏时水中微弱离子的运动进行高灵敏度量测，从而探测复杂地下结构的渗漏情况。在渗漏情况下，即便是轻微的渗漏，也会由于水离子的运动，整个地层电场发生变化，从而通过开发的多通道多传感器高精度量测系统，可以把握电场异常的位置，探得渗漏点。对于更加微弱的渗漏，可以进行人工主动追踪，从而获得更加精确的渗漏点探测结果。人工主动追踪法通过在外围多点多深度施加追踪电势，与内侧的对应电极合作测量，在潜在的渗漏点或弱化面存在情况下，放大该异常值，与无渗漏相比，就能高灵敏度地迅速取得探测结果。ECR 技术基坑检测原理如图 3.2-2 所示，电势分析原理如图 3.2-3 所示。

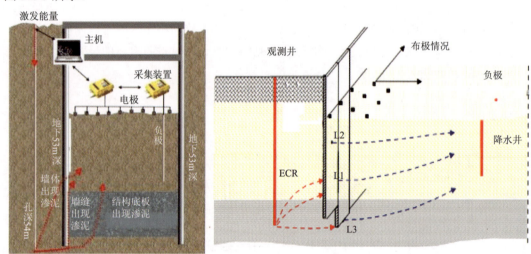

图 3.2-2　ECR 技术基坑检测原理图

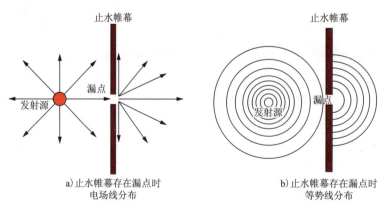

a) 止水帷幕存在漏点时电场线分布　　b) 止水帷幕存在漏点时等势线分布

图 3.2-3　电势分析原理

2.2.2 ECR 技术系统组成

ECR 技术系统组成如图 3.2-4 所示。

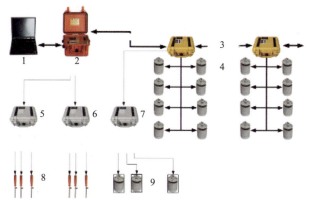

图 3.2-4 ECR 技术系统组成

1-ECR 检测计算机；2-ECR 电压控制器；3-ECR 数据收集器；4-ECR 电极；5- 正极多路器；6- 负极多路器；7- 参考电极多路器；8- 探头；9- 参考电极

2.3 防渗技术应用

1）检测点及检测装置布置

（1）本次检测共分为 9 个检测段，分别为 QHW-1～QHW-9，分布位置如图 3.2-5 所示。

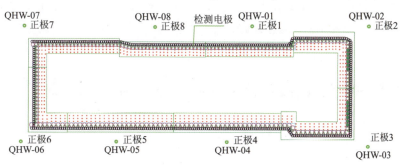

图 3.2-5 检测段分布位置图

（2）检测装置布置在距离止水帷幕 3m 以内的区域，区域内地表无金属等异物。基坑外钻孔布设探测系统发射极，借用了基坑外的水位孔（深度大于基底深度），基坑内制作钻孔布设探测系统负极，借用了基坑内的降水井。探测系统负极布置见图 3.2-6，渗漏水检测装置现场布置见图 3.2-7。

图 3.2-6 基坑内负极布置

图 3.2-7 渗漏水检测装置现场布置

(3)形成的电场必须覆盖探测区域,根据探测区域范围确定负极放置位置。

(4)检测现场需要提供220V交流电源、水和照明,采集数据期间现场不可有电焊机工作。

2)检测步骤

(1)根据探测方案确定所需设备数量,填写设备单。

(2)根据探测方案摆放设备,连接所有设备。

(3)准备相机,拍摄现场探测情况包括探测段起始点、正极、负极、参考电极、控制电极放置情况。

(4)每个探测段的起始和终止位置在现场用喷漆标志,并在探测图纸中精确标识,确保探测成果的精确度。

(5)记录探测开始时间、持续时间、天气、场地概况等。

(6)摆放电极需要电极紧密接触场地土。若土较干燥,则加水保持湿润状态。

(7)正极线、负极线、参考电极线以及控制电极连线等使用万能表检测,防止电线断开影响探测质量。

(8)探测完毕后应对探测孔进行保护防止堵塞,以便渗漏修补后复测使用。

3)检测结果

本次检测分为9个检测段,共布设传感器540个,共采集46440组数据,经过分析后得出注意观察点17个、建议修补点2个。S1～S17代表注意观察点,用黄色标示,建议开挖时注意观察。L1～L2代表建议修补点,用红色标示,建议开挖前提前加固。检测结果如图3.2-8所示。

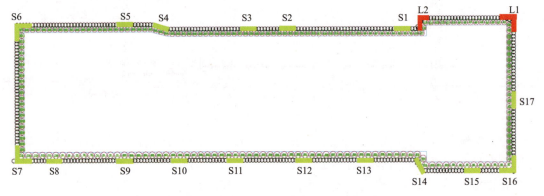

图3.2-8 11号线前海湾站(南端明挖段)检测结果

4)实际情况对比

110m基坑施工开挖完成后,对渗漏点位置进行了统计,如图3.2-9所示。施工过程中,S2点位置附近(即基坑东侧盾构井与标准段相交的折角位置附近)出现了较大的渗流,现场及时采取了反压及注浆的措施进行了封堵。图中其他红色位置区域在施工过程中仅出现了局部小渗漏或桩体湿渍,并无明显涌水情况,基坑安全可控。

通过前期检测和后期的现场实测结果对比可知,前期检测建议修补的L2位置出现了渗流,L1位置没有出现大的渗漏。大部分的建议观察点附近范围均有小渗漏,仅有三四处位置没有出现渗漏情况。

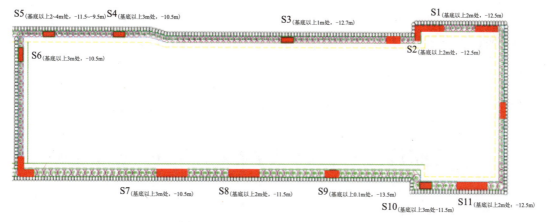

图 3.2-9 现场渗漏点统计（基坑开挖后）

2.4 应用成效

  ECR 技术作为基坑渗漏水检测方面的新技术，其结果虽有一定误差，但地下工程水文、地质因素复杂，该技术的检测结果已能在较大程度上指导施工，提前发现基坑可能出现较大渗漏问题的位置，对实际工况具有较大的参考价值。该技术为渗漏水无损检测，对基坑结构不会造成任何影响，同时为可移动检测，施工现场可操作性强，检测周期短，应用方便，适用于城市建筑、地铁等深基坑止水帷幕的渗漏检测，可有效避免因基坑渗漏给工程建设带来的风险和损失。

第3节 单侧悬臂液压大模板台车施工技术

3.1 侧墙施工方法分析及单侧悬臂液压大模板组成

3.1.1 侧墙施工方法

前海湾站车站结构采用盖挖逆作工法，侧墙为顺作。在已完成的盖挖逆作结构板上施工侧墙，模板、支架安装为不可缺少的工作内容。常规的方法是单侧木（钢）模板、方木及钢管支架散拼体系，按照每个结构分段的长度投入材料量大，需要组织大量劳动力反复搭拆、多次转运，模板、方木、钢管支架周转材料投入多，耗费人工多，机械化程度低。

针对上述侧墙施工的支架体系的缺陷，前海湾站在侧墙结构施工中设计了一种单侧悬臂液压大模板台车，其结构为定型钢结构（钢模与三角支撑模架分段连接组合成整体），集成了液压系统（控制模板横向就位与脱模）与电机自动走行系统（控制模板纵向滑移），机械化程度高，现场实用操作简便，拆装次数少，可重复使用，大大节省了周转材料和人工成本。

3.1.2 单侧悬臂液压大模板台车

台车组成如图 3.3-1、图 3.3-2 所示。

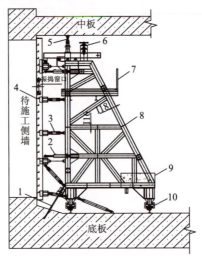

图 3.3-1 单侧悬臂液压大模板台车正侧面图

1- 预埋地锚杆；2- 液压千斤顶；3- 支撑连接丝杆；4- 大钢模；5- 抗浮顶；6- 模板上下调节丝杆；7- 工作平台；8- 型钢模架；9- 辅助配重；10- 走行轮及钢轨

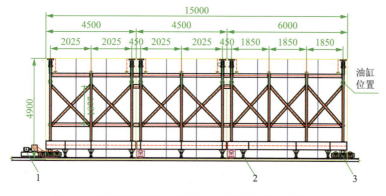

图 3.3-2　单侧悬臂液压大模板台车正立面图（尺寸单位：mm）

1- 电动行走系统；2- 支撑顶；3- 走行轮及轨道

3.2　模板台车组装工艺

1）台车拼装

模板台车总长 15m，每片 1.5m，每 5 片组成一节，单节长 7.5m，共两节，在基坑东侧拼装完成后由预留出土口吊装至底板作业。台车首次拼装时应对模板面进行打磨并涂刷脱模剂，脱模剂采用柴机油 1:2 兑用。台车下基坑采用 160t 吊车分节吊装。单侧悬臂液压大模板台车现场施工情况如图 3.3-3 所示。

图 3.3-3　单侧悬臂液压大模板台车现场施工

2）平整场地，铺设轨道

台车轨距 2.8m，按轨距要求，铺设轨道。轨道要求平直，无明显三角坑，接头无错台，前后、左右高差小于 5mm，中心线尽量与隧道中心线重合，其误差小于 15mm，并用道钉固牢，钢轨采用 38kg/m 重轨。

3）台车就位加固

台车吊装完成后，将两节台车拼装成型并行走至待浇筑侧墙部位，台车与已浇筑侧墙保留 30cm 搭接。台车就位后，安装临时支撑，将行走轮撑起，支撑间距 3m。利用液压油缸调整模板上下位置，确保模板面与上下预留矮边墙无缝搭接。

模板与已浇筑混凝土搭接部位贴设 1cm 止水胶条，避免漏浆，复核侧墙尺寸后，利用液压油缸将模板面紧贴已浇筑矮边墙，模板面就位后，应再次复核侧墙位置、尺寸、确

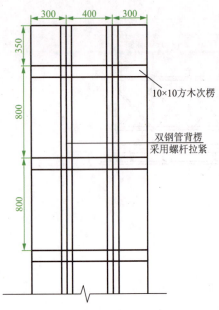

图 3.3-4 堵头模示意图（尺寸单位：mm）

保侧墙无倾斜。

台车定位无误后，加固模板与模架连接丝杆，并将上部支顶丝杆顶住结构板，确保丝杆拧紧加固到位。将地脚螺杆与地板预留加固钢筋稳固焊接，地脚螺杆采用 φ28 圆钢，双面焊接，且焊接长度不小于 5d（d 为钢筋直径）。利用地脚螺杆将台车底部可靠加固。

采用 108×8 钢管将台车底部与上口支顶，钢管底部加工可调底托，支顶于结构板中纵梁部位并将底托拧紧加固。

4）堵头模支设

堵头模如图 3.3-4 所示，采用普通木模加固，将拉杆与侧墙钢筋可靠焊接后，通过蝴蝶扣锁住背楞钢管，拉杆间距 400mm×800mm，木模接缝处采用快易收口网堵塞，避免漏浆。

3.3 模板台车施工注意事项

1）混凝土浇筑

混凝土浇筑时应设专人观察模板台车变形情况，特别针对上口、下口及已经堵头模板进行巡视，如出现较大变形，则应立即停止浇筑并进行加固处理。浇筑过程中，不得将泵管放置于模板台车上，以免泵送时振动导致模板台车移位。

2）脱模

脱模应于混凝土浇筑完成 24h 后进行，避免混凝土起皮。脱模前及时安装侧墙养护喷淋系统，确保侧墙及时养护。台车脱模后应行走至未施工段，对模板面进行打磨并重新涂刷脱模剂后方可进入下段模板施工。

3.4 应用成效

前海湾站单侧悬臂液压大模板台车支撑体系采用型钢桁架结构，整体稳定性好，强度高，配套的大钢模板刚度大，周转期长，拆装方便，运行灵活，能够显著提高侧墙混凝土结构质量，解决盖挖工法下常规侧墙单侧模板采用大量钢管支架支撑体系造成的施工作业面狭窄，安全质量不易保证，施工效率低下的问题；同时，模板台车采用横向液压控制系统及纵向电动走行系统，解决了模板横向拆除和纵向移动费工费时的问题，施工机械化程度大大提高，提高了施工效率，降低了施工成本，对后续地铁施工有较大借鉴作用。

第4节
十字型钢格构柱高精度定位技术

4.1 工程概述

格构柱按照使用功能不同，分为A、B、C、D、E、F六种类型，其中A、B、C、D型桩上的格构柱为以后主体结构永久立柱使用，E、F型桩上的格构柱为临时立柱。

前海湾站720m盖挖逆作段共设置368根钢格构柱立柱桩，立柱桩分别采用$\phi 1200$（E、F型桩）和$\phi 1500$（A、B、C、D型桩）旋挖成孔灌注。格构柱锚入基桩深度4m。

由于前海湾站720m车站盖挖逆作施工，车站基坑中间抗拔桩采用一桩一柱施工，上部格构柱为以后车站永久中立柱使用，所以对于施工的格构柱的垂直度要求很严格，需达到1/500。对十字型钢格构柱的定位和垂直度控制是施工的关键环节，前海湾站采用了一柱一桩实时监测系统、调垂系统进行控制。

4.2 技术应用难点分析

在深基础逆作法施工中，中间支撑柱（钢格构柱）是一种替代工程结构柱的临时性结构杆件，起着支撑完成施工构件和施工荷载的关键作用，因此支撑柱的定位和垂直度必须严格满足要求。目前，对支撑柱的垂直度监测存在测量精度差、效率低、劳动强度大等问题，不能适应建筑业的快速发展，也无法满足逆作法钢格构柱施工垂直度监测精度越来越高的市场要求。

4.3 一柱一桩实时监测系统组成及工作原理

4.3.1 系统组成

实时监测系统是将激光和倾斜仪有机结合起来研制的一种内部带有微型激光发射器的高精度倾斜仪，激光倾斜仪系统结构如图3.4-1所示。

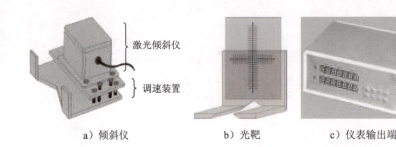

a) 倾斜仪　　　　b) 光靶　　　　c) 仪表输出端　　　　d) 计算机输出端

图 3.4-1　激光倾斜仪系统结构示意图

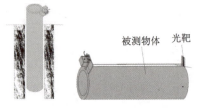

图 3.4-2　激光倾斜仪安装及现场工作示意图

通过激光发射器发出的光束找出倾斜仪在钢格构柱上的安装面,在钢格构柱竖起后即可利用倾斜仪的输出实时监测钢格构柱的倾斜状态。通过程序设计,倾斜仪可以直接与计算机或配套的显示仪表连接,直观反映出被测物的垂直度、倾斜角度和偏移尺寸。激光倾斜仪安装及现场工作如图 3.4-2 所示。

4.3.2　工作原理

倾斜仪的测量利用了倾斜仪测量轴线与天然铅垂线的夹角。激光倾斜仪则是激光器和倾斜仪的有机组合,激光实现了激光倾斜仪在钢格构柱上的精确定位和安装,安装完成后,激光线就是钢格构柱的轴线(或某一条能代表钢构柱轴线的母线),因为轴线(或母线)垂直于钢格构柱的横截面,所以此时的激光也垂直于钢格构柱的横截面。激光倾斜仪工作原理见图 3.4-3。

激光倾斜仪的实时监测与一般的高精度倾斜仪是一样的,倾斜仪的测量轴线就是激光,倾斜仪实时测出的数据就是钢格构柱的轴线(或某一条能代表钢格构柱轴线的母线)与倾斜仪铅垂线的角度,即钢格构柱的 X、Y 向(如果是双向倾斜仪)的倾角。仪表箱显示接收控制原理框图见图 3.4-4。

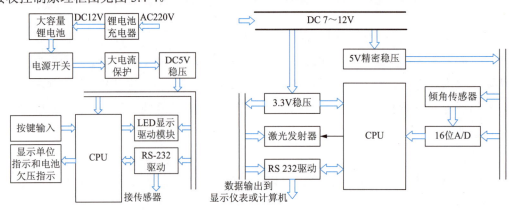

图 3.4-3　激光倾斜仪工作原理框图　　　　图 3.4-4　仪表箱显示接收控制原理框图

具体的工作原理:

(1) 首先,将微型激光器巧妙地与高精度倾角传感器组合成一个整体,确保能利用激光定位快速安装高精度倾角传感器,并保证足够的定位精度。

（2）安装时，调整激光倾斜仪的装置，令激光束与钢格构柱母线平行，达到钢格构柱与传感器定位安装面相互垂直的目的。

（3）当钢格构柱下到竖井中，激光倾斜仪即可实时输出钢格构柱的倾斜变化。

4.4 实时监测系统的主要特点

1）高效率

实时监测系统可以实时反映被测钢格构柱的倾斜变化情况，并且能够方便地升级到全自动化调垂，使得施工效率显著提高。

2）高性能

目前使用的测量方法，直接测量范围一般不大于 20m，然而本实时监测系统的测量范围可以达到 30m 以上。

3）高精度

本实时监测系统的实际测量精度不小于 1/500，理论测量精度在 1/1500 以上。

4）重复精度高

测量过程中所有步骤都用标准的测量工具标定，避免了人为因素造成的误差，所以重复精度非常高。

5）安装简单

所有安装用品均在产品生产时加工成型，现场只需简单的安装。

6）使用方便

成本低、使用寿命长、重量轻、体积小，便于携带；产品自带可充电电池，可连续工作 24h 以上，在现场测量时无须外部供电，方便快捷。

4.5 钢格构柱调垂

4.5.1 调垂系统简介

钢格构柱垂直度控制系统是用于灌注桩施工中对钢格构柱垂直度的测量和控制，以保证建筑物基础桩质量的专用设备。由激光倾斜仪、调垂架等装置组成，见图3.4-5。本控制系统采用了激光倾斜仪对钢格构柱的倾斜度进行测量，据实时测量结果，利用调垂架的调节杆调整钢格构柱的垂直度，以满足钢格构柱垂直度的要求。

微型激光器内置于激光倾斜仪中，且激光发射器所发光束与倾斜仪定位安装面垂直。调整装置上 6 个调节螺栓，配合光靶实现激光倾斜仪的激光与柱体母线水平的调整，从而能快速方便地实现激光倾斜仪在

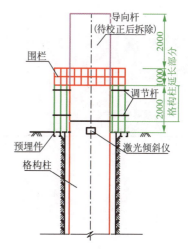

图 3.4-5 钢格构柱调垂控制系统（尺寸单位：mm）

被测钢格构柱的安装定位,并确保有足够的安装定位精度。调垂架调节按照激光倾斜仪指示的 X、Y 方位偏差进行相应的操作。

4.5.2 钢格构柱垂直度调节

采用实时监测系统和调垂架结合的方法,对钢格构柱倾斜度进行调整。通过实时监测数据,用调垂架调节杆反复校正后使钢格构柱严格居中,并使钢格构柱的垂直度达到设计要求与使用要求。

调节垂直度的步骤为:

(1)准确定位安装激光倾斜仪在钢格构柱上。

(2)实时监测数据的采集和输出。数据实时输出分为以下两种工况:

工况1:完全垂直状态。激光倾斜仪安装定位后随钢格构柱被吊起下井(孔),钢格构柱处于完全垂直状态时,钢格构柱与激光倾斜仪的铅垂线重合,即激光倾斜仪测出与钢格构柱偏斜零度。因为倾斜仪的测量轴线与钢格构柱母线 L 平行(通过仪器安装激光定位保证),所以倾斜仪的测量轴线与其铅垂线的角度也就是钢格构柱的轴线(或某一条能代表钢格构柱轴线的母线)与铅垂线的角度。

工况2:有角度状态。钢格构柱有一定偏斜时,倾斜仪的测量轴线与倾斜仪的铅垂线就有一个角度实时输出,也就是钢格构柱的轴线(或某一条能代表钢格构柱轴线的母线)与倾斜仪的铅垂线有角度实时输出(因为倾斜仪的测量轴线就是激光轴线,也就是钢格构柱的轴线(或某一条能代表钢格构柱轴线的母线)。

据不同工况下反馈的信息判定偏差方位,调节调垂架的调节杆,最终使得激光倾斜仪位移读数 ΔX 和 ΔY 归零,满足要求,垂直度调节完成,详见图3.4-6。

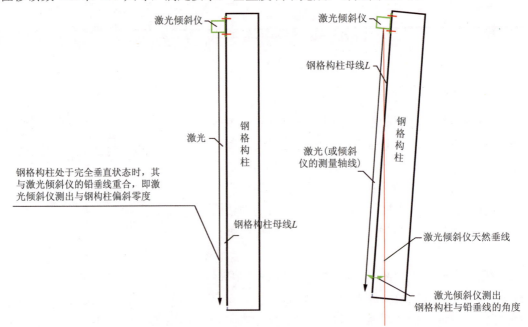

图 3.4-6　不同工况下钢格构柱调垂定位图

4.6 应用成效

车站钢格构柱在盖挖逆作施工期间作为结构板支撑，在顺作立柱时中间两排中立柱外包混凝土作为永久立柱使用，故对作为永久立柱的中立柱定位精度要求高。在抗拔桩施工插入钢格构柱时采用激光倾斜仪实时测量＋调垂导向架，能够快速、准确定位钢格构柱，为后期盖挖逆作施工提供良好条件，实现了钢格构柱垂直度4个方向的实时监测，本实时监测系统的测量范围可以达到30m以上，实际测量精度不小于1/500，理论测量精度在1/1500以上。

第5节
大型枢纽车站盖挖逆作法施工技术

5.1 工程概况

车公庙枢纽站为1、7、9和11号线换乘车站,集中布置于深南大道与香蜜湖路交叉处西南象限,11号线车站与7、9号线车站呈L形设置,11号线车公庙站位于深南大道南侧主干道下,与既有1号线车公庙站密贴,呈东西走向;7、9号线车公庙站位于香蜜湖路与泰然工贸园之间,沿香蜜湖路呈南北走向;换乘大厅位于11号线车公庙站及7、9号线车公庙站西南角,北侧与11号线车公庙站共用围护结构,东侧与7、9号线车公庙站共用围护结构;物业基坑位于换乘大厅与7、9号线车公庙站西南角,北侧与换乘大厅共用围护结构,东侧与7、9号线车公庙站共用围护结构。车公庙枢纽工程平面布置详见图3.5-1。

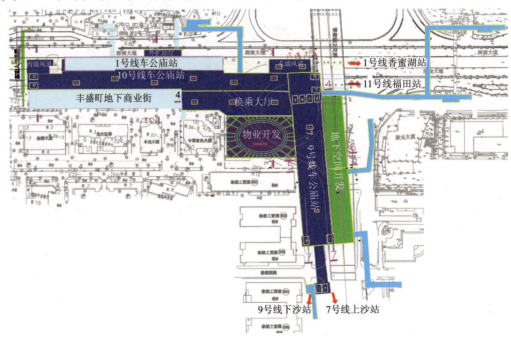

图3.5-1 车公庙枢纽工程平面布置示意图

车公庙枢纽站总开挖面积约4.73万 m^2,开挖土方总量约80万 m^3。其中,11号线车公庙站基坑平均开挖深度18.4m;7、9号线车公庙站基坑平均开挖深度25m;换乘大厅基坑底板面与7、9号线车站中板面及11号线车站底板面设计高程相同;物业基坑开挖平均深度25.22m,与7、9号线车站基坑开挖深度相近。

5.2 总体施工组织

以11号线车公庙站、换乘大厅作为第一条主线，以7、9号线车公庙站作为第二条主线独立组织施工，物业基坑在两条主线主体结构工程完成后组织施工。枢纽工程开挖以盖挖段为重点，优先考虑施工车站两端头盾构井范围，顶板以下土方在顶板施工完成一段距离后，且顶板强度达到设计要求100%后相继展开施工。换乘大厅受施工场地限制，稍滞后于两车站顶板土方开挖，物业基坑土方开挖晚于换乘大厅土方开挖。

在基坑土方开挖前应进行基坑降水。基坑降水必须在基坑的封闭范围内，并在基坑开挖前15d左右开始。当基坑降水到结构顶板1m以下时，开始进行基坑土方开挖。

盖挖逆作结构施工流程如图3.5-2所示。

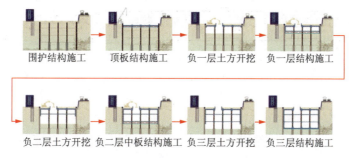

图3.5-2 盖挖逆作结构施工流程图

5.3 盖挖逆作法施工技术应用

5.3.1 十字型钢格构柱施工

车公庙枢纽工程盖挖部分采用十字型钢格构柱，并采用"一柱一桩"形式，下部桩基础采用φ2000钻孔灌注桩，十字型钢格构柱嵌入桩基础。十字型钢格构柱安装的精确度直接影响后期主体结构立柱的施工质量。针对车公庙枢纽工程工期压力大，十字型钢格构柱安装精度要求高以及十字型钢格构柱施工工程量大（218根）的特点。项目工程技术人员结合现场施工情况及施工经验，采用了"后插法"的施工方法。即旋挖钻成孔、下放钢筋笼、浇筑混凝土至底板设计高程、安装定位架、下放十字型钢格构柱。在下放十字型钢格构柱过程中，通过定位架"短臂矫正长臂"的原理，从而达到精确定位的效果。

十字型钢格构柱安装工艺流程如图3.5-3所示。

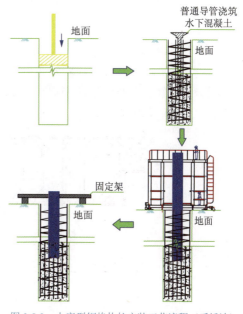

图3.5-3 十字型钢格构柱安装工艺流程（后插法）

5.3.2 出土口和进料口的设置及分区域施工

出土口和进料口设置以最大化满足出土需求及材料吊装为前提，兼顾盖挖顶板场地规划、后期结构板封堵工程量、盖挖下方机械设备挖掘及转运土方达到最大效率等，出土口设置一般每隔结构板 30～40m 设置一个。

1）11 号线车公庙站

11 号线车公庙站结构共划分 20 个结构段组织施工，顶板预留 9 个 3.5m×8m 出土口+两端头盾构井进行材料吊装及土方外运，每个土方外运预留洞口覆盖 35～40m 范围土方开挖，平均约 12500m³。顶板预留出土口情况见图 3.5-4。

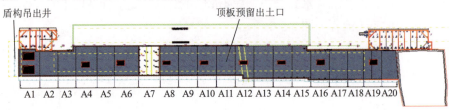

图 3.5-4　11 号线车公庙站顶板预留出土口平面图（尺寸单位：mm）

2）7、9 号线车公庙站

7、9 号线车公庙站盖挖段结构共划分 12 个结构段组织施工，顶板预留 4 个 3.5m×8m 出土口+两端头盾构井进行材料吊装及土方外运，每个土方外运预留洞口覆盖 35～40m 范围土方开挖，平均约 12500m³。顶板预留出土口情况见图 3.5-5。

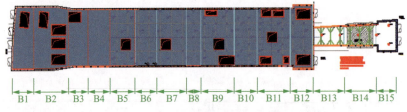

图 3.5-5　7、9 号线车公庙站顶板预留出土口平面图（尺寸单位：mm）

3）换乘大厅

换乘大厅盖挖段结构共划分 5 个结构段组织施工，盖挖段顶板预留 3 个 12.5m×6.5m 出土口，每个土方外运预留洞口覆盖 25～30m 范围土方开挖，平均约 11000m³。顶板预留出土口情况见图 3.5-6。

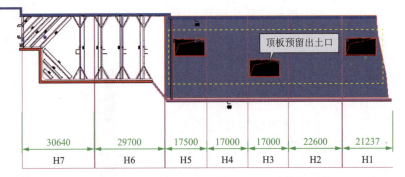

图 3.5-6　换乘大厅顶板预留出土口平面布置图（尺寸单位：mm）

4）物业基坑

物业基坑为房建地下基础结构，结构预留楼梯、扶梯、电梯井等较多，出土口设置时充分利用顶板各类预留洞口进行土方挖运及材料吊装，不单独设置出土口。物业基坑顶板预留出土口见图3.5-7、图3.5-8。

图 3.5-7　物业基坑顶板预留出土口

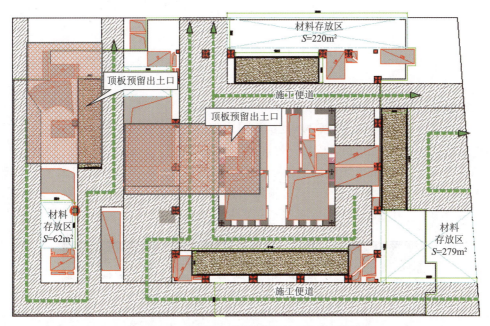

图 3.5-8　物业基坑顶板预留出土口平面布置图

5.3.3　盖挖逆作法土方挖运施工组织

1）顶板以上土方挖运施工组织

11号线车公庙站顶板以上土方以C通道为界，C通道以西土方由东往西开挖，C通道以东由西往东开挖。11号线顶板施工材料主要集中堆放于西风亭顶板、C通道顶板及换乘大厅范围。

7、9号线车公庙站顶板以泰然工贸园201栋为界，201栋以南盖挖段先行由南往北施工第7～13段，201栋以北由两端往中间施工。钢筋加工厂一处设置于物业基坑顶板，提供201栋以北材料，土方利用深南大道外运；另一处设置于盖挖段南端头，提供201栋以南盖挖段及明挖段材料，土方利用香蜜湖路3号涵洞至深南大道及南端头香蜜湖路进行外运。

南端头盾构井范围与明挖段同时组织施工，利用蜜湖路进行土方外运，并利用设置在南端头的材料场地进行材料输送。顶板以上土方开挖施工组织如图3.5-9所示。

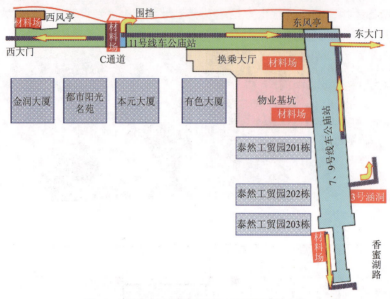

图3.5-9　顶板以上土方开挖施工组织平面示意图

顶板土方开挖时，在开挖范围围护结构封闭并且地下水位降低至开挖深度1m以下时组织土方开挖。土方开挖采用PC200挖机后退式放坡开挖，坡度不得小于1:1，开挖深度为顶板梁底设计高程下20cm。挖机开挖深度至设计深度上15cm后改由人工开挖，捡底，然后施作C20垫层20cm。当垫层混凝土强度达到要求后开始搭设低支架脚手架及模板，之后开始结构顶板及下翻梁施工。当顶板施工强度达100%时进行土方回填，之后才能进行负一层结构土方开挖。车站顶板明挖土方开挖如图3.5-10～图3.5-12所示。

图3.5-10　车站顶板明挖土方开挖示意图（11号线车公庙站）

图3.5-11　车站顶板明挖土方开挖示意图（7、9号线车公庙站）

图3.5-12　车站顶板明挖土方开挖现场施工图

2）顶板以下土方挖运施工组织

11号线车公庙站车站顶板覆土完成后，以C通道为界，C通道以西土方由东往西开挖，C通道以东由西往东开挖。

7、9号线车公庙站北端头9号线右线盾构吊出井临时进行封堵，设置施工便道，进行7、9号线泰然片区以北部分及物业基坑土方外运；泰然片区以南及明挖段土方利用香蜜湖路3号涵洞至深南大道、香蜜湖路进行外运。换乘大厅顶板材料堆放场地临时转移至车站顶板，7、9号线⑮～㉒轴间顶板上方设置材料堆放场地、大型临时渣土坑。换乘大厅及物业基坑土石方利用11号线东端头及7、9号线北端头场地便道经东大门，进行土方外运。盖挖顶板以下土方开挖施工组织如图3.5-13所示。

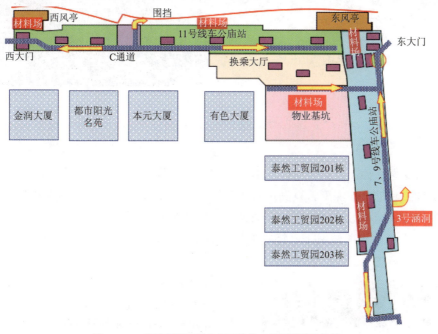

图3.5-13　盖挖顶板以下土方开挖施工组织平面示意图

盖挖顶板下方土方开挖时先由PC200挖机从出土口范围掏土，在具备PC120挖机作业空间后下放PC60挖机进行负一层土方开挖。开挖时，先开挖出土口下方四周土体，拓宽PC120挖机作业空间，在具备PC120挖机作业条件后，下放3台PC120挖机进行结构板下方土方开挖，土方集中堆放于顶板出土口下方，由液压伸缩臂挖机取土至地面后进行外运，每个出入口负责三段负一层结构土方开挖。

土方开挖整体挖至结构板梁底设计高程时，由人工配合捡底20cm，经整平后浇筑垫层20cm混凝土，当垫层强度达到要求后开始搭设低支模脚手架和模板，并施作结构中板，当中板强度达到要求后开始施工结构侧墙及中柱，侧墙及中柱施工完成后再开始下一层土方开挖，如图3.5-14～图3.5-16所示。

图3.5-14　车站盖挖土方开挖示意图（11号线车公庙站）

图 3.5-15　车站盖挖土方开挖示意图（7、9 号线车公庙站）

图 3.5-16　车站盖挖土方开挖现场施工图

5.3.4　结构板矮支架模板施工

结构矮支架法施工类似于明挖满堂架，但支架搭设高度不同，矮支架施工时结构板需比地模法施工超挖一定深度，以满足矮支架施工空间要求。矮支架搭设高度需结合结构板施工超挖深度、结构矮边墙预留、下翻梁模板安装等问题综合确定，本工程在考虑超挖深度满足设计支护要求的情况下，矮支架搭设高度取结构顶板下翻梁高度 1.4m，以便超挖时不需另行架设支撑。

图 3.5-17　盖挖段垫层基础处理

1）垫层施工

垫层要求为 10cm 厚的 C20 混凝土，在特别地质的地方要加强处理（例如垫层可以加厚至 20cm 或 30cm，或者提高垫层的混凝土等级）。垫层混凝土施工过程中，纵横向每隔 5m 设置一高程控制线，严格控制垫层表面高程。盖挖段垫层基础处理如图 3.5-17 所示。

2）矮支架搭设

（1）搭设顺序

安放垫板→安立杆→安扫地杆→安横杆→安上层立杆→安上层横杆→逐层支设到楼板底，安立杆顶 U 形托→调整顶托高度→安钢管主楞。

（2）支架搭设

接头是立杆同横杆、斜杆的连接装置，应确保接头锁紧。搭设时，先将上碗扣搁置在限位销上，将横杆等接头插入下碗扣，使接头弧面与立杆密贴，待全部接头插入后，将上碗扣套下，并用榔头顺时针沿切线敲击上碗扣凸头，直至上碗扣被限位销卡紧不再转动为止。如发现上碗扣扣不紧，或限位销不能进入上碗扣螺旋面，应检查立杆与横杆是否垂直，相邻的两个碗扣是否在同一水平面上（即横杆水平度是否符合要求）；下碗扣与立杆的同轴度是否符合要求；下碗扣的水平面同立杆轴线的垂直度是否符合要求；横杆接头与横杆是否变形；横杆接头的弧面中心线同横杆轴线是否垂直；下碗扣内有无砂浆等杂物充填等。如是装配原因，则应调整后锁紧；如是杆件本身原因，则应拆除，并送去整修。搭设到板底，安装并调整立杆上面的U形托，使U形托顶板处于同一水平面内。再支设钢管主楞。矮支模架施工如图3.5-18、图3.5-19所示。

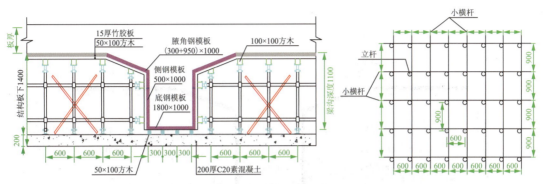

图3.5-18 矮支模架施工示意图（尺寸单位：mm）

图3.5-19 矮支模架现场施工图

3）结构顶板施工

基坑开挖至结构顶板下底高程1.4m经找平后，开始进行20cm厚C20素混凝土垫层浇筑，素混凝土强度满足要求后，在素混凝土表面测放出纵梁及结构侧墙的边线及关模线，并开始搭设结构顶板碗扣式脚手架。顶板脚手支架间距为600mm×900mm×1000mm。支架搭设完毕后开始进行模板铺设，顶板模板采用2440mm×1220mm×15mm的竹胶板，梁及侧墙采用定型的钢模板。梁及侧墙钢模板施工时，沿梁和侧墙关模线铺设底钢模板与侧钢模板、腋角钢模板。当搭设顶板与梁模板跨度超过4m时，需设置0.3%的预拱度。模板和支架完成后即开始顶板、梁与侧墙钢筋安装，钢筋制安完成后进行混凝土浇筑，强度满足要求后拆模和养护。11号线车公庙站结构顶板模板支架施工横断面示意图见图3.5-20。

4）结构腋角侧墙（7、9号线及11号线）施工

结构腋角侧墙施工时，模板支架搭设与7、9号线及11号线车公庙站结构顶板、负一层、负二层结构中板模板支架搭设相同。侧墙腋角模板采用钢板，板面与腋角连接处采用2440mm×1220mm×15mm的竹胶板。侧墙模板铺设完成后，在侧墙外侧铺设防水卷材。防水卷材铺设时需多预留200mm的搭接长度。防水卷材铺设完成后，在侧墙内铺设内侧为30cm、外侧为20cm，宽为侧墙厚度的梯形泡沫板（聚苯乙烯），并预埋止水钢板。中板上倒角处预埋侧墙施工用地脚螺栓（带接驳器）。在侧墙钢筋施工前，先凿出预埋在连续墙内300mm的接驳器，并与结构板面钢筋相接形成整体。腋角侧墙施工时，在腋角下500mm处预埋长度为500mm的ϕ300PVC管，间距为5000mm，作为后期侧墙混凝土浇筑的进料口。7、9号线及11号线侧墙模板支架施工如图3.5-21所示。

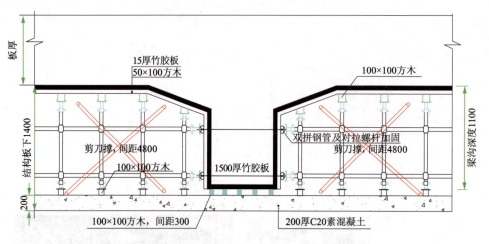

图3.5-20　11号线车公庙站顶板模板支架施工横断面示意图（尺寸单位：mm）

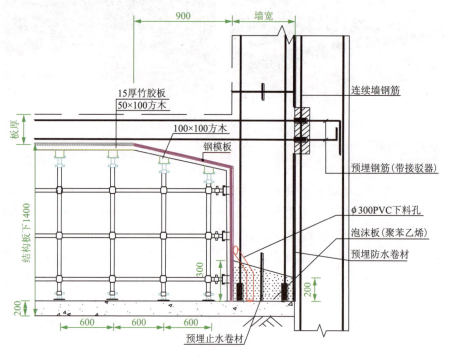

图3.5-21　11号线及7、9号线侧墙支模架施工示意图（尺寸单位：mm）

5）预留洞口后期支架搭设施工

车站预留出土口、盾构吊出井及其他预留洞口后期模板支架搭设施工采用$\phi48\times3.5$mm碗扣式满堂支架，立杆横向间距600mm，纵向间距900mm，步距为1200mm，下部设扫地杆，扫地杆距离地面高度为20cm。模板采用2440mm×1220mm×15mm的竹胶板，板底主楞采用100mm×100mm方木，纵向布置，间距600mm，次楞采用50mm×100mm方木，横向布置，间距300mm；模板端由顶托支撑固定于满堂支架上。

6）模板安装

支架搭设完成后就可以上主楞（100mm×100mm），间距250mm，依次铺设，完成后铺设模板，保证模板铺设完成后的高程及平整度，加固顶托及架子。盖挖段中板模板安装如图3.5-22所示。

图3.5-22 盖挖段中板模板安装

5.3.5 侧墙模板施工

为最大限度确保结构外观质量和施工缝接茬部位混凝土浇筑密实，车公庙站结构侧墙采用了自行式移动模板台车施工。模板台车长10.5m，高度根据结构净空自动调节，在结构板上安装轨道，台车上安装电机驱动，实现台车可控性行走；台车面板采用8mm厚钢板，后背工字钢作为支撑体系，台车模板自板面上2.5m位置间隔5m错开布置300mm×300mm的浇筑孔，作为侧墙混凝土浇筑的进料口。采用模板台车施工，由于模板安拆和混凝土浇筑方便简单，养护及时，从而具有基本无侧墙裂缝、施工缝浇筑密实、外观质量好等优点。移动模板台车及侧墙施工效果见图3.5-23。

图3.5-23 车公庙枢纽工程移动模板台车及侧墙施工效果

5.3.6 中立柱施工

为保证中立柱的结构外观质量，车公庙枢纽工程中立柱外包混凝土采用定型钢模板施工，钢模板由专业生产厂家加工运至现场，拼装完成后柱顶部分通过木模来过渡顶板预留柱部分与后浇柱之间的连接，木模设置斜口作混凝土浇筑口，浇筑完成后拆除斜口部分混凝土。为保证后浇柱与先浇柱之间连接的紧密性，在浇筑施工缝位置预留注浆管，后期注环氧树脂进行结构填充与补强。车公庙枢纽工程中立柱外包混凝土施工见图 3.5-24。

图 3.5-24　车公庙枢纽工程中立柱外包混凝土施工

5.3.7 结构薄弱环节防水处理

盖挖逆作法施工车站结构侧墙水平施工缝及结构环向施工缝往往是防水施工的薄弱环节，为保证结构施工缝的防水质量，除在施工时做好施工缝凿毛处理、止水带安装及外包防水设置加强带外，还可以在施工缝位置预留注浆管，后期进行注浆填充处理。

为避免结构侧墙后期出现大量渗漏水点及减少后续堵漏、修补工程量，可以在结构侧墙封闭完成后，通过注水灰比为 1:1 的水泥浆的方式来进行侧墙与连续墙间的空隙填充处理。注浆钻孔深度为结构侧墙与地下连续墙连接截面，一般布孔间距为 10m/ 孔左右，具体可以根据结构侧墙与地下连续墙间注浆情况作适当调整。注浆量以相邻两注浆孔溢出水泥浆为止。

5.4 应用成效

大型复杂盖挖逆作车站基坑开挖施工工法，通过采取合理的分块、分层基坑开挖方式及地基处理技术、基坑降水、监控量测等一系列施工措施，实现了盖挖逆作基坑的快速开挖，有效解决了基坑自稳能力差技术难题，扩大了盖挖逆作法的应用范围。

第6节
填海区深基坑与结构新型盖挖逆作法施工技术

11号线前海湾站工程在面临前海自贸区填海复杂软弱富水地层、小间距平行于邻近地铁运营线的双重难题下,基于传统盖挖法,提出改进的盖挖逆作法和盖挖顺作法的结合方案。现场施工实践证明,该方法是安全可靠、经济可行的。本节将对前海湾站盖挖法地铁车站的设计思路、受力体系、关键施工技术进行探讨。

6.1 工程概况

6.1.1 车站设计概况

位于前海深港合作区内的前海湾站为11号线关键控制性工程之一,也是前海综合交通枢纽工程建设中的一个重要组成部分,前海综合交通枢纽建成后将形成穗莞深城际线,深港西部快线,地铁1、5、11号线的"两条轻轨三条地铁"在此交汇平行换乘大格局。前海综合交通枢纽工程平面图见图3.6-1。

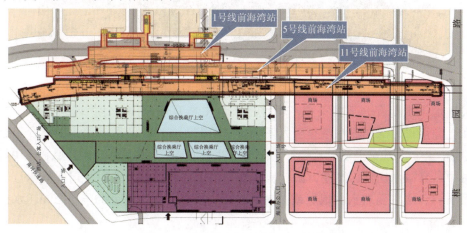

图3.6-1 前海综合交通枢纽工程平面图

前海湾站设计车站全长830m,为地下三层岛式车站(按照规划8.5m地面设计高程),采用两柱三跨框架式结构,车站标准段宽度25.7m,底板埋深约18.1m,两端设盾构始发井。车站设2个出入口、2个风亭组,建成后与地铁1、5号线实现中间换乘。

车站围护结构采用"钻(冲)孔灌注桩+旋喷桩止水帷幕"施工。东侧围护桩设计为$\phi1200@1300$钻(冲)孔桩+$\phi900$旋喷桩止水帷幕,西侧围护桩设计为$\phi1500@1600$钻(冲)

孔桩，旋喷桩止水帷幕采用 $\phi900$ 三管旋喷桩，设置 2 道，底板下方沿车站纵向设置 4 排抗拔桩。车站南端 110m 采用明挖顺作法进行施工，剩余 720m 采用盖挖逆作法进行施工。盖挖车站沿竖向除了下一层板、下二层板 2 道板撑外，还设置了 3 道钢支撑。其中，第一道为普通钢支撑，设置在冠梁上；第二、三道为补充预应力钢支撑，钢支撑采用壁厚 16mm 的 $\phi600$ 钢管，每两个柱之间设置 2 个支撑。钢支撑对撑两端采用钢围檩，钢围檩采用"并排 2 根 45C 工字钢 +20mm 厚钢板"的组合构件，盖挖段沿车站纵向每隔 8m 设置 4 根临时钢立柱。中间 2 根作为永久立柱进行保留，两侧 2 根在结构施工完成后割除。

6.1.2 工程地质及水文地质条件

本车站场地勘察深度范围内主要分布有第四系全新统人工堆积层（Q_4^{ml}）、海陆交互相沉积层（Q_4^{mc}）、冲洪积层（Q_4^{al+pl}）、上更新统冲洪积层（Q_3^{al+pl}）、残积层（Q^{el}）、加里东期片麻状混合花岗岩（M_γ^3）及震旦系变质变粒岩（Z），地层从上至下依次为①$_1$ 素填土、①$_2$ 填砂、①$_3$ 填碎石、①$_4$ 填块石、①$_5$ 填淤泥（质）土、①$_6$ 杂填土、②$_1$ 淤泥、③$_5$ 黏土、③$_{12}$ 砾砂、④$_1$ 黏土、④$_{11}$ 砾砂、⑦$_{1-1}$ 可塑状砾质黏性土、⑦$_{1-2}$ 硬塑状砾质黏性土、⑧$_1$ 全风化粗粒花岗岩、⑧$_{2-1}$ 强风化粗粒花岗岩（砂土状）、⑧$_{2-2}$ 强风化粗粒花岗岩（块状）、⑧$_3$ 中等风化粗粒花岗岩、⑧$_4$ 微风化粗粒花岗岩，地质剖面详见图 3.6-2。

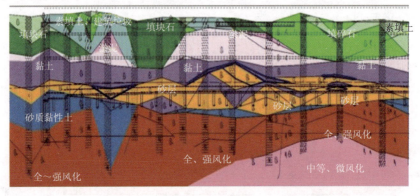

图 3.6-2　地质剖面图

根据地下水赋存介质的类型，场地地下水主要有两种：一是第四系地层中的上层滞水和孔隙潜水，上层滞水赋存于人工填土（填石）层中，孔隙潜水主要赋存于有机质砂、粉砂、中砂、粗砂及砾砂层中，具微承压性；二是基岩裂隙水，主要赋存于中等、强风化带中，具微承压性。淤泥、淤泥质黏土、淤泥质粉质黏土及黏土层属隔水层，其余各地层属弱含水～弱透水性地层或相对隔水层。地下水位埋深 0.00～5.20m，水位高程 1.29～5.15m。

6.2　盖挖逆作段施工方案

根据本工程特点、施工场地布置情况、车站盖挖逆作段主体结构施工方法，分 8 个区段施工。为保证围护结构变形不超限，采用隔段开挖土方，逆作段结构分 32 块施工，平均分块长度 22.5m。车站盖挖逆作段施工总体顺序见表 3.6-1。

盖挖段围护结构、土方开挖及钢支撑施工顺序

表 3.6-1

序号	图 示	说 明
1	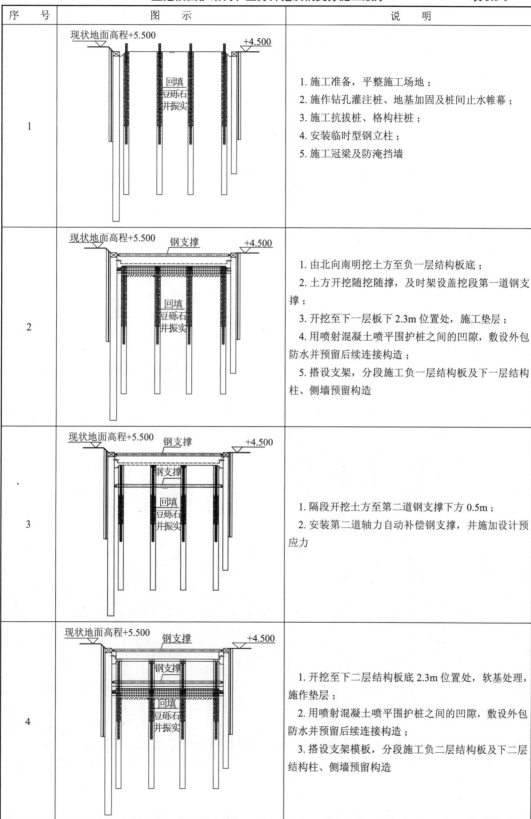	1. 施工准备，平整施工场地； 2. 施作钻孔灌注桩、地基加固及桩间止水帷幕； 3. 施工抗拔桩、格构柱桩； 4. 安装临时型钢立柱； 5. 施工冠梁及防淹挡墙
2		1. 由北向南明挖土方至负一层结构板底； 2. 土方开挖随挖随撑，及时架设盖挖段第一道钢支撑； 3. 开挖至下一层板下2.3m位置处，施工垫层； 4. 用喷射混凝土喷平围护桩之间的凹隙，敷设外包防水并预留后续连接构造； 5. 搭设支架，分段施工负一层结构板及下一层结构柱、侧墙预留构造
3		1. 隔段开挖土方至第二道钢支撑下方0.5m； 2. 安装第二道轴力自动补偿钢支撑，并施加设计预应力
4		1. 开挖至下二层结构板底2.3m位置处，软基处理，施作垫层； 2. 用喷射混凝土喷平围护桩之间的凹隙，敷设外包防水并预留后续连接构造； 3. 搭设支架模板，分段施工负二层结构板及下二层结构柱、侧墙预留构造

续上表

序号	图示	说明
5	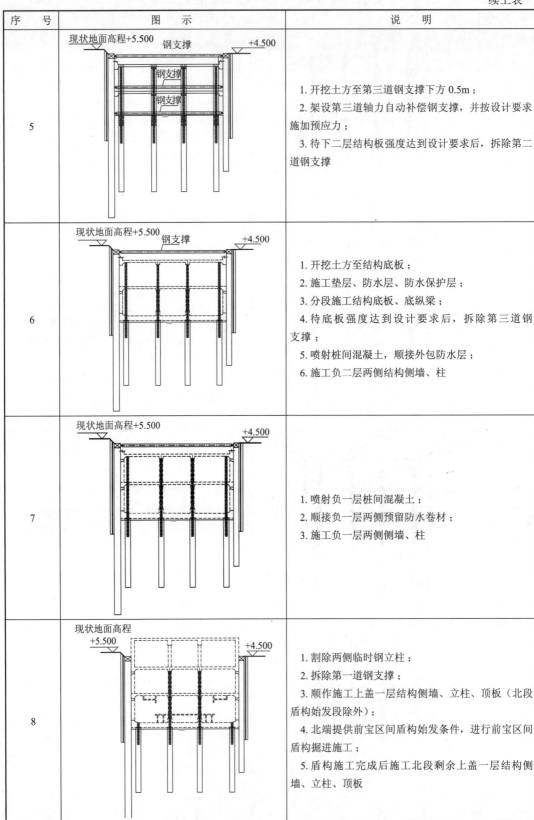	1. 开挖土方至第三道钢支撑下方 0.5m； 2. 架设第三道轴力自动补偿钢支撑，并按设计要求施加预应力； 3. 待下二层结构板强度达到设计要求后，拆除第二道钢支撑
6		1. 开挖土方至结构底板； 2. 施工垫层、防水层、防水保护层； 3. 分段施工结构底板、底纵梁； 4. 待底板强度达到设计要求后，拆除第三道钢支撑； 5. 喷射桩间混凝土，顺接外包防水层； 6. 施工负二层两侧结构侧墙、柱
7		1. 喷射负一层桩间混凝土； 2. 顺接负一层两侧预留防水卷材； 3. 施工负一层两侧侧墙、柱
8		1. 割除两侧临时钢立柱； 2. 拆除第一道钢支撑； 3. 顺作施工上盖一层结构侧墙、立柱、顶板（北段盾构始发段除外）； 4. 北端提供前宝区间盾构始发条件，进行前宝区间盾构掘进施工； 5. 盾构施工完成后施工北段剩余上盖一层结构侧墙、立柱、顶板

6.3 填海区复杂地层关键施工技术

6.3.1 填海区复杂地层地铁车站软基处理

借鉴地铁1号线鲤鱼门站、5号线前海湾站的施工经验,为防止前海片区软基处理挤出淤泥不断涌向施工场地,在车站主体围护结构施工前,需对基坑内外淤泥区进行加固处理。搅拌桩适用于地表无填块石或填块石厚度小的区域;双管旋喷桩、三管旋喷桩适用于淤泥层上覆有较厚填块石的区域;平面分界线可根据现场地质情况适当调整,二者应保证150mm的搭接。软基处理方式见图3.6-3。

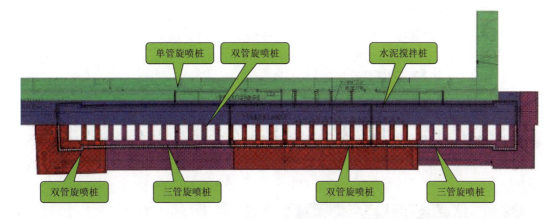

图3.6-3 软基处理方式

(1) 为避免给后续西侧前海枢纽工程的施工带来不便,西侧基坑外采用格栅式 $\phi550@400$ 水泥搅拌桩以及 $\phi600@450$ 双管旋喷桩作为水泥土墙对淤泥区进行加固处理,加固深度范围为淤泥层及其上不小于1m,其下不小于2m区域。其中,为减小本车站基坑施工时紧临的5号线车站的侧向位移,东侧1号线与5号线之间的坑外加固需至淤泥质土下2m。淤泥质土除淤泥层外,还包括淤泥质黏土、淤泥质粉质黏土、有机质砂。

(2) 为减小本车站基坑施工时5号线车站的侧向位移,对坑内淤泥区采用 $\phi550@400$ 水泥搅拌桩以及 $\phi600@450$ 双管旋喷桩进行"裙边+抽条加固"处理,加固的地层为淤泥层、淤泥质黏土、淤泥质粉质黏土、有机质砂,加固深度范围为上述土层及其上不小于1m,其下不小于2m区域。当基坑底位于上述地层时,则加固至坑底下3m。

(3) 本基坑与西侧的前海枢纽大基坑密贴设置,先于枢纽大基坑进行施工,西侧围护桩与枢纽基坑共用;枢纽基坑底高程按-27m考虑。围护结构钻孔桩桩间止水为 $\phi900$ 三管旋喷桩,桩后单排止水帷幕为 $\phi900@700$ 三管旋喷桩。同时,在除车站南端约42m长度范围外(该范围强风化岩面已高出基坑底面)区域的西侧基坑内侧预做两排 $\phi900@700$ 三管旋喷桩,作为枢纽大基坑开挖时的止水帷幕。

(4) 地基加固指标:

①水泥土搅拌桩采用42.5级普通硅酸盐水泥,水泥掺量85kg/m。加固后要求加固体的无侧限抗压强度不小于0.8MPa,渗透系数不大于 1×10^{-6} cm/s。

②旋喷桩采用 42.5 级普通硅酸盐水泥。加固后要求加固体的无侧限抗压强度不小于 0.8MPa，渗透系数不大于 1×10^{-6}cm/s。

前海湾站通过合理优化，针对不同的地质条件分别对基坑内外和围护结构内外采用单轴搅拌桩、双旋喷桩加固，以及三管旋喷桩的止水帷幕，不良地层得到了加固、改良，防渗效果明显加强，开挖过程中基坑围护结构侧壁未出现涌水、涌泥，基坑内外淤泥未产生涌动，基坑施工风险得到有效控制，确保了深基坑开挖的安全，给填海区地基加固提供了一套综合解决方案。

6.3.2 填海区复杂地层地铁车站围护结构施工

前海湾站处于典型的填海区地层，距现状海边仅 2km，地下水与海水联系，且水位高，地层复杂，主要为人工填土及建筑垃圾、填碎石层、填块石层、海积淤泥，淤泥层分布广、厚度大，人工填筑无规律，南端硬岩突起。

1）淤泥层、填石、砂层钻孔施工

前海湾站地层复杂，存在平均 11.7m 厚淤泥层，上部大量填石，且局部存在砂层，由于淤泥具有软塑性、流塑性较强的特点，砂的富水性、透水性较强，仅靠加固土体、泥浆护壁等措施难以保证旋挖钻机的成孔质量，采用液压震动锤打设 18m 长护筒（见图 3.6-4），可有效减少对地层的扰动，防止塌孔、扩孔、缩颈等现象发生，提高施工效率，保证成桩质量。

图 3.6-4　长护筒、液压震动锤

2）硬岩两次"取芯法"钻孔施工

前海湾站南端 200m 范围内地质条件为上软下硬地层，上部存在较厚淤泥层、填石、砂层，基底存在微风化花岗岩的硬岩突起，且影响南山站—前海湾站长区间大盾构始发井节点工期，西侧与前海枢纽工程共用的围护桩入硬岩深度达 20m，基岩突起造成钻孔桩成孔困难。桩基施工中投入大功率旋挖钻机，配备钛合金钻头，采用先小直径再大直径的钻头"取芯法"两次套钻成孔，大大提高工效，保证了成孔质量，加快了施工进度，确保了大盾构的顺利始发。

同时，在成孔深度达 50m 以上的抗拔桩施工过程中，采用液压震动锤打设 18m 长护筒，确保淤泥、填石、建筑垃圾、砂层等不塌孔，保证了抗拔桩在中、微风化花岗岩的硬岩中顺利成孔，提高了工效，确保了抗拔桩的成桩质量。

6.4 结构施工

6.4.1 盖挖逆作矮支架法施工

根据地质条件、周边环境和工程设计特点，考虑前海湾站地层软弱不均、承载力不足的特点，如采用传统"土地膜"施工方案将难以保证结构外观质量。通过研究分析、方案比选、开挖受力检算、工艺工法试验，前海湾站突破传统地膜方案，创新采用了"矮支架＋竹胶板"工法，确保了车站盖挖逆作结构板的外观质量达到清水混凝土标准。同时，对车站逆作结构板的施工分段、施工工序、土方开挖孔洞预留、梁柱墙节点细部处理等施工技术进行研究、总结，提高了结构的质量和盖挖的工效。盖挖段支架搭设见图3.6-5。

图 3.6-5　盖挖段支架搭设

6.4.2 侧墙施工

前海湾站车站结构采用盖挖逆作工法，其结构板为逆作，侧墙为顺作。在已完成的盖挖逆作结构板上施工侧墙，模板、支架不可缺少。针对常规侧墙施工的支架体系，模板、方木、钢管支架周转材料投入多，耗费人工多，机械化程度低，前海湾站采用了一种单侧悬臂液压大模板台车，其结构为定型钢结构（钢模与三角支撑模架分段连接组合成整体），集成了液压系统（控制模板横向就位与脱模）与电机自动走行系统（控制模纵向滑移），机械化程度高，现场实用操作简便，拆装次数少，可重复使用，大大节省了周转材料和人工成本。

6.4.3 立柱施工

前海湾站中立柱为盖挖逆作结构板下顺作施工，现场无大模板吊装条件，立柱采用定制小钢模施工。模板板缝设在立柱四个竖向角，采用四面抱箍形式，通过定位销控制拼缝，加强模板加固，利用钢格构柱内预埋钢管浇筑混凝土和人工"盲振"，提高立柱工效和质量。

立柱钢模板设计总高度为5.3m，高度方向由10组0.5m高模板、1组0.3m高模板组成，截面适合800mm×1200mm规格的需要；模板主要设计用料：面板为5mm厚Q235钢，横向连接法兰为50mm×5mm扁钢，竖向连接法兰为50mm×5mm扁钢，竖向加强肋为50mm×5mm扁钢，横向加强筋为50mm×5mm扁钢，加强外箍为80mm×80mm方管钢，加强外箍 ϕ25 圆钢对拉。

组合钢模板剖面详见图 3.6-6。

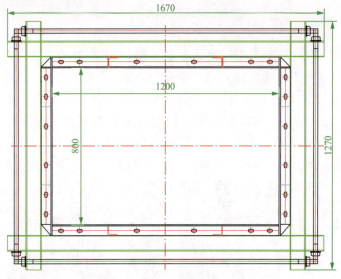

图 3.6-6　组合钢模板剖面图（尺寸单位：mm）

6.5　应用成效

（1）本工程对传统盖挖逆作法进行了改进，最大限度地提高了盖挖工效和质量，适用于地质复杂、邻近地铁运营线或建（构）筑物区域的盖挖逆作地下工程建设。

（2）改进后的施工方案安全性高，将围护结构渗漏水 ECR 检测技术、钢格构柱定位技术、钢支撑自动轴力补偿系统、盖挖逆作法结构中板矮支架法、侧墙单侧悬臂液压大模板台车等先进技术、方法集成应用，整体工效高，施工进度快，施工安全得到了有效保障。

施工实践证明上述方法是安全可靠、技术先进、经济可行的，可为同类工程提供借鉴和参考。

第7节
填海区域地下连续墙施工技术

7.1 工程概述

7.1.1 机场站—机场北站区间

11号线机场站—机场北站区间位于深圳市宝安区福永机场 T3 航站楼以北机场扩建区，含机机区间明挖段和机机盾构区间。机机区间明挖段原始地貌为滨海滩涂，现为机场填海区弃土场，地势起伏较大，地面高程 0.7～11.92m。工程位置及施工场地原始地貌分别见图 3.7-1、图 3.7-2。

图 3.7-1　工程位置图

图 3.7-2　施工场地原始地貌

7.1.2 机场北站

11号线机场北站全长526m,车站支护体系为地下连续墙加2道混凝土支撑和1道钢支撑,主体结构为钢筋混凝土框架,采用明挖顺作法施工。

车站主体地下连续墙厚1m、标准幅宽6.0m、深35.2m,共209幅,连续墙接头均采用焊接工字型钢(肋板和翼板厚度均为10mm)。工字钢内、外侧设置0.3mm厚、1m宽通长薄铁皮,并在外侧采用锁扣管封堵来防止混凝土绕流。本工程地下连续墙混凝土强度等级为C35。车站主体地下连续墙槽段划分详见图3.7-3。

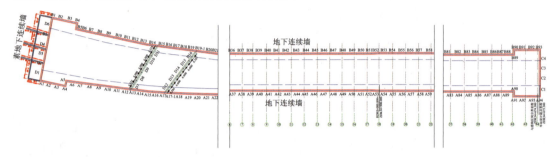

图 3.7-3 车站主体地下连续墙槽段划分图

7.2 水文地质条件分析

1)机机区间明挖段(含中间风井)

自上而下为填土(以建筑垃圾、淤泥质土为主)、淤泥(流塑性非常强的淤泥,含水率达75.8%以上,淤泥层最厚的地段有14m,标贯击数平均只有1.6击,无地基承载力,上层5~6m为机场建设时人工吹填的淤泥)、有机质砂、黏土、中砂、可塑状砂质黏性土、硬塑状砂质黏性土。顶板为素填土、淤泥、黏土;侧壁为淤泥、黏土;基底为粉质黏土和砂质黏性土;地下连续墙底为砂质黏性土,全、强风化片麻状混合花岗岩。明挖段地质如图3.7-4、图3.7-5所示。

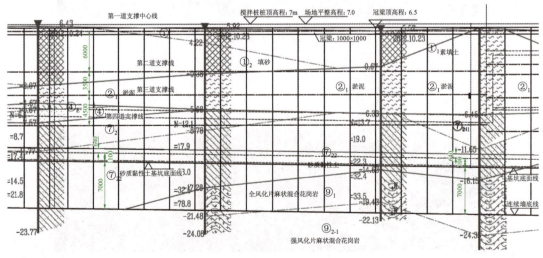

图 3.7-4 区间地质剖面(尺寸单位:mm)

2）机场北站

机场北站位于深圳市宝安机场填海扩建区，周围空旷，无建筑物、管线、道路等。该区域主要地层有淤泥层、素填土、杂填土、残积土、粗砂层、有机质砂、可塑状粉质黏土、硬塑状粉质黏土、强分化变粒岩、全分化变粒岩、中分化变粒岩、微粉化变粒岩。场地普遍分布有较厚（3～7m）海积的淤泥，具触变性、流变性和不均匀性，同时具有孔隙比大、压缩性高、抗剪强度低等特点，

图 3.7-5　明挖段地质抽芯图

属不稳定土体，施工中易产生侧向滑动，而导致基坑侧壁围护结构失稳和位移。机场填海扩建区地下水埋深较浅，与临近海水存在一定的水力联系，潮汐对地下水位有较大影响。

7.3　围护结构施工难点

1）高流塑性淤泥层无地基承载力，施工设备无法进场施工

机机区间明挖段、机场北站地表以淤泥地层为主，最厚的地段达14m，流塑性非常强，含水率高达75.8%，标贯击数平均只有1.5击，无地基承载力，施工机械设备无法在原有地表进行施工作业。

2）高流塑性淤泥层中地下连续墙成槽难度大

明挖段围护结构采用1m厚地下连续墙，成槽机在该地层中施工，由于淤泥质地层的高流塑性，地下连续墙无法成槽。

7.4　地下连续墙成槽辅助性技术措施

7.4.1　机机区间明挖段辅助措施

机机区间明挖段地质条件差，工程施工前必须采取相应的技术措施，降低淤泥（见图3.7-6）的流塑性，提高淤泥质地层的承载力和自稳性，确保加固设备能进场施工、地下连续墙顺利成槽。采取的措施包括边坡卸载、高流塑性淤泥质地表换填、软基搅拌桩加固、道路硬化。

1）边坡卸载

机机明挖段结构位于机场填土区，经测量，结构西侧填土区比东侧高5～7.5m，施工前需先对西侧结构边线30m范围内弃土挖除卸载，减小地下连续墙成槽过程中槽壁内外土压差，确保地下连续墙顺利成槽。边坡卸载如图3.7-7所示。

图 3.7-6　地表流塑状淤泥

图 3.7-7　边坡卸载

2）高流塑性淤泥质地表换填施工

为提高淤泥质地层地表承载力，软基加固施工前先对施工场地内地表的淤泥进行换填，确保加固设备能进场施工。

（1）换填施工工艺流程

换填施工工艺流程如图 3.7-8 所示。

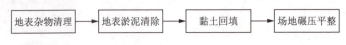

图 3.7-8　换填施工工艺流程图

（2）换填施工范围

机机区间明挖段场地平整设计高程为 7m。场地平整过程中，清理杂草、树根等，将场地内的填石层换成素填土。

淤泥质地换填范围为：①明挖基坑范围；②环形道路区域及道路外 1m。

淤泥质地层换填深度不小于 2.0m，回填土 3m，且换填深度应满足载重泥头车通行要求。

图 3.7-9　淤泥换填施工

（3）换填施工

在修筑完成进场道路后，对场地内的淤泥进行换填。先用挖机挖除地表流塑状淤泥，用泥头车将淤泥运至指定弃土位置，然后用推土机将回填的砂质黏土向前挤压，再用挖机将挤出的淤泥清除，然后对整个施工场地的地表淤泥进行换填。淤泥换填施工如图 3.7-9 所示。换填施工完成后，采用挖机和推土机对场地进行找平和碾压。

3）软基搅拌桩加固

明挖段软基处理采用搅拌桩加固施工，区域包括基坑内软基加固、连续墙护壁桩施工、环形道路加固。

（1）基坑内软基加固

为减小基坑内淤泥的流塑性，提高基坑内淤泥质土体的自稳性和地基承载力，确保基坑开挖安全，在基坑内侧施作 $\phi500@2000\times2000$ 点状式搅拌桩加固，并施作 5 道隔断桩隔断，加固深度为贯穿淤泥层及砂层以下 1m，单桩每延米掺入 50kg 的水泥，掺入粉煤灰 15kg。

（2）地下连续墙护壁桩施工

为使地下连续墙顺利成槽，在地下连续墙的内外两侧各施作 2 排 $\phi500@400$（纵向）$\times500$（横向）护壁搅拌桩，加固深度为贯穿淤泥层及砂层以下 1m，单桩每延米掺入 60kg 的水泥，掺入粉煤灰 15kg；沿地下连续墙方向，每施工一幅墙前，在两侧设置 2 排 $\phi500$ 搅拌桩，加固深度为贯穿淤泥层及砂层以下 1m，单桩每延米掺入 60kg 水泥，掺入粉煤灰 15kg。

（3）环形道路加固

为提高道路基底承载力，确保地下连续墙成槽及基坑施工安全，在基坑外侧施作 $\phi500@500$（横向）$\times500$（纵向）搅拌桩加固，加固深度为贯穿淤泥层及砂层以下 1m，单桩每延米掺入 60kg 的水泥，掺入粉煤灰 15kg，加固范围为风井至盾构井出土孔段地下连续墙外边，加固宽度为 5m。搅拌桩加固施工见图 3.7-10。

4）道路硬化

为满足机机区间明挖段围护结构、主体结构大型车辆通行及地下连续墙成槽机、80t 吊车施工需求，明挖基坑环形道路路面采用 20cm 厚 C20 钢筋混凝土硬化，钢筋采用 φ18@300mm×300mm 单层布置，基坑两侧道路宽 6m，每隔 50m 修建大型设备会车道，会车道宽 8m、长 10m，盾构始发井端头道路宽 15m，环形道路设计高程与地下连续墙导墙平齐，见图 3.7-11。

图 3.7-10　搅拌桩加固施工

图 3.7-11　道路硬化及导墙施工

7.4.2　机场北站辅助措施

（1）在挤淤回填过程中选择优质黏土，严格遵循分层回填碾压，最大限度进行水底淤泥的平推挤压，然后对淤泥进行集中清理，降低后期基坑开挖的风险。回填挤淤施工见图 3.7-12。

（2）对车站基坑内外进行搅拌桩加固，确保基坑内外土体的相对稳定，为地下连续墙成槽及基坑开挖的顺利进行创造条件。搅拌桩地基加固施工见图 3.7-13。

图 3.7-12　回填挤淤施工

图 3.7-13　搅拌桩地基加固施工

（3）为防止地下连续墙接头处渗漏水，导致围护结构外侧土体失水下陷，引起支撑体系失稳，采用旋喷桩进行接头处止水。地下连续墙接头注浆施工见图 3.7-14。

图 3.7-14　地下连续墙接头注浆施工

7.5 填海区复杂地质状况下的围护结构施工

1)地下连续墙成槽施工

该片区淤泥层较厚、含水率较大,地下连续墙成槽难,是围护结构施工的最大难点。为了防止成槽过程中出现塌方,在围护结构导墙内侧利用液压振动钳将槽钢压入土体,起到钢板桩的作用,成槽机可顺利成槽,降低了成槽时塌孔的风险,极大地提高了地下连续墙施工效率。地下连续墙钢板桩护壁成槽施工见图3.7-15。

图3.7-15 地下连续墙钢板桩护壁成槽施工

2)地下连续墙鼓包及侵限处理

即便如此,地下连续墙施工过程中垂直度控制仍然存在一定难度,在基坑开挖时,技术人员对基坑断面进行全面系统测量,发现个别区段地下连续墙存在鼓包、侵限现象。对于地下连续墙鼓包及侵限部位按照侵限厚度及设计出具的联系单,通过凿除鼓包、保护层及主体结构钢筋加强等措施进行弥补。围护结构偏移值详见图3.7-16,地下连续墙鼓包及侵限凿除后墙面找平见图3.7-17。

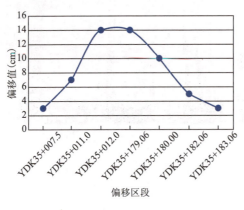 

图3.7-16 围护结构偏移值　　图3.7-17 地下连续墙鼓包及侵限凿除后墙面找平

7.6 控制测量、监测控制措施

(1)施工期间,选择控制点位置时,应尽量选择基础较为稳定的区域,控制点的制作应尽量埋深、尽量减小偏移量。

(2)加密施工控制点并增加对控制点的复核频率。通过加密控制点的数量,有效建立相互校核体系，在检测时可较快地发现控制点偏差情况，从而解决早发现问题。增加对控制点的复核频率，可有效解决偏移桩位的纠偏问题，一般复核频率建议施工高峰期近距离控制点每天监测复核一次，对较远处应做到每三天到一周至少一次的频率。

（3）建立专业的施工测量小组，定期对测量仪器进行标定，对测量人员进行专业培训，所有测量人员必须持证上岗，并建立测量人员的岗位负责制。

（4）高程桩、定位桩必须认真复核，同时与相邻标段接口处的测量也必须认真进行。中线、水平、断面测量达到《城市轨道交通工程测量规范》（GB 50308—2008）和《深圳地铁建设工程施工测量管理细则》及相关设计文件的要求。隧道实测底板、顶板高程偏差，线路中线两侧实测轮廓尺寸偏差均应符合验收标准。各种工程桩位要采取可靠措施加以保护，要有明显的标示，防止人为损坏。

（5）结合车站和区间地质条件、支护类型、施工方法等特点，确定监测项目和使用的监测仪器。

（6）结合机场填海扩建区实际工况选择有指导意义的监测项目，对车站与明挖段进行监测，主控项目主要有土体侧向变形、围护结构变形、围护结构侧土压力、地面沉降、支撑轴力等。

（7）采用施工方监测与第三方监测相结合的监测控制制度，确保监测的准确性、及时性。

7.7 应用成效

地下连续墙成槽前，项目采取边坡卸载、淤泥换填、基坑内软基加固、地下连续墙护壁桩施工、环形道路加固等措施，满足地下连续墙施工设备在地表成槽作业要求。基坑开挖后，护壁桩成桩效果较好。

在围护结构地下连续墙施工过程中，应提前了解地质情况，并根据地质情况制定相应的施工方案，制定详细的质量控制要点，将责任逐层分解至作业班组。施工过程中，应严格按设计要求控制导墙的测量工作并确保导墙竖墙的垂直度；严格按规范要求作业，做到程序化、规范化。加强施工前、中、后的质量管控力度，尤其注重事前控制，确保质量创优。

第 8 节
紧邻次高压燃气管数码电子雷管微振控制爆破施工技术

8.1 工程概况

11 号线工程福永站—地下与高架区间分界段位于深圳市宝安区福永站—桥头站之间的宝安大道下，基坑深 17m，开挖方量约 80000m³，设计采取明挖法。周边环境非常复杂，施工场地两侧有许多厂房、办公楼以及给水、电信、电力、燃气等管线，其中 DN500 次高压（1.6MPa）燃气管道距基坑边最近距离只有 12m，埋深 1.86～2.39m，要求爆破振动速度控制在 2cm/s 以内，是影响施工设计控制的重点。该工程开挖方量大、工期紧，环境复杂，对爆破振动控制要求非常严格，采用常规的开挖方式已无法满足工程进度和振动控制的需要。

8.2 技术应用特点

与电爆网路相比，在环境中有外电存在的情况下，电子雷管因具有抗交直流、抗射频、抗静电、抗杂散电流性能，不存在早爆、误爆的危险；其次，电子雷管不受段位影响，在大规模爆破工程中，不存在重段现象，能实现微差逐孔起爆，从而有效降低单响起爆药量，且网路设计简单易行。此外，由于所有的雷管都是以并联方式连接的，电子雷管施工不存在支路电阻不匹配问题。另一优势，主要体现在爆破网路及雷管的可检查性。当起爆网路连接好之后，所有的施工人员撤离到安全距离以外，通过专用设备可对爆破网路连接的可靠性进行"一键检测"，对连接不可靠的雷管进行准确定位，既安全又高效。

除此以外，数码电子雷管的卓越性能主要体现在它的高精度上（0～100ms，偏差小于 1ms；101～16000ms，偏差小于 1%）。首先，通过微差爆破可以实现真正意义的干扰降振；其次，良好的同步性保证了光爆和预裂效果；第三，通过逐孔起爆的方法可增加单次起爆药量，提高单次起爆规模；第四，通过在线设置微差时间，充分利用岩石爆炸产生的应力，改善破碎效果。这些都是传统雷管所无法比拟的。

8.3 爆破试验

1）电子雷管及起爆系统

通过调研和专家推荐，本工程选用隆芯 1 号数码电子雷管，具有高安全、高精度、宽延期范围、在线可编程的特点。铱钵起爆系统是隆芯1号数码电子雷管的专用起爆系统，主要由隆芯1号数码电子雷管、铱钵表和铱钵起爆器三部分组成，可实现隆芯1号数码电子雷管在线注册、在线检测、延期编辑以及组网通信等功能。

2）试爆方案

该延时时差与地质条件、地形条件、爆破方式、装药结构等因素有关。为了确定适合本工程的最佳延时时间，设计了单孔和群孔共9个试验组，群孔爆破试验采用8～20ms不同秒量的延时间隔。通过对爆破振动波形进行分析，最终确定适合本工程的延期时差。

第一组为16个孔，孔深3.2m，孔间距为1.6m×1.7m，每孔的药量为3kg。第一个孔单独响，响完280ms后，其余的孔以17ms间隔逐孔起爆，起爆顺序及延时秒量如图3.8-1所示。通过这组试验可以得到单孔的振动波形参数和群孔延时17ms的振动情况。

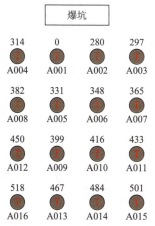

图3.8-1 爆破设计示意图

另外8组为不同延时间隔的爆破试验，延时设置情况见表3.8-1。前5组为4排孔，分2个延时时差；第6组为3排孔，分别设置了3种不同的延时时差；最后2组分别试验了不同孔间和排间的延时时差。试验中各孔的装药量均与第一组相同。

爆破试验延时秒量设置情况 表3.8-1

序号	爆破方式	孔间延期（ms）	排间延期（ms）
1	逐孔	8、16	—
2	逐孔	9、17	—
3	逐孔	10、18	—
4	逐孔	11、19	—
5	逐孔	12、20	—
6	逐孔	13、14、15	—
7	孔、排结合	17	42
8	孔、排结合	20	73

3）测试方案

测试采用TC-4850爆破测振仪和三向速度传感器。传感器安装在爆区一侧，共布设5个测点（见图3.8-2），距爆区分别为10m、21m、35m、49m和87m，其中4号测点布设在次高压燃气管上方。通过多次测试结果来分析得到最佳延时时差和回归得到振动衰减规律。

图3.8-2 测点布置示意图

4）测试结果

第一组试验，爆后最远的 5 号测点未触发，其余均采集到振动波形。从测试结果可以看出，单孔爆破的主振周期为 20～35ms。根据现有理论，认为要达到波形叠加减振的效果，孔间延时为 10～17ms 较为合理。另从 Z 轴的振动波形看，群孔爆破的振速值明显小于单孔的振速值，说明群孔爆破发生了波形叠加，振速降低。其余各组试验的测试结果整理情况见表 3.8-2，振动测试结果回归曲线见图 3.8-3。

爆破试验振动检测结果　　　　　　　　　　表 3.8-2

试验组次	测点号	最大振速（cm/s）			试验组次	测点号	最大振速（cm/s）		
		X	Y	Z			X	Y	Z
1	1 号	4.38	2.86	4.25	6	1 号	3.93	2.69	3.35
	2 号	3.51	3.04	4.03		2 号	3.5	2.83	3.73
	3 号	1.25	0.92	1.58		3 号	2.39	2.04	4.14
	4 号	0.5	0.79	0.9		4 号	1.09	1.28	1.39
	5 号	—	—	—		5 号	0.26	0.30	0.59
2	1 号	4.71	2.32	2.09	7	1 号	3.48	2.76	4.31
	2 号	3.18	3.39	2.80		2 号	2.95	1.17	2.14
	3 号	0.98	0.81	1.48		3 号	2.86	2.39	2.69
	4 号	0.47	0.38	0.81		4 号	0.87	0.81	0.82
	5 号	0.23	0.07	0.32		5 号	0.23	0.21	0.41
3	1 号	4.02	2.22	2.72	8	1 号	5.22	2.69	4.44
	2 号	5.01	5.74	5.64		2 号	3.87	2.45	3.45
	3 号	1.14	1.75	1.58		3 号	1.27	0.67	1.38
	4 号	0.65	0.40	0.63		4 号	0.67	0.78	0.66
	5 号	0.13	0.15	0.22		5 号	0.23	0.34	0.72
4	1 号	4.87	3.71	6.67	9	1 号	2.21	3.01	4.87
	2 号	3.41	5.46	4.06		2 号	3.71	1.93	3.17
	3 号	2.83	2.68	3.83		3 号	1.02	1.03	1.72
	4 号	0.47	0.35	0.72		4 号	0.5	0.28	0.57
	5 号	0.24	0.16	0.22		5 号	0.29	0.36	0.41
5	1 号	3.65	3.59	365					
	2 号	2.35	1.24	2.64					
	3 号	1.49	1.57	3.93					
	4 号	0.37	0.56	0.92					
	5 号	0.19	0.16	0.19					

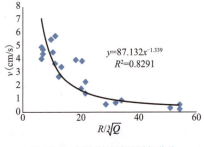

图 3.8-3　振动测试结果回归曲线

从图 3.8-3 中可以看出该地域的振动衰减公式为：

$$v = 87 \left(\frac{\sqrt[3]{Q}}{R} \right)^{1.33}$$

在后期的爆破设计中，可以按照该公式进行初步计算，保证振动值控制在合理范围内。同时，可根据测试量的增加，测试点数的增加，逐步修正该公式，以指导后期施工设计。

8.4 爆破方案

8.4.1 爆破参数

为了满足粒径要求，降低大块率，同时满足爆破、挖装、运输效率的最优化以及满足振动控制要求，主爆破区域钻孔直径不宜过大。根据工程经验，本工程浅孔爆破钻孔直径选择 d=76mm。爆破参数按以下各式计算（H 代表台阶高度）：

最小抵抗线（m）：$W=(25\sim45)d$

钻孔超深（m）：$h=(0.25\sim0.35)W$

炮孔深度（m）：$L=H+h$

堵塞长度（m）：$l'=(0.8\sim1.5)W$

装药长度（m）：$l=L\sim l'$

孔间距（m）：$a=(1.0\sim1.5)W$

排间距（m）：$b=(0.8\sim1.0)W$

单孔药量（kg）：$Q=q\cdot a\cdot b\cdot H$ 或 $Q=q\cdot W\cdot a\cdot H$

由于爆破区域内多为泥岩、砂岩，应针对不同的岩石类型，选用不同的炸药单耗。根据以往工程经验，炸药单耗应在 $0.35\sim0.4\text{kg/m}^3$。由此得出不同台阶深度的装药参数，见表 3.8-3。

d=76mm 浅孔台阶控制爆破参数　　表 3.8-3

H（m）	W（m）	h（m）	a（m）	b（m）	L（m）	l（m）	l'（m）	Q（kg）
3	1.6	0.3	1.6	1.7	3.3	1	2.3	3.0
4	1.7	0.3	1.7	1.8	4.3	1.9	2.4	5.7
5	1.8	0.5	1.7	1.8	5.5	3.0	2.5	9.0

根据以上原则确定基坑主爆区每次爆破布孔不超过 6 排。其基本参数由台阶高度不同计算确定，采用梅花形或长方形布孔，堵塞长度 2.5m。

各雷管脚线并联接入起爆主线上，逐孔起爆，延时时差为 17ms。

8.4.2 施工工艺

电子雷管为近些年出现的新起爆器材，目前尚未进行大面积的推广使用，且施工工艺根据工程特点有所不同。通过多次试爆，建立了适合本工程特点的电子雷管施工工法，具体施工顺序如下：

清理工作面→布孔→钻孔→验孔→电子雷管检测→装药→电子雷管注册、标号（再次检测）→堵孔→连网→网络快速检测→压沙包→盖钢板→压沙包→设置起爆时差→完全检测→起爆→爆后检查→撤除防护。

首次电子雷管检测的主要目的是剔除有质量问题的电子雷管，第二次检测的目的是进行注册，要按着预先设定的起爆顺序进行注册，每注册一发，在雷管接头上用油笔标出顺序号。注册完成，确定雷管没问题后，再进行堵孔。设置起爆时差时，依波表要与网络断开。根据脚线编号，以并联的方式，将各炮孔的脚线通过起爆线连为一体，然后起爆线与起爆器连接。网络连接及检查完毕后，段位较少时，可通过起爆器设置各区域、各段位的起爆延时时间；段位多时，通过便携式计算机设置各段位之间的起爆延时时间。延时时差依据试验确定的最佳延时时差设置。安全警戒后，通过输入密码激活起爆器，开始爆破。等人员全部撤离爆区后，再进行网络完全检测，完全检测通过后，进入警戒和起爆流程。

8.4.3 安全措施

施工中采用有效封堵、平面和立面防护的综合防护措施，有效防止爆破飞石。为了提高封堵质量，保证不冲孔，堵孔采用水拌和沙作为封堵材料，将沙缓慢倒入孔内，边填塞边用炮棍捣实。这种方式可以保证良好填塞效果。另外，即便是冲孔，细沙也不会对周边建筑、设施产生危害。平面防护采用的是沙包加钢板的形式，先孔口压一沙包，之后在上面覆盖一层 2mm 厚钢板，钢板搭接 10cm，并用铁丝绑扎成一整体。之后再在钢板上满压一层沙包。

8.5 应用成效

福永站和福桥区间内，共进行了数十次爆破，取得了良好的爆破效果，保证了周边建筑、设施的安全，满足了工程的进度要求。爆区西侧存在次高压燃气管，要求振速小于 2cm/s，从第三方监测的结果看，实际爆破中该处的振速最大值为 1.4cm/s，未超出控制标准，振动控制效果明显。

上述爆破监测数据表明，爆破设计方案是成功的，爆破震动不会对周边建筑、设施造成危害，也不会影响次高压燃气管的安全运营。

第 4 章
高架车站及区间关键施工技术

第1节 海域段地铁高架桥梁施工技术

1.1 工程概况

1.1.1 地理位置及周边环境

11号线碧海湾站—机场站区间高架段线路经过固成污水处理厂北门,先后跨越疏港通道(金湾路)、规划大铲湾堆场填海片区、南昌水闸、铁岗排洪水闸、深中通道、新涌河、三围码头、涌边河、机场立交后,终止于机场T3航站楼。高架桥里程YDK26+240.500~YDK30+411.500,全长4.173km,区间总平面图如图4.1-1所示。

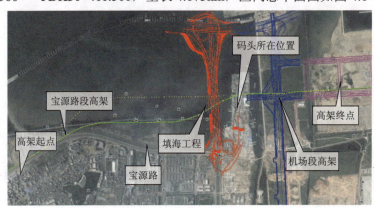

图4.1-1 碧机高架区间总平面图

1.1.2 工程重难点分析

(1) 11号线碧机高架区间海域段地质条件复杂,淤泥层厚度达20m,最大桩径2m,最长桩基68m,入岩30余米,确保海域段桩基在复杂地质条件下高效钻进并保证嵌岩桩成桩质量是本工程的难点;

(2) 水中承台为高桩承台,采用钢吊箱围堰进行施工,确保水中承台施工质量及安全是本工程的重点;

(3) 本工程需先在填海段进行软基加固,再搭设满堂支架进行现浇箱梁施工,确保软基加固效果和满堂支架基础稳定,是本工程安全控制重点;

(4) 通过一定的技术措施,加强跨海段悬臂浇筑施工线型和应力控制,确保连续箱梁成桥线型和体系转换是本工程的重难点。

1.2 跨海段高架施工技术应用

1.2.1 海域段复杂地层桥梁桩基施工技术

海域段复杂地层桥梁桩基主要采用冲击钻（见图4.1-2）和旋挖钻（见图4.1-3）施工。

桥梁桩基施工的主要步骤为：施工准备→施工钻进→清孔→桩基成孔检测及超长桩垂直度检测→钢筋笼吊装及桩基混凝土灌注。质量控制措施主要为成孔质量及成桩质量控制。

图4.1-2 冲击钻施工

图4.1-3 旋挖钻施工

通过对比分析海域段复杂地层桥梁桩基旋挖钻和冲击钻施工工艺数据及工艺特点，得知：在施工工期宽松、环境要求不高的情况下，可以考虑采用冲击钻进行施工，有利于工程成本控制；在施工工期紧张、环保要求高的情况下，则选用全长钢护筒穿透淤泥地层、旋挖钻配备多种钻头入岩分级钻进的方法进行施工，工效能显著增加，同时避免了淤泥层塌孔造成的缩颈、断桩等风险，工期和工程质量均能得到保证。

1.2.2 水中大体积承台施工技术

根据跨海段工程特点，在新涌河和涌边河两侧94-95、96和104-105、106号墩两侧设计布置临时施工钢栈桥、钻孔平台和水中承台钢吊箱。

临时钢栈桥结构设计须满足施工需求。在最不利工况条件下，桥面钢板、横向分配梁型钢I16、贝雷梁及大横梁受力均能够满足需求，且有一定的安全系数，只是不同构件、不同应力或变形有所不同；整体来说，横向分配梁型钢及贝雷梁的安全储备偏低，施工期间应尽量避免出现最不利工况作用，避免安全隐患。采用钢管桩做承重结构，经过受力验算，钢管桩打设深度在20m以上，穿越到砂质黏土层或全风化岩层，其承载力能够满足施工需求。钢栈桥施工见图4.1-4。

钻孔平台结构设计须满足施工需求。在最不利工况条件下，桥面钢板、I16工字钢纵梁、I45a横梁及大横担梁I45a受力均能够满足需求，且有一定的安全系数，只是不同构件、不同应力或变形有所不同；整体来说，I16工字钢纵梁安全储备偏低，施工期间应尽量避免出现最不利工况作用，避免安全隐患。采用钢管桩与钢护筒做承重结构，经过受力验算，穿越到砂质黏土层或全风化岩层，其承载力能够满足施工承载力需求。钢平台施工见图4.1-5。

图 4.1-4 钢栈桥施工　　　　　　　图 4.1-5 钢平台施工

采用带底钢吊箱施工水中大体积承台时，钢吊箱的抗浮、承载力及底板施工最不利工况下受力性能均能满足施工需求；当采用液压千斤顶和精轧螺纹钢吊杆下放钢吊箱时，通过对钢吊箱上承工字钢、$\phi32$ 精轧螺纹钢吊杆、钢护筒轴力进行验算，其受力能满足钢吊箱施工需求。在结构允许受力范围内，应关注上承工字钢、$\phi32$ 精轧螺纹钢吊杆的受力情况，确保施工下放过程安全。通过对浮吊系统各部件的选取及对双肢工字钢验算分析，浮吊系统各部件、浮吊系统和双肢工字钢均能满足水中承台钢吊箱施工需求。

考虑新涌河和涌边河航道的工程特点及新涌河航道填海施工受阻影响，新涌河 94-95、96 号墩采用 350t 船舶浮吊施工钢吊箱，涌边河 104-105、106 号墩采用液压千斤顶下放钢吊箱，保证了工期和工程质量。

1.2.3　淤泥地段地基加固及现浇满堂支架桥梁施工技术

采用水泥土搅拌桩对大铲湾堆场（33～81 号墩）进行软基加固处理，同时对满堂支架中心线 12m 内外和与海堤相交位置采取有针对性的加固方案。

对水泥土搅拌桩进行试桩试验，确定水泥土搅拌桩施工的各项参数。9 根试桩的试桩结果表明：配比在 12m 支架基础范围外采用 65kg/m、70kg/m、75kg/m 和 12m 支架基础范围内采用 85kg/m 的情况下，水泥搅拌桩 90d 单桩承载力和无侧限抗压强度均满足要求。

对水泥土搅拌桩 75 根单桩承载力和 34 点复合地基平板载荷试验结果进行分析，单桩最大承载力在 240kN、复合地基平板载荷在最大承载力 280kN 下均能满足承载力要求，且复合地基平板载荷最大承载力、设计荷载承载力特征值及卸载后沉降量标准差和方差均较小，表明复合地基承载力均匀性较好，验证了复合地基承载力整体稳定。满堂支架扣件扭矩检验及搭设完成情况见图 4.1-6、图 4.1-7。

图 4.1-6　满堂支架扣件扭矩检验　　　　　　　图 4.1-7　满堂支架搭设完成

最不利工况下，满堂支架在箱梁、支架模板、支架、施工人员等荷载、振捣荷载、风荷载情况下考虑结构恒载系数和可变荷载系数工况，满堂支架压弯强度和地基承载力均能满足要求，满堂支架整体稳定性和地基承载性能满足现浇梁施工需求。

1.2.4 跨海桥梁悬臂法施工控制技术

跨海桥梁悬臂施工控制流程主要是"预告→施工→量测→识别→修正→预告"的循环过程。施工控制主要工作内容，包括阶段施工前的预测计算，阶段施工过程中的控制测量，实测结果与计算预测结果的偏差分析及优化分析，包括应力、变形、预应力、温度等。0号块支架模板安装见图4.1-8，0号块混凝土浇筑完成情况见图4.1-9，连续梁0-2号块模板定位见图4.1-10，连续梁3号块模板定位见图4.1-11。

图4.1-8　0号块支架模板安装

图4.1-9　0号块混凝土浇筑完成情况

图4.1-10　连续梁0-2号块模板定位

图4.1-11　连续梁3号块模板定位

通过建立Midas/Civil有限元悬臂施工模型，根据实际施工情况对悬臂施工阶段进行工况划分。通过有限元模拟施工过程不同施工工况，从T构悬臂施工、边跨合拢、中跨合拢、二期恒载及活载工况等角度下，论证施工、成桥、运营阶段的受力安全及不同关键工况下的各节点最大竖向累计位移，给出施工过程中考虑恒载和1/2活载情况下各节点的预抬高理论值，以便为工程施工线型控制提供理论依据。

对于跨海桥梁，施工监控内容为线型监控和应力监控；通过对跨海桥梁悬臂施工工况进行分析，确定悬臂施工挂篮预压阶段预压施工方案，并获得最不利工况下预压总位移量和弹性变形量，得出预压试验总位移量的拟合公式为：$f_s=-0.2789t-0.2556$，预压试验弹性变形量的拟合公式为：$f_f=0.1643t-0.624$，并由此计算1号节段施工时挂篮弹性变形量为15mm。由于模型计算不同节段挂篮弹性变形量变化较小，统一采用弹性变形量15mm，并确定各施工节段的总预抬值得出相应的立模高程。铺设底模并堆载预压见图 4.1-12，加载过程中数据监测见图 4.1-13。

图 4.1-12　铺设底模并堆载预压

图 4.1-13　加载过程中数据监测

通过对跨海桥梁悬臂施工监控实测数据与模型计算数据进行对比分析，结果证明悬臂桥梁施工线型控制较为理想，理论值与实测值吻合度较高；应力实测数据 106 号墩大小里程端上缘应力比计算应力要偏大，但比规范值要小，其他各点实测受力均在计算最大压应力和拉应力范围内。由于现场实际受力工况复杂，结果表明结构整体受力安全、稳定。

1.2.5　海域段桥梁工程混凝土防腐措施技术

受碳化环境和氯盐环境影响，海域段桥梁结构在不同部位所处的具体环境类别和等级有所不同。

碳化和氯盐环境对海域段桥梁工程钢筋混凝土的腐蚀，主要是氯盐雾气影响覆盖于钢筋混凝土表面以及同混凝土碳化不利因素共同作用。可以通过选择合适的原材料、控制混凝土的配合比、选取高强度混凝土、掺外加剂等方式，控制混凝土碳化深度，延缓碳化速率及减小氯盐对混凝土的侵蚀作用，达到海域段桥梁工程混凝土防腐的目的，并且通过在混凝土表面采用防腐氟碳漆涂层体系防止或延缓外界环境对钢筋混凝土结构的腐蚀作用，确保混凝土结构耐久性符合要求。

具体从以下几方面考虑：桩基钢筋保护层 10cm，C40 混凝土；墩柱钢筋保护层 8cm，C45 混凝土；梁部钢筋保护层 5cm，C50 混凝土；采用掺粉煤灰、优质级配碎石、河沙和高效减水剂通过试验配制高性能混凝土，严禁采用海洗砂，必须每次进行氯离子检测；混凝土振捣密实，防止漏振、过振；氟碳漆涂刷必须按设计要求施工基面、底漆、中漆、面漆，总厚度不小于 280μm 等。

挡板涂装及其效果见图 4.1-14、图 4.1-15，墩柱、箱梁涂装效果见图 4.1-16、图 4.1-17。

图 4.1-14　挡板第 1、2 道涂装

图 4.1-15　挡板第 1、2、3 道涂装效果

图 4.1-16　墩柱、箱梁涂装效果　　　图 4.1-17　墩柱涂装效果

1.2.6　地铁高架桥梁外观质量及线型控制技术

墩柱及箱梁模板施工质量控制措施，主要包括生产厂家选择、模板加工、模板进场验收、进场试拼调校、模板打磨清洁、模板漆涂刷等。

应选择规模大、生产线先进、信誉好的混凝土生产厂家供应混凝土，并根据工程特点，确定合适的配合比，加强混凝土原材检验和混凝土出厂检验，确保供应至现场的混凝土质量合格、性能优良。

墩柱及箱梁混凝土施工质量控制主要在于混凝土的运输连续性、到场坍落度控制、到场和易性、振捣方法和顺序、拆模时间及养护措施等。

墩柱钢筋绑扎外观质量见图 4.1-18，墩柱外观质量见图 4.1-19。

地铁高架桥梁承台和墩柱主要是通过测量来对平面坐标进行控制，并通过控制墩柱垫石和支座施工来实现高架桥梁的整体线型平顺（见图 4.1-20）。

图 4.1-18　墩柱钢筋绑扎外观质量　　图 4.1-19　墩柱外观质量　　图 4.1-20　50～60 号墩桥梁线型

高架桥梁箱梁线型控制主要是通过施工测量及监控，并通过调整预拱度来实现的。

1.3　应用成效

1）社会效益

海域段高架桥梁施工，周边环境和地质条件复杂、施工难度大，技术要求高，通过采用上述施工技术，高架桥梁安全、优质、高效完成，为后续施工创造有利条件，尤其是工程质量，得到社会各界好评，正因为海域段高架桥梁的优质完成，深圳地铁 11 号线被誉为国内最美地铁。

2）经济效益

采用相关施工技术，钢吊箱完成指标由 0.05 个承台/d 提升至 0.08 个承台/d，水中承台施工工期至少节省 1.4 个月，节约费用 95 万余元。

第 2 节
高架区间吹填大砂被填海施工技术

2.1 工程简介

11号线碧海湾站—机场站高架段填海工程位于西乡三围码头新涌河与西海堤之间（宝源路高架段82～94号墩），里程为YDK28+648.5～YDK29+058.5，填海总长410m，顶宽60m，底宽100m，海底面高程0.0～-4.0m，填筑顶交工面高程+6.8m，填筑面积4.3ha，其中场地南侧210m（靠西海堤段）范围采用进占法抛填土堆载预压施工，场地北侧200m（临近新涌河航道）范围采用吹填法铺设通长大砂被替换抛填土方案至设计高程，其上铺设中粗砂垫层并插打塑料排水板进行堆载预压施工。海中便道工程吹填砂段典型横断面详见图4.2-1。

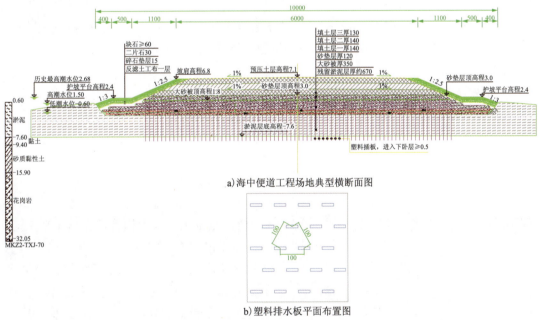

图 4.2-1 海中便道工程吹填砂段典型横断面图（尺寸单位：mm）

2.2 吹填大砂被填海的必要性

高架线路经过海域为大铲湾规划后方堆场用地，假如先施工高架桥梁，由于此段存在7～10m厚的淤泥层，后期填海施工及堆载预压处理地基时，不平衡荷载会引起淤泥层侧向位移，淤泥挤压桩基，致使桩基产生较大的水平位移和桩身内力，甚至剪断桥梁桩基，严重威协桥梁结构安全。即使采取必要的工程措施，措施费用也必然很高，且效果难以控制。

因此确定采用先填海后施工高架，该方案能够较好地与大铲湾规划的堆场用地功能相吻合，同时节省后期填海、软基处理时，为保证桥梁结构安全而采取工程措施所发生的巨大费用，综合造价达到最省。

2.3 施工方法

2.3.1 施工总体安排

场地北侧200m范围采用吹填法，为避免抛土填海挤压淤泥至新涌河航道范围，影响航道正常通行，场地北侧200m范围（距离新涌河航道垂直距离200m）采用吹砂填筑替换抛填土方案。砂被吹填从航道端向南侧分层开始施工，土工布大砂被规格为20m×100m，长边沿线路纵向方向、短边沿线路横向铺设；袖口按照5m×10m（横向×纵向）布置，分层吹砂填筑，控制吹填速度，加载均匀，以避免航道处大量淤泥推移和隆起。

2.3.2 施工工序

铺设大砂被至设计高程1.8m→铺设砂垫层至设计高程3.0m→设置盲沟→打设排水板→分三层填土至预压设计高程7.1m→修筑施工便道→施工桥梁桩基。

1）施工流程

充填袋施工工艺流程如图4.2-2所示。

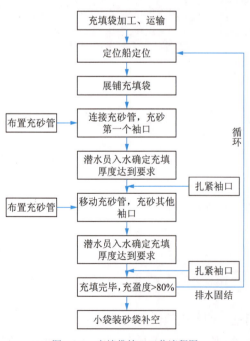

图4.2-2 充填袋施工工艺流程图

2）主要施工方法

在铺设底层袋体前需进行块石等杂物清理，防止扎破袋体。

（1）展铺充填袋

水上展铺充填袋，施工前，先将袋体的4个角测量出来，并用钢管插在这4个点上，钢管需露出水面，定位船定位布置在充填横断面两侧。施工时，人员乘浮漂将袋体4个角上的套环直接套在钢管上，定位船上的施工人员各自牵引袋体的一侧，直到袋体展开在水面上。如图4.2-3所示。

（2）充填袋充砂

水上施工时，为避免袋体移位，先充填袋体4角，使袋体沉降到设计位置，再充填其余袖口，每个袖口都系有浮漂，施工人员乘小船至袖口处，把充砂管插入袖口；每幅袋体制作时，均设有足量的充砂袖口。充填砂采用吸砂泵将砂吸起通过管道送入袋中，在砂未固结前，施工人员可在袋体顶面人工来回踩踏，使充填袋内砂均匀、饱满，确保充填平整，加快袋体排水固结速度，待整个砂袋达到屏浆阶段，适当减少充填速度，防止布袋爆裂。

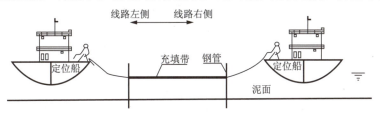

图 4.2-3　水上展铺充填袋示意图

在砂袋充填过程中，如一次达不到理想饱满程度，可待砂袋内的砂排水固结后（固结度＞70%），进行二次充填，待砂料充满整个袋体后（充盈度＞80%），此袋充填即告结束，此时可拔出充砂管，扎紧袖口，经过排水固结后（固结度＞70%），再进行下一层充填袋的施工。每只充填袋成型后，应对袋体轴线、边线进行测量，保证轴线、边线满足设计要求。

待第一层大砂袋填充完成后须铺设土工格栅，一方面是上一层大砂被在填充过程中能够分散压力，另一方面为增加上下袋子之间的摩擦力，防止上面的大砂袋在填充过程中滑移。

（3）铺设砂被

砂被充填砂料渗透系数不小于 0.001cm/s，应采用中细砂，含泥量不大于 3%。砂被厚度为 0.7m，每层袋体之间应紧靠、挤密，不得在袋体间出现分离宽缝，上下两层砂被错缝铺设。砂被充填袋在制作、运输、堆放、铺设、充填等施工过程中，应注意保护，不得出现破损和老化现象，对已铺设完的砂被应注意保护。吹砂现场如图 4.2-4 所示。

a）吹砂船吹砂

b）人工配合吹砂

c）已吹砂完成的大砂被

d）插板机打设排水板

图 4.2-4　吹砂现场

2.4 应用成效

大砂被填海方案在本工程中得到成功应用,为后期高架桥梁开展大面积施工做好铺垫,大大节约工期,同时节省了后期填海、软基处理时为保证桥梁结构安全采取的工程措施费用。

第 3 节
地铁高架桥挂篮法悬臂浇筑施工技术

3.1 工程概况

11号线碧海湾站—机场站区间高架段，部分桥跨位于三围码头航道中，由于跨度较大，海水较深，且淤泥层厚，脚手架搭设十分不便，为满足通航及施工需要，采用挂篮法悬臂浇筑施工。碧机区间高架段跨海段桥梁设计为连续刚构桥梁，共计三处，每处一联三孔，全长155m。

3.2 挂篮系统构造、施工原理及施工特点

3.2.1 挂篮系统构造和施工原理

工程采用三角形挂篮施工。三角形挂篮尺寸根据桥的具体情况调节两个主桁之间的尺寸。挂篮的结构形式比较简单，由三角形桁架、悬吊系统、锚固系统、底模平台、内外模板和走行系统组成。挂篮系统构造详见图4.3-1。

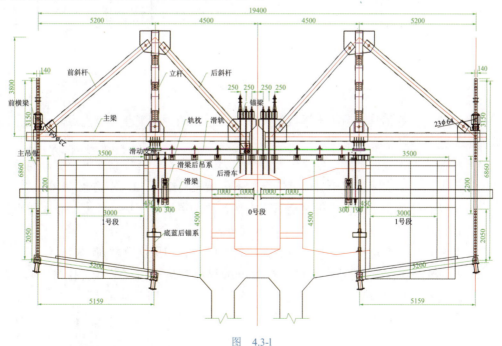

图 4.3-1

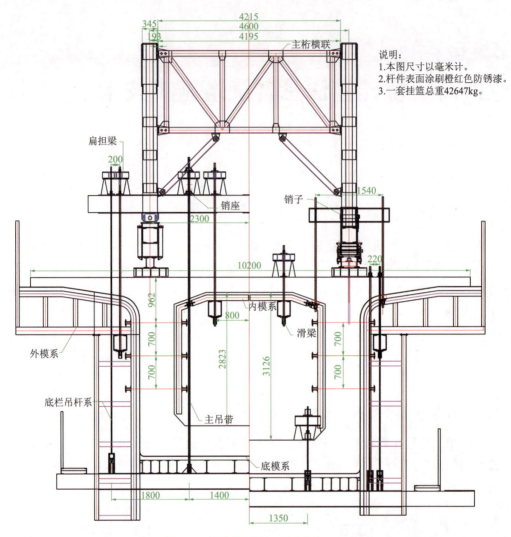

图 4.3-1 挂篮系统构造（尺寸单位：mm）

3.2.2 挂篮系统施工特点

挂篮悬臂施工除了具有节约脚手架、降低工作量、减少施工环节等优点外，还有许多其他施工工艺不具备的优点：

（1）挂篮施工作业面宽阔，便于钢筋及预应力管道安装，能提高施工速度，缩短梁段施工循环周期。根据实际工程箱梁施工情况，梁段最短周期为7d，平均8～10d。

（2）桁架在轨道上走行，无须平衡重，方便、移动灵活、平稳，外模、底模随桁架一次就位，挂篮移动时间短，一般只需2～4h即可就位。

（3）工程使用挂篮自重轻，利用系数高，是我国周转使用次数最高的模板体系。

（4）挂篮的纵向安装尺寸小，只要有10m的梁段宽度即可安装2套挂篮，起步时2套挂篮不需连在一起再解体，拼装就位快，1套挂篮2～3d即可拼装就位。

（5）挂篮刚度大，弹性变形小，立模时只需一次调整设计高程，浇筑混凝土过程中不需再调整。

（6）挂篮使用的材料均为常用材料，加工制造简单，一般桥梁工地均可现场加工。因为本桥跨河、跨路修建，脚手架的架设不便，采用挂篮技术施工并架设部分脚手架即可完成施工；根据设计要求，连续钢构桥梁现浇段只需在边跨搭设 6.43m 脚手架，其余部分只利用挂篮便可完成混凝土的施工。而中间的 70m 跨，则需从两个桥墩分别使用挂篮分段对称浇筑 34m，剩余的 2m 作为后浇带再进行后浇即可。

3.3 挂篮施工技术应用

3.3.1 挂篮系统施工工艺

挂篮施工是整个桥体施工的关键。其施工工艺如图 4.3-2 所示。

钢筋布设结束后的工作是混凝土浇筑，采用商品混凝土，泵送混凝土至施工段。混凝土采用插入式振捣器振捣，对较厚的底板及与底板相连的倒角部分，要特别注意防止漏振。采用分层浇筑，箱梁各转角处应加强振捣。混凝土浇筑完毕待养护一定强度后拆模，进行预应力张拉，在孔道压浆后待水泥浆强度达到 15MPa 时，即可移动挂篮，其操作顺序为：安装轨道→在底模平台后横梁上放两台 10t 手拉葫芦的挂钩，两手拉葫芦固定在外模走行梁上→拆除底模平台后

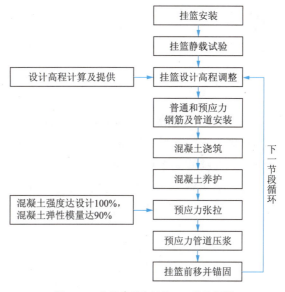

图 4.3-2 挂篮悬臂浇筑施工工艺流程图

吊带并同时安放前吊带、外模走行梁前吊绳并悬吊滚轮，使底模平台和外侧模在自重作用下脱模→拆除挂篮后锚→利用轨道前端安装的液压千斤顶，牵引主构架前移，并带动底模平台和外侧模一同前移。挂篮拼装见图 4.3-3、图 4.3-4。

图 4.3-3 挂篮拼装

图 4.3-4 挂篮拼装完成

3.3.2 混凝土浇筑

连续梁在挂篮施工完成后留有 2m 的后浇区域，该区域称为合拢段。合拢段直接应用挂篮上的模板系统进行施工。将挂篮底模平台锚于两个 9 号梁段底板上，其浇筑顺序及编号见图 4.3-5，即先在主墩承台上搭设支架，浇筑 0 号段，在 0 号梁段上拼装挂篮，分段浇筑长度为 2～3.5m，对称逐段浇筑 1～9 号梁段，然后合拢两跨中间合拢段。浇筑采用泵车浇筑。外模悬吊于 9 号梁段翼缘板上，内模置于底板顶面，内外模间用对拉螺栓拉紧。为保持混凝土浇筑过程中梁体受力不变，在两个 9 号梁段上各压重量等于合拢段一半重的预制混凝土块，随混凝土的浇筑分级卸载。合拢段施工是连续梁施工的关键，施工中采取特殊的措施来保证其施工质量。

图 4.3-5　混凝土浇筑顺序及编号

3.3.3 挠度控制

挠度控制是悬臂浇筑桥梁混凝土施工控制的关键。影响挠度的因素有挂篮变形、预应力损失、混凝土弹性模量、测量误差、混凝土徐变等，其中挂篮变形至关重要。工程实践证明，与挂篮变形相比，其他影响因素对挠度控制的影响远不及挂篮变形影响大，鉴于此，悬臂浇筑施工过程中一定要注意拧紧挂篮系统的螺栓，拉紧吊带，这样施工支模时计入的预抛量才能更准确，从而确保合拢段定位准确并保证工程质量。

3.3.4 预应力张拉工艺

张拉前应对千斤顶及油表进行标定，计算出千斤顶油表读数，并应注意标定状态与工作状态一致，张拉以应力和伸长量进行双控，并按规范要求测量张拉伸长值，辅以伸长值校核。安装张拉设备时，应保证锚垫板、锚具和千斤顶三心合一，张拉时要控制进油和回油速度，缓慢平衡，在张拉过程中，应认真测量预应力筋伸长，并做好记录。

3.4 应用成效

（1）设计和施工相互结合，采用挂篮施工工艺可保证桥梁结构体系的刚度、强度、稳定性及耐久性并可降低工程总造价。

（2）挂篮系统在桥梁施工中可节约支架、减少施工环节、加快施工进度、缩短施工周期。

（3）挂篮系统自重轻，利用率和周转次数高，且施工作业面宽阔，便于钢筋、预应力管道安装以及预应力筋张拉。

（4）挂篮系统在桥梁工程施工中，环境条件要求低，在河面有水的状态下可满足正常施工的要求。主要杆件大多是由 2 片槽钢通过焊接而成，由结构分析确定槽钢的具体截面，用高强度的螺栓或销接连接各杆件。

第 5 章
矿山法隧道区间施工技术创新

第1节 矿山法区间超小净距下穿污水管（箱）涵施工技术

1.1 工程概况

1.1.1 工程简介

11号线碧海湾站—机场站区间矿山法段为左、右线分离式隧道，左线起止里程为ZDK25+050～ZDK25+794.035，长744.035m；右线起止里程为YDK25+050～YDK25+795.00，长745m。线间距10.263～13.70m，隧道拱顶埋深4.478～10.0m。隧道在右线里程YDK25+293～YDK25+316、左线里程ZDK25+322～ZDK25+335处分别斜向下穿直径2.2m钢筋混凝土污水承插管，隧道在左线里程ZDK25+335～ZDK25+408、右线里程YDK25+423～YDK25+515分别斜向下穿4m×2m钢筋混凝土污水箱涵。污水管、污水箱涵位置关系见图5.1-1、图5.1-2。

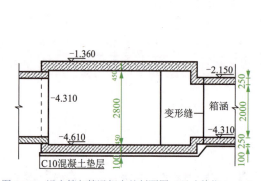

图5.1-1 污水管与箱涵相交处剖面图（尺寸单位：mm）

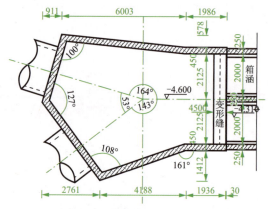

图5.1-2 污水管与箱涵相交处平面图（尺寸单位：mm）

1.1.2 工程地质及水文情况

根据地质资料揭露，隧道下穿污水管涵，箱涵段自地面以下主要为素填土、填块石、砂土状及块状强风化、中风化、微风化花岗岩，隧道洞身主要位于中～微风化花岗岩中，箱涵基础大部分位于微风化花岗岩中，详见图5.1-3。

小里程端污水管与箱涵交汇处形成风化槽，因修建污水管及箱涵时采用放坡爆破开挖，造成原状岩体扰动较大，掌子面揭露的岩体裂隙发育，岩体破碎，软硬不均。箱涵两侧及顶部为人工回填物，通过人工开挖探坑揭露有填砂、黏土、填块石等，回填层松散且不均匀。地下水主要为通过雨水渗透到地下形成的赋存水，降雨量大期间开挖面形成股状流水。

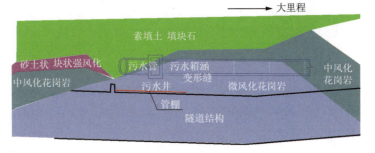

图 5.1-3　隧道左线下穿管涵、箱涵段地质纵剖面图

1.1.3　主要风险及难点

右线直径2.2m钢筋混凝土污水承插管自YDK25+293右线隧道上方斜跨至ZDK25+335左线隧道正上方，与左线直径2.2m钢筋混凝土污水承插管交汇于污水箱涵，右线钢筋混凝土污水承插管管底距右线隧道顶部最小净距为2.5m，距左线隧道顶部最小净距为2.4m。钢筋混凝土污水箱涵自ZDK25+335左线隧道正上方斜跨至YDK25+515右线隧道处脱离隧道范围，左线隧道范围内涵底与隧道顶部最小净距为1.83m（跌水井范围），右线隧道范围内涵底与隧道顶部最小净距为0.63m（长度11m）。

现场对箱涵的结构现状进行了检测，其质量满足设计要求。但箱涵在外荷载的作用下特别是爆破振动荷载的影响下，局部范围的较大变形可能使箱体产生裂缝，产生污水渗漏并影响钢筋混凝土结构的耐久性，或者使箱涵变形缝处缝宽变大或变形缝两侧产生上下错位，产生较严重的渗漏，这是隧道施工最大的风险。

1.2　施工方案比选

目前，暗挖岩质隧道过既有结构物的施工方法主要有钻爆法、机械开挖法、静态破碎法等。其中，机械开挖法又包括盾构法、单臂掘进机法、劈裂法等。

钻爆法是暗挖隧道常用的一种开挖方法，它的功效较高且工艺简便，实用性较强。唯一的缺点，是爆破能量释放破岩的同时也会对周边环境产生破坏。依照爆破理论，钻爆法开挖时爆破做功符合柱状压缩波模型，岩石破坏范围分为粉碎区、受剪破坏区和受拉破坏区，且在爆源附近断面处的岩石自由面外的结构质点振速水平方向远大于垂直方向。因此，只要控制爆源距结构物的距离，通过控制药量和装药结构，就可以达到保证结构物安全的目的。所以，本项目开挖区间隧道的主要施工方法优先选用钻爆法。

1.3　数值模拟分析

1.3.1　计算软件选取

在隧道近距离下穿污水箱涵施工过程动态控制技术研究中，选取ANSYS作为计算软件可以为隧道近距离下穿污水箱涵施工过程动态控制技术的可靠性和计算精度提供有力的支持。

理论上，分次爆破可以减少单次起爆的药量，微差爆破可以减少爆破时对污水箱涵的影响。但是，这种爆破施工方法对保护箱涵起到多大的保护作用，是否可以保证污水箱涵在施工中的安全，施工前可通过 ANSYS 软件对此进行验算。

1.3.2 数值模型计算参数选取

1）计算断面选取

根据地质勘察资料，岩土体物理力学参数详见表 5.1-1。

岩土体物理力学参数 表 5.1-1

岩　　性	重度（kN/m³）	弹性模量（MPa）	泊松比	黏聚力（kPa）	内摩擦角（°）
强风化沙土状花岗岩	20.5	70	0.32	60	26
强风化块状花岗岩	23.5	800	0.26	250	36
中风化花岗岩	25.6	5000	0.18	—	—

2）爆破荷载确定

按照炸药参数的处理办法，升压时间取 100μs，正压作用时间取 600μs，爆破地震波的持续时间取 0.6s。根据表 5.1-2，分次爆破的爆破峰值压力在 0.297～0.408MPa 之间，单次爆破的峰值压力在 0.436～0.60MPa 之间。

炸药及爆破参数 表 5.1-2

爆速（km/s）	炮孔直径（m）	等效药卷直径（m）	装药密度（g/cm³）
3.5	42	19	0.00073

1.3.3 围岩稳定性及结构安全性分析

在隧道近距离下穿污水箱涵施工过程动态控制技术研究中，采用二维弹塑性理论计算，强度准则采用 Drucker-Prager 准则。取长度为 1m 的隧道初期支护结构进行分析。

1）上台阶分次爆破污水箱涵距隧道顶净距 1m 时上台阶导洞开挖（表 5.1-3）

上台阶分次爆破数值分析 表 5.1-3

步序	有限元计算步骤	有限元模型
1	隧道开挖后，洞顶至箱涵处的合位移变化值，由爆破区向外延伸的变化趋势不断减小，时间步一地层位移云图	

续上表

步序	有限元计算步骤		有限元模型
2	第一次爆破，即开挖上台阶导洞。隧道开挖下方的 Y 方向位移变化值，由开爆区向外延伸的变化趋势不断减小	Y 方向位移云图	
		时间步一爆破位移矢量图	
3	开挖上台阶导洞时箱涵初始位移		
4	第一次爆破后的位移分布云图		
5	箱涵轴力为 -460.799～-21.263kN		

续上表

步序	有限元计算步骤	有限元模型
6	箱涵剪力值 −219.261～152.771kN	
7	箱涵弯矩值 −61.938～104.652kN·m	

经验算符合箱涵安全要求，结构安全。

2）上台阶光爆层开挖围岩稳定性及结构安全性验算

为描述方便，在此仅列出计算结果，如图 5.1-4～图 5.1-8 所示。

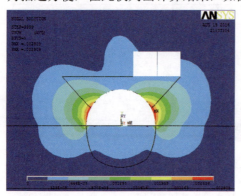

图 5.1-4　时间步二合位移分布云图

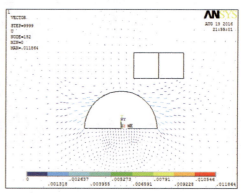

图 5.1-5　时间步二位移矢量图

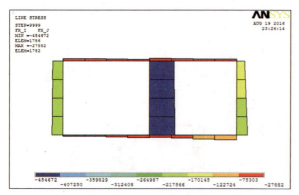

图 5.1-6　时间步二箱涵的轴力分布图

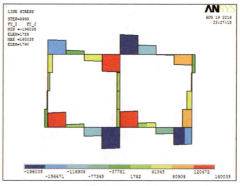

图 5.1-7　时间步二箱涵的剪力分布图

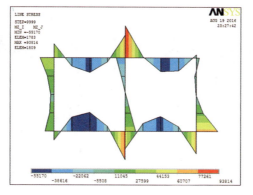

图 5.1-8　时间步二箱涵的弯矩分布图（经验算，结构安全）

3）下台阶开挖围岩稳定性及结构安全性验算

为描述方便，在此仅列出计算结果，如图 5.1-9～图 5.1-17 所示。

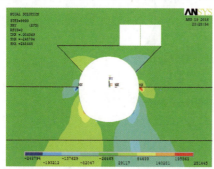

图 5.1-9　XY 平面上应力分布云图

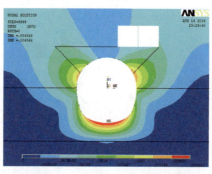

图 5.1-10　合位移分布云图

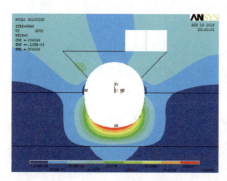

图 5.1-11　Y 方向应变分布云图

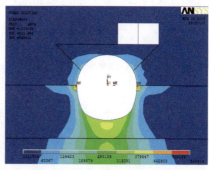

图 5.1-12　等效应力分布云图

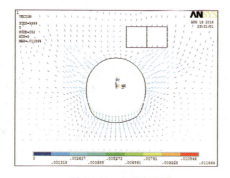

图 5.1-13　位移矢量图

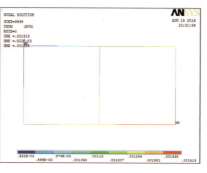

图 5.1-14　箱涵的合位移分布云图

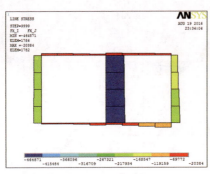 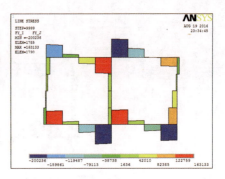

图 5.1-15　箱涵的轴力分布图　　　　图 5.1-16　箱涵的剪力分布图

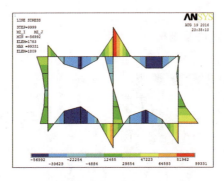

图 5.1-17　箱涵的弯矩分布图（经验算，结构安全）

4）稳定性及结构安全性分析小结

在上软下硬围岩隧道洞顶与箱涵净距 1m 工况下，采用上台阶预留光爆层和超前导洞两次爆破方法开挖，超前导洞爆破时箱涵的合位移、轴力、弯矩和剪力比预留光爆层爆破及下台阶开挖时要大得多。

在隧道洞顶与箱涵净距 1m 工况下，采用上台阶光面爆破技术一次爆破开挖，箱涵结构欠安全。因此，此工况下，必须采取管棚超前支护、注浆加固、预留光爆层分次爆破施工。

上台阶预留光爆层两次爆破开挖比采用光面爆破技术一次爆破开挖对邻近构筑物箱涵等的影响小，有利于保护周边建（构）筑物安全，减小隧道爆破开挖对邻近污水箱涵的影响。

1.4　施工方案

1.4.1　总体方案

隧道开挖采用短台阶法施工，台阶长度不大于 1 倍洞径（7m）。对隧道上台阶与既有构筑物净距大于 1m 地段，采用四空孔五星掏槽、数码电子雷管或普通非电毫秒微差起爆和光面爆破技术控制采用的光面爆破技术；净距小于 1m 地段，采用四空孔五星掏槽、预留光爆层的分次微差爆破控制，结合超前管棚、超前小导管、格栅钢架等支护方式，实现隧道的贯通。上台阶开挖 10～15m 延长后，再开挖下台阶；上台阶采用普通非电毫秒微差起爆的光面爆破技术，将爆破振速控制在 2.5cm/s 以内的安全范围，岩层地段开挖进尺不大于 2 榀钢架。

1.4.2 管棚施工

隧道施工段地层破碎且与既有建筑物净距小,在隧道断面爆破开挖前时,还需辅以管棚超前支护前方围岩,并起到隔震减震作用。在左线里程ZDK25+320～ZDK25+355隧道开挖前一次打设长35m管棚,在右线里程YDK25+293～YDK25+328、YDK25+470～YDK25+510隧道开挖前分别一次打设长35m和40m管棚,管棚采用直径108mm、壁厚8mm的无缝钢管。

1.4.3 爆破施工

由于隧道与污水箱涵距离很近,为保证爆破时箱涵安全,将选用微差爆破,以减小爆破对箱涵的震动。通过电子数码雷管让炮孔与炮孔之间的引爆有一定的时间差,从而实现最大一次起爆药量不会太大,减小爆破震动或者爆破冲击波对周围构筑物的影响。

按照隧道爆破原理,箱涵底板距爆破点1.0m外只受震动影响,不会造成结构的损坏。因此,在净距大于1m时,仅采用单次微差爆破技术控制;在净距不大于1m时,采用预留光爆层分次微差爆破控制。

(1)对污水承插管、污水箱涵与隧道顶部二者最小净距大于1m的地段(ZDK25+322～ZDK25+408、YDK25+293～YDK25+316、YDK25+423～YDK25+470),上台阶一次性爆破,计划进尺0.6m,在管棚施工段采用电子数码雷管逐孔起爆,其他部位采用毫秒雷管起爆,选用乳化炸药,周边眼采用小药卷。

(2)对污水箱涵与隧道顶部二者最小净距小于1m的地段(YDK25+470～YDK25+510),上台阶采用分次装药、预留光爆破层分次爆破的方式,第一次爆破开挖隧道设计轮廓线以内1m的围岩形成导洞,第二次爆破隧道外周1m厚的预留光爆层。周边眼在两装药孔间加打直径50mm孔眼减震孔,采用小药卷不耦合装药结构。

爆破振动监测选用TC-4850爆破测振仪,通过USB接口与计算机进行数据通信,运用专用软件对监测数据进行处理分析及成果输出等,如图5.1-18所示。在每次爆破点正上方地面进行振速监测,在进入建(构)筑物前不小于20m时,在建(构)筑物上方地面增设1个测点,设在距爆破点相对较近箱涵检查井处,将钢管内填充密实混凝土利用箱涵检查井下到箱涵底面,使钢管与箱涵底面可靠有效接触,利用较为均质的填充物作为爆破振速传播介质,解决因地下介质不同不能准确计算振速衰减的问题,可较为准确反映实际情况。

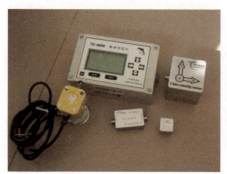 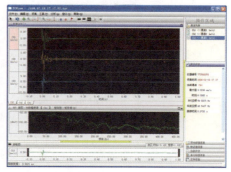

图5.1-18 TC-4850爆破测振仪及振动波形图

用于计算的振动测点应布置在一条直线上,以近密远疏的方式布置至少 3 个竖向速度传感器(各监测点与爆破点宜在同一高程,也可利用位于直线上的其他监测点的竖向振动速度值),若现场条件允许,在保证设备安全的前提下,各传感器与爆破点的距离可设定为 10m、15m、25m 或根据现场场地条件调整。传感器布置见图 5.1-19,爆破振动参数测试点布置见图 5.1-20。

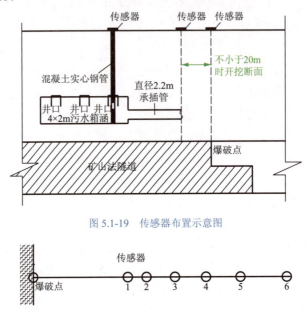

图 5.1-19 传感器布置示意图

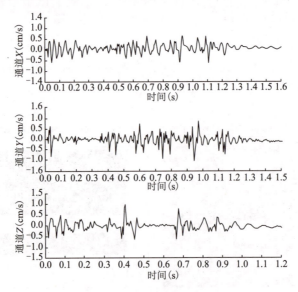

图 5.1-20 爆破振动参数测试点布置示意图

按照爆破监测方案,在隧道爆破施工时进行实时振动监测。通过采用数码雷管等减震技术,在超近距离施工条件下,控制爆破振动速度在 2.5cm/s 以内。因为篇幅限制,此处仅列出重点考虑的工况(污水箱涵与隧道顶部二者最小净距小于 1m),其最具代表性的爆破振动波形如图 5.1-21 所示。

图 5.1-21 爆破振动波形图

由图 5.1-21 可知，X、Y、Z 方向的爆破振动速度均小于 1.2cm/s，即小于控制爆破振动速度 2.5cm/s，也就是说，该爆破控制方案是可行的。

结合上述分析可知，在隧道和污水箱涵净距小于 1m 的部分，采用四空孔五星掏槽、预留光爆层、分次微差爆破，减少单次起爆的药量，可以保证施工安全。鉴于实测数据和本工程的最终安全完成施工可知，在净距大于 1m 时采用四空孔五星掏槽、单次微差爆破和光面爆破技术控制，在净距不大于 1m 时采用四空孔五星掏槽、预留光爆层的分次微差爆破控制，这两种爆破控制施工技术对于爆破施工中确保周边建（构）筑物的安全是可行的。

通过初选参数、调整参数、确定参数以及攻克光面爆破通病等多种手段，施工过程中光面爆破效果较好，其中残眼率Ⅰ、Ⅱ级围岩达 85% 以上，Ⅲ级围岩达 75% 以上，Ⅳ级围岩达 60%，光爆效果良好。

1.5 方案实施及工艺控制

1.5.1 工艺流程

本工法主要施工工艺流程详见图 5.1-22。

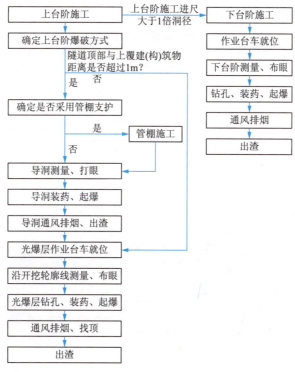

图 5.1-22 施工工艺流程图

1.5.2 施工要点

1）爆破设计

本工法采用毫秒微差导爆管、乳化炸药和数码电子雷管进行爆破施工。

上台阶超前导洞爆破设计：

（1）确定导洞的断面尺寸

根据隧道的地质条件、采用的施工设备、隧道的开挖轮廓尺寸和爆破对隧道上覆建（构）筑物震动的影响等综合确定导洞的断面尺寸。

（2）确定导洞掌子面与光面爆破作业面的距离

隧道的断面不同，采用的施工设备不同，导洞掌子面与光面爆破作业面的距离也不一样。确定合适的距离，可使导洞与光面爆破同时作业时双方不受影响，提高作业效率，保证施工安全。采用钻孔台架打眼时，两工作面距离以12～17m为宜；采用钻孔台车施工时，两工作面距离以25～30m为宜。

（3）导洞爆破设计

采用常规的爆破方法来开挖导洞，每循环开挖爆破获取最大爆破进尺的关键是选择合适的掏槽方式。同时，需要考虑爆破对上覆建（构）筑物的影响。

四空孔五星掏槽形式以6～9号孔空孔作为1号炮眼爆破的临空面，起爆的顺序从1号孔开始，而在1号孔起爆1ms后2～5号孔再同时起爆。这种掏槽形式设计合理时，耗药量少，形成槽腔大，且掏槽爆破震动较小。另外，这种掏槽形式可以采用钻孔台车进行作业，极大提高了作业效率，只要钻眼精确，按设计装药，一般都能得到良好的减震爆破效果。

根据实践经验，通常采取的光爆参数见表5.1-4。

光面爆破参数经验取值　　　　　　　　　　　　　　　　　　表5.1-4

岩石情况	洞室宽度（m）	炮眼间距 E（cm）	最小抵抗线 W（m）	相对距离 E/W	装药集中度 q（kg/m）
软岩或较破碎的中硬岩	<6	40～50	55～75	0.64～0.76	0.11～0.16
	>6	50～60	75～90	0.59～0.72	0.08～0.16
整体性较好的中硬岩～硬岩	<6	60～70	72～83	0.80～0.86	0.17～0.28
	>6	70～80	82～87	0.76～0.82	0.14～0.25

2）钻爆参数

（1）装药结构

要取得良好的光面爆破效果，选择合理的装药结构非常重要。隧道光面爆破周边眼经常采用间隔装药、连续不耦合装药与空气间隔不耦合装药三种装药结构，其中空气间隔不耦合装药效果最佳。图5.1-23为周边眼装药结构图。

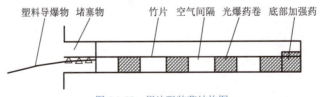

图5.1-23　周边眼装药结构图

（2）钻深

Ⅰ、Ⅱ级围岩钻深一般取3.0～5.0m，Ⅲ级围岩钻深一般取1.5～3.0m，Ⅳ、Ⅴ级围岩钻深一般取1.0～1.5m。掏槽眼钻深比其他眼深0.5～1.0m。

（3）不耦合系数

周边眼宜采用不耦合装药，不耦合系数在1.5～2.0范围时光爆效果最好。

1.5.3 光爆质量控制

隧道光面爆破质量标准可参照表 5.1-5。

隧道光面爆破质量标准　　　　表 5.1-5

围岩	爆后围岩的稳定程度	围岩的扰动深度	平均线性超挖	最大线性超挖	两炮衔接台阶最大尺寸	炮眼痕迹保留率	局部欠挖量	炮眼利用率
软岩	无大的剥落或塌方	<15cm	<15cm	<15cm	<15cm	≥50%	5cm	100%
中硬岩	围岩稳定、基本无剥落	<15cm	<15cm	<15cm	<15cm	≥70%	5cm	95%以上
硬岩	围岩稳定、无剥落	<15cm	<15cm	<15cm	<15cm	≥80%	5cm	90%以上

1.6 效益分析

（1）采用光面爆破技术，施工时能有效控制超欠挖，减少后期支护量。据统计，光面爆破与普通爆破相比，能减少超挖10%～15%，减少衬砌混凝土9%～12%。同时光面爆破与普通爆破相比，节省炸药15%左右。能取得较大经济效益。

（2）采用预留光爆层施工，光爆效果好，使超欠挖得到较好的控制，洞身的成型质量高，开挖面规则，边墙平顺，既减少了出渣量，又保证了衬砌施工的混凝土厚度，也减少了因超挖引起的混凝土用量超标，节省料费及工费，加快施工进度。

（3）光面爆破相比普通爆破，围岩应力分布均匀，装药量的控制又有效限制了爆破对围岩的扰动，有利于围岩稳定，自身承载力强，可有效减少应力集中引起的塌方，减少落石和危险端面。

（4）光面爆破隧道轮廓光滑、平顺，整体美观，施工进度快，社会效益可观。

1.7 应用成效

上述工法适用于上部Ⅰ～Ⅳ级风化花岗岩、下部Ⅰ～Ⅱ级微风化花岗岩（穿越上软下硬地层等）等围岩，采用短台阶法（台阶长度不大于1倍洞径）和钻孔台车或简易钻孔平台的地铁、铁路、公路和引水洞等超小净间距穿越建（构）筑物的隧道开挖施工。

经过实际工程验证表明，采用此工法，可以减少单次起爆的药量，对于爆破施工中确保隧道上覆超小间距周边建（构）筑物的安全是可行的，光面爆破效果好。可为今后的相似工程提供参考。

第 2 节
滨海滩涂区矿山法隧道防水施工技术

2.1 工程概况

2.1.1 区间概况

前海湾站—宝安站区间线路出前海湾站后，穿越填海区，下穿规划中的南坪快速路（高程 5～8m 的路基），区间右线全长 2378.37m，左线全长 2370.16m。地下线拟采用两条平行的单洞单线结构形式，线间距最小为 12.0m。区间两端采用盾构法施工，区间中段采用矿山法施工，长度约为 1013.76m，局部上软下硬地层采用矿山初期支护盾构空推，长度约为 345.25m。

区间设置 2 个盾构吊出井和 5 个联络通道，其中 3 号与 4 号联络通道兼作废水泵房。矿山法隧道段地质条件复杂，主要围岩有Ⅲ级、Ⅳ级、Ⅴ级、Ⅵ级围岩，根据围岩情况不同，隧道初期支护分为四种支护形式，二次衬砌分为 A、B 两种形式，内净空均为 5.2m×5.18m，二次衬砌厚度分别为 350mm、400mm。

2.1.2 水文地质概况

整个矿山法隧道开挖断面主要位于微～全风化花岗岩地层，局部位于砾质黏性土地层。隧道拱顶以上覆盖层地质情况较复杂，具体情况如下：

ZDK19+114～ZDK20+492 段隧道开挖断面上地层变化差异较大，地下水埋藏较浅。另外，断层发育地段地下水比较丰富，隧道内易形成较多积水。洞顶分布砂层、砾质黏性土，成洞条件较差，围岩综合分级为Ⅲ～Ⅵ级，工程地质条件较差，场地复杂。

YDK19+141～YDK20+156 段隧道开挖断面上地层变化差异较大，地下水埋藏较浅，另外，断层发育地段地下水比较丰富，隧道内易形成较多积水。洞顶分布砂层、砾质黏性土，成洞条件较差，围岩综合分级为Ⅲ～Ⅵ级，工程地质条件较差，场地复杂。

地表水主要是新圳河河水。水位受潮汐影响，与前海湾海水水力联系紧密，水质均不同程度受污染。沿线地下水补给主要来源于大气降水，并接受海水侧向补给，地下水与海水具有密切的水力联系。

2.2 施工情况

2.2.1 初期支护防水施工

1）初期支护防水施工工艺流程

（1）隧道测量放线

隧道测量点位布置见图 5.2-1，每 5m 测量放线一断面，作为检查指导施工的依据，测量人员在现场对实际测放点做好明显标示，并及时对已完成的测量放线断面进行测量技术交底。施工队根据测量放线点位及交底，对初期支护面进行检查，并标示出初期支护侵线部分范围、程度大小，先对测量点位之间部分进行侵线处理，最后进行测量点位处的处理。

（2）基面处理

基面应平整，无空鼓、裂缝、松酥，表面平整度应符合规范要求。钢筋网等凸出部分，应先切断后用锤铆平，抹砂浆；有凸出的注浆钢管头时，先切断，并用锤铆平，后用砂浆填实封平，通过补喷或凿除使初期支护表面平整圆顺。防水板铺设效果见图 5.2-2。

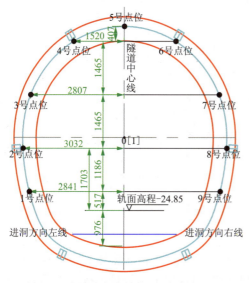

图 5.2-1　测量点位布置图（尺寸单位：mm）　　　图 5.2-2　防水板铺设效果

（3）初期支护背后回填注浆

在隧道初期支护喷射混凝土前，必须在相应部位埋设注浆管，待初期支护混凝土达到设计强度后再进行回填注浆。

初期支护背后注浆管每断面布置 6 根，纵向间距 1.5m。注浆管采用 ϕ32 热轧钢管，长度为 3m，当有超挖时适当加长。注浆管迎水面位置应与围岩密贴，防止浆液渗流。各注浆孔均按要求注浆结束后，若隧道初期支护仍有局部渗漏，则在渗漏部位钻孔重新埋设注浆管注浆，直至整个初期支护隧道无线性漏水、滴漏水。初期支护背后注浆布孔见图 5.2-3。

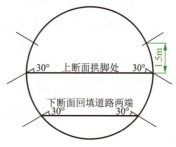

图 5.2-3　初期支护背后注浆布孔图

2）仰拱疏排水施工

仰拱底部混凝土面凿设10cm×10cm"U形"排水槽，纵向找坡，在上附加一层0.3m宽的防水板（或铺设一道3cm×15cm扁平排水盲管，上面不设附加层），然后再按设计施作全包防水层。纵向在底板每20m设置一处20cm×20cm集水坑及φ60的泄水管（注浆孔）。

待二次衬砌完成后，分段从低处向高处压注水泥单液浆，填塞原留设的5cm×4cm排水槽（或排水盲管），最后封堵φ60泄水管。排水槽（盲管）设置见图5.2-4、图5.2-5。

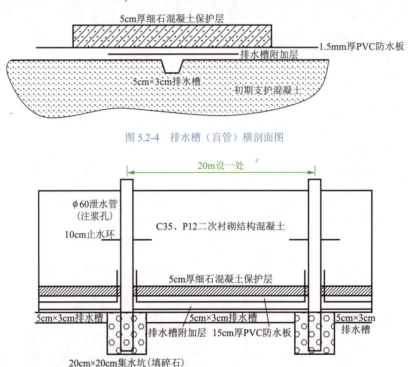

图5.2-4 排水槽（盲管）横剖面图

图5.2-5 排水槽（盲管）纵剖面图

附加防水板两侧用短水泥钉固定，间距0.4m，防止移位。施工此项工作之间，仰拱基面需清理干净，不得有浮渣（泥砂）等杂物。在仰拱混凝土浇筑未达到设计强度前，若出现纵向排水不畅，局部积水，则采用小型自吸泵从集水坑泄水管处抽排。为保证纵向通畅，防止局部积水形成水囊，排水槽施作需重视纵向找坡。现场应将集水坑设在仰拱低洼处。仰拱初期支护局部偏高，格栅保护层凿除后仍不能满足排水槽流水面要求时，需经现场技术人员确认同意后，凿除切割局部格栅钢筋，以保证排水槽疏排水畅通功能要求。拟施作隧道二次衬砌仰拱地段，其两端20m范围内清渣落底需完成，且在两端20m范围内仰拱不得设置积水淤泥存储池（坑）。加强排水槽两端保护（可用棉纱+碎石填堵挡住端部的方法），防水淤泥、砂子、渣土进入排水槽，造成淤塞或排水不畅。

2.2.2 二次衬砌防水施工

1）二次衬砌防水结构图设计

二次衬砌防水为全包防水，结构防水由防水卷材防水+混凝土自防水组成，防水大样见图5.2-6。

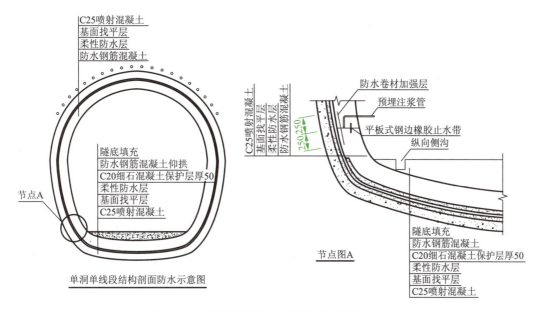

图 5.2-6 二次衬砌设计防水大样图（尺寸单位：mm）

2）防水板施工

铺设前规划土工布及防水板的长度、铺设宽度、隧道中心位置。用射钉枪将土工布及防水板固定在喷射混凝土表面。防水板相邻部分采用专用爬焊机黏结，对于不能用爬焊机黏结的部位，如 T 形接口处，应用手动热风机焊接，然后用半径为 1.5 倍于 T 形接口长度的圆形防水板进行覆盖，用手动熔接器将其充分焊接。防水板进行爬焊机焊接作业见图 5.2-7，气密性试验见图 5.2-8。

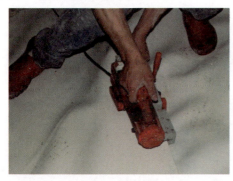

图 5.2-7 防水板采用爬焊机进行焊接作业

图 5.2-8 气密性试验

3）二次衬砌背后回填注浆

严格按照设计要求采用水泥浆回填，衬砌混凝土强度达到设计强度时，采用单液注浆泵，将 1:1 水泥浆注入二次衬砌背后，注浆终压控制在 0.5MPa 以内。

注浆顺序：由下游到上游，由低到高注浆。

2.3 现场成效

11 号线前宝区间矿山法隧道二次衬砌施工前，防水基面做到坚实、平整、圆顺、干

图 5.2-9　区间二次衬砌成型效果

净。基面无疏松、无空鼓、无裂缝，不允许有滴水、漏水、淌水、线流或泥沙流出。同时施工过程中加强管理，对重要工序进行摄像记录，联合建设、监理、设计等相关单位做好关键节点验收等。此外，在暗挖区间初期支护上加设锚杆，消除了后期运营隐患；加大初期支护回填注浆，防水施工效果良好。本区间基本做到无明水、湿渍。区间二次衬砌成型效果见图 5.2-9。

2.4　应用成效

11 号线前宝区间施工的最大困难就是处理各种渗水。通过施工实践，采取上述施工技术，很好地控制了滨海滩涂区矿山法隧道施工渗漏水问题，为同类隧道防水施工积累了一些经验。需要强调的是，二次衬砌施工前的防水工程的施工质量及混凝土的浇筑质量，是做好防止渗漏水施工的关键工序。当然，没有一种材料是百分之百可靠的，没有一种施工方法是尽善尽美的，只有正确选材、合理施工，才能达到较好防水的目的。

第3节 矿山法隧道数控爆破技术

3.1 工程概况

3.1.1 线路概况

11号线机场北站—福永站区间全长2.36km,线路出机场北站后,沿深圳市宝安机场新扩建区、飞行区,向北延伸,接着下穿福永河、新和工业区、居民区后,沿宝安大道中央绿化带继续向北,接入福永站。本区间共设3个工作井(见图5.3-1),分别为1号区间风井、2号盾构吊出井和3号盾构吊出井,1号区间风井位于福永河旁规划地块内,2号、3号盾构吊出井均位于工厂内。

机福区间两端为盾构法隧道,盾构机分别到达2号、3号盾构吊出井后吊出,盾构段长1970m;2号盾构吊出井和3号盾构吊出井之间为矿山法隧道,矿山法隧道长600m,其中,215m采用盾构空推法施工,分别位于2号盾构吊出井小里程方向和3号盾构吊出井大里程方向。该区间盾构隧道主要穿越福永河及宝安大道,矿山法隧道主要穿越建筑物、学校及居民区,涉及8栋房屋拆迁,面积16156m²。

图5.3-1 机福区间平面示意图

3.1.2 地质条件

机福区间地层从上到下主要为第四系全新统人工堆积层(Q_4^{ml})、第四系全新统海陆交互相沉积层(Q_4^{mc})、第四系全新统冲洪积层(Q_4^{al+pl})、第四系上更新统冲洪积层(Q_3^{al+pl})、第四系残积层(Q^{el})、加里东期片麻状、条带状混合花岗岩(M_γ^3)、震旦系变粒岩、浅粒岩(Z_1^d)、构造岩等。

第四系全新统海陆交互相沉积层含有大量的淤泥和有机质砂。

1）淤泥

深灰、灰黑色，含有机质，可见贝壳碎片，具腥臭味，流塑，局部为软塑。广泛分布于区间沿线，属Ⅰ级松土。

2）含有机质砂

灰黑色，深灰色，饱和，松散~稍密，含有少量有机质及较多的淤泥（质）土，不均匀含有少量生物贝壳，有轻微臭味，主要为石英质砂。本区间内大部分地段连续分布，局部呈透镜体状分布。层厚 0.60~3.10m，平均层厚 1.63m，层顶设计高程 -5.61~-0.58m。实测标贯试验击数 2~15 击，平均 7.9 击；修正后的标贯试验击数 1.8~13.0 击，平均 7.0 击。根据室内试验：ρ=1.97g/cm³，w=15.0%，e=0.553；$a_{0.1-0.2}$=0.11MPa^{-1}；$E_{s0.1-0.2}$=14.12MPa。属Ⅰ级松土。

3.2 施工重难点

3.2.1 爆破震动的控制

爆破震动安全允许标准见表 5.3-1。按照该标准，普通民房的允许振速不能超过 3cm/s。施工过程中严格控制装药量，30m 范围内的振速不超过 2.5cm/s，实际监测的振速控制效果非常理想，均控制在 2.5cm/s 以内。晚上、午休时间不能进行爆破施工作业。

爆破震动安全允许标准　　　　　表 5.3-1

序号	保护对象类别	安全允许振速（cm/s）		
		<10Hz	10~50Hz	50~100Hz
1	土窑洞、土坯房、毛石房屋 a	0.5~1.0	0.7~1.2	1.1~1.5
2	一般砖房、非抗震的大型砌块建筑物 a	2.0~2.5	2.3~2.8	2.7~3.0
3	钢筋混凝土结构房屋 a	3.0~4.0	3.5~4.5	4.2~5.0
4	一般古建筑与古迹 b	0.1~0.3	0.2~0.4	0.3~0.5
5	水工隧道 c	7~15		
6	交通隧道 c	10~20		
7	矿山巷道 c	15~30		
8	水电站及发电厂中心控制室设备	0.5		
9	新浇大体积混凝土： 龄期：初期~3d 龄期：3~7d 龄期：7~28d	2.0~3.0 3.0~7.0 7.0~12		

注：1. 表列频率为主振频率，是指最大振幅所对应波的频率。
2. 频率范围可根据类似工程或现场实测波形选取。选取频率时亦可参考下列数据：洞室爆破<20Hz，深孔爆破 10~60Hz，浅孔爆破 40~100Hz。

3.2.2 沿海滩涂地区土壤液化

施工过程中均严格按照设计和施工方案进行爆破控制。隧道埋深 20 多米，全断面都处于微风化岩石中,理论上周边建筑的沉降会很小,距离隧道30m范围内最大沉降值24mm,刚刚达到报警值,但300m(图5.3-2中黄线)以外搭建的房屋和主屋之间差异沉降很大,开裂40mm,兰州拉面馆柱和墙体拉裂无法进行正常营业,厂房地面和房屋出现较大裂缝,影响到机器的正常运转,如图5.3-2所示。这对埋深20多米处于微风化岩石内的隧道来讲非常特别:①影响的范围300m,超出正常的影响范围30m很多;②房屋的差异沉降非常明显。

出现这种情况后,立即展开多次的专家研讨会,分析原因,大家比较认同的原因:①由于隧道岩石上方是沿海滩涂地层,含有丰富的淤泥和有机质砂,原来渔民养鱼养蚝的鱼塘被渔民简单回填之后就开始建筑民房,爆破施工的振动引起土壤液化是主要原因。在振动发生的瞬间地基承载力极小,基础较好的沉降少,基础差的沉降大,从而引起房屋较大的差异沉降。②隧道施工引起地下水流失,沉降荷载加大。③振动和地下水的流失引起了地层的固结沉降。

图 5.3-2 建筑物影响范围示意图

3.3 施工方案

3.3.1 施工总体方案

机福区间矿山法隧道位于2号、3号盾构吊出井之间,先施工2号、3号盾构吊出井,然后施工2号、3号盾构吊出井之间的矿山法隧道,整个隧道全断面位于花岗岩中,埋深平均21m。2号盾构吊出井基坑长度为15.5m,宽度为24.2m,深度为27.7m。3号盾构吊出井基坑长度为16.5m,宽度为23.6m,深度为27.0m。开挖方案为逐层开挖,每层深度为2~4m,分多层开挖完成,采用$\phi 32$浅孔钻进行钻孔。首先在中部5m×3m范围内进行爆破,之后以其为自由面向四周逐渐扩展;周边为保证风井坑壁平整稳定,采用光面爆破。

3.3.2 隧道全断面法开挖

对围岩条件较好、爆破震动要求不高的区段,采用全断面开挖,楔形掏槽,循环进尺1.5m,共布孔101个,其中掏槽孔6个,扩槽孔6个,底板孔9个,周边孔为29个,其余为掘进孔,具体孔位布置见图5.3-3。采用非电导爆管雷管起爆,段位采用1、3、5、7、

9、11、13、15段,单孔装药量见表5.3-2。周边孔采用间隔装药,导爆索串接,其余孔采用连续装药。

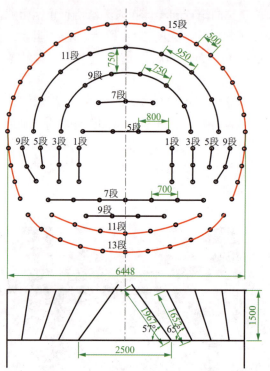

图 5.3-3　全断面法开挖孔位及段位布置图(尺寸单位:mm)

全断面法开挖装药参数表　　表 5.3-2

炮孔名称	段　位	炮孔数量 (个)	孔　深 (m)	单孔装药量 (kg)	小计装药量 (kg)
掏槽眼	1	6	2	1	6
扩槽眼	3	6	1.7	0.8	4.8
扩槽眼	5	4	1.6	0.6	2.4
辅助眼	5	4	1.6	0.6	2.4
掘进眼	7	10	1.6	0.6	6
掘进眼	9	17	1.6	0.6	10.2
掘进眼	11	16	1.6	0.6	9.6
底板眼	13	9	1.6	0.6	5.4
周边眼	15	29	1.5	0.3	8.7
合计		101			55.5

每循环总用药量为 55.5kg,最大段单响药量为 10.2kg,隧道断面面积为 32m^2,炸药单耗为 1.15kg/m^3。

可采用萨道夫斯基公式进行振速计算,即由下式推导出振速:

$$Q_{\max}=\left(R\left(\frac{v}{K}\right)^{\frac{1}{\alpha}}\right)^3$$

式中:v——爆破振速(cm/s);

Q_{max}——最大单段爆破药量（kg）；

R——爆源至检测点距离（m）；

K、α——与爆破装药方式、地形、地质条件相关的系数。

计算中 K=150，α=1.5，计算结果见表 5.3-3。

全断面法爆破振速计算值　　　　　　　　　　　　　　表 5.3-3

距离（m）	30	50	80	100
振速（cm/s）	2.92	1.35	0.67	0.48

3.3.3　隧道上下台阶法开挖

围岩条件较差时，采用上下台阶分部开挖法。第Ⅰ部采用楔形掏槽，循环进尺 1.5m，共布孔 62 个，其中掏槽孔 8 个，扩槽孔 6 个，底板孔 9 个，周边孔为 22 个，其余为掘进孔，具体孔位布置见图 5.3-4。采用非电导爆管雷管起爆，段位采用 1、3、5、7、9、11 段，下台阶采用抬炮的爆破方式，共 21 个孔，雷管段位为 1、3、5、7 段，具体的装药参数见表 5.3-4。周边孔采用间隔装药，导爆索串接，其余孔采用连续装药。

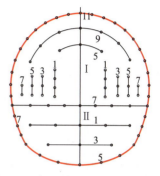

图 5.3-4　上下台阶法开挖孔位及段位布置示意图

上下台阶法开挖装药参数表　　　　　　　　　　　　　表 5.3-4

爆破部位	炮孔名称	段位	炮孔数量（个）	孔深（m）	单孔装药量（kg）	小计装药量（kg）
上台阶	掏槽眼	1	8	2	1	8
	扩槽眼	3	6	1.7	0.8	4.8
	扩槽眼	5	6	1.6	0.8	4.8
	辅助眼	7	4	1.6	0.8	3.2
	底板眼	7	9	1.6	1	9
	二圈眼	9	7	1.6	0.8	5.6
	周边眼	11	22	1.6	0.3	6.6
下台阶	掘进眼	1	5	1.6	0.8	4
	掘进眼	3	3	1.6	0.8	2.4
	底板眼	5	5	1.7	1.2	6
	周边眼	7	8	1.6	0.3	2.4
	合计		83			56.8

每循环总用药量为 56.8kg，最大段单响药量为 6.6kg，隧道断面面积为 32m²，炸药单耗为 1.18kg/m³。

采用萨道夫斯基公式进行振速计算，计算中 K=150，α=1.5，计算结果见表 5.3-5。

上下台阶法爆破振速计算值　　　　　　　　　　　　　表 5.3-5

距离（m）	30	50	80	100
振速（cm/s）	2.35	1.09	0.54	0.39

3.3.4 相关对策

1）采用数码爆破减少爆破振动的影响

为了减少爆破引起的振动，采用数码雷管进行爆破施工，工作原理：减少每排炮的起爆炸药量，每排炮之间的起爆时间进行精确控制，可以让上一排炮的波峰和下一排炮的波谷相重叠，从而减少振动的破坏力。电子雷管最大的优势在于能够精确控制起爆时间，时间差可以达到毫秒级。

电子雷管，又称数码电子雷管、数码雷管或工业数码电子雷管，即采用电子控制模块对起爆过程进行控制的电雷管。其中，电子控制模块是指置于数码电子雷管内部，具备雷管起爆延期时间控制、起爆能量控制功能，内置雷管身份信息码和起爆密码，能对自身功能、性能以及雷管点火元件的电性能进行测试，并能和起爆控制器及其他外部控制设备进行通信的专用电路模块。

采用数码雷管爆破后房屋的差异沉降速率明显下降，有利于确保周边房屋建筑的安全，为继续开展隧道施工提供可靠的技术保障。

2）减少隧道洞内的水流失

为了减少隧道洞内的水流失，对已形成的矿山法隧道的渗漏水进行逐点封堵，做到无滴水、无渗漏。最终水的流失减少了，土层固结和承受的荷载明显减少，对减少房屋的沉降起到较好的作用。

3.4 应用成效

经过对施工方案的及时调整，采用数码雷管爆破技术在沿海滩涂地层矿山法隧道施工效果非常明显，有效控制了房屋沉降，为顺利开展施工提供强有力的支持，确保了机福区间隧道的顺利贯通。

第 4 节
矿山法区间隧道大管棚超前支护施工技术

4.1 大管棚支护的工程应用

11号线矿山法隧道单线累计长度8.05km,共有三段采用了大管棚作为超前支护结构。这三段大管棚的应用条件各不相同,其中第一段用于大断面矿山法隧道施工,第二段用于下穿5孔箱涵破除管桩施工,第三段则用于盾构下穿既有地铁5号线的超前支护。三段大管棚具体应用情况如下。

4.2 红后区间大断面矿山法隧道大管棚超前支护

4.2.1 应用背景

11号线红树湾南站—后海站区间隧道大体呈东西走向,全长约2.65km。其中,左线为纯盾构法隧道,右线在后海站东端设计有一段矿山法隧道,起讫里程为YDK11+968.637～YDK12+107.492,长138.855m,且施作二次衬砌。该段矿山法隧道又分为双线单洞和单线单洞两个断面(见图5.4-1、图5.4-2),其中双线单洞段长103.03m,断面宽11.6m、高9.81m;单线单洞段长35.82m,断面宽9.64m、高9.14m。两种断面均采用CRD工法施工。

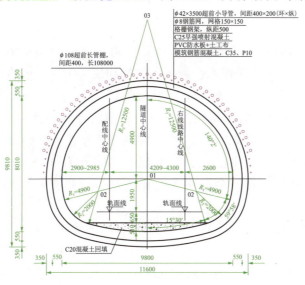

图 5.4-1 双线隧道结构横断面图(尺寸单位:mm)

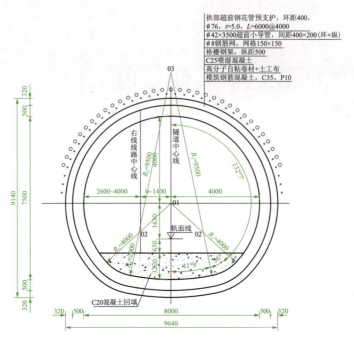

图 5.4-2 单线隧道结构横断面图（尺寸单位：mm）

为保证该段大断面矿山法隧道施工安全，设计上在双线单洞段隧道拱部150°范围内，采用ϕ108（壁厚8mm）超前大管棚支护和超前小导管注浆辅助施工，开挖断面为11600mm×9810mm（宽×高）；单线单洞段隧道拱部140°范围内，采用ϕ76（壁厚5mm）中管棚支护和超前小导管注浆辅助施工，开挖断面为9640mm×9140mm（宽×高）。两段隧道结构均采用复合式衬砌（初期支护+二次衬砌）。

初期支护结构为钢筋格栅加钢筋网及喷射C25混凝土，二次衬砌为C35P10抗渗模筑钢筋混凝土，初期支护与二次衬砌之间铺设防水层。

4.2.2 工程地质及水文情况

（1）工程地质条件

红后区间矿山法隧道段位于海德三道正下方，地表较为平坦，地面高程4.5m左右。地层从上往下依次为：第四系全新统人工堆积层（Q_4^{ml}）——①$_1$素填土、①$_4$填块石、①$_6$杂填土，第四系全新统海陆互相沉积层（Q_4^{mc}）——②$_1$淤泥，第四系残积层（Q^{el}）——⑦$_{1-1}$可塑状砾质黏性土、⑦$_{1-2}$硬塑状砾质黏性土，燕山期粗粒花岗岩（$\gamma 5^3$）——⑧$_1$全风化粗粒花岗岩、⑧$_{2-1}$砂土状强风化粗粒花岗岩、⑧$_{2-2}$块状强风化粗粒花岗岩、⑧$_3$中等风化粗粒花岗岩、⑧$_{1-4}$微风化粗粒花岗岩。

隧道穿越段的地层主要为⑦$_{1-1}$可塑状砾质黏性土和⑦$_{1-2}$硬塑状砾质黏性土，如图 5.4-3 所示。

（2）水文地质情况

大气降水是主要补给来源，上部主要为孔隙潜水，填石层为主要含水层，富水性和透水性较好，其他属弱透水层。地下水为微咸水～咸水，地下水对混凝土为弱～中等腐蚀性。稳定地下水高程 -0.49～2.04m。地下水对混凝土结构基本为弱～中等腐蚀性，局部地段为微腐蚀性；在长期浸水环境下，地下水对混凝土中的钢筋基本为弱～中等腐蚀性，局部地段具弱腐蚀性；在干湿交替环境下，地下水对混凝土中的钢筋为中等～强腐蚀性。

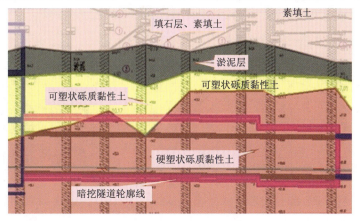

图 5.4-3　地质条件剖面图

（3）地下管线概况

根据地下管线探测报告，横穿隧道的管线主要有给水管、路灯电缆管、雨水管，隧道北侧主要有给水管、路灯电缆管、电信管、雨水管、燃气管、排水箱涵，其中排水箱涵距离隧道中心线约 20m。

4.2.3　大管棚施工方法及施工过程

该工程采用水平有线导向跟管钻进的方法实施，即成孔和埋设管棚一次完成，由一端通长打设，管棚长 108m，选用 $\phi108$、$t=8mm$ 无缝钢管作管棚钢管，管棚连接采用丝扣连接，丝扣长 150mm。为了避免钢管同步搭接，大管棚前端第一根采用两种规格，单号第一根打设 4m 钢管，双号第一根打设 6m 钢管，其他管节采用 6m 长钢管。为了保证质量，打设时采用跳打的施工顺序。根据地质情况，终孔后封堵管口，浆液从 $\phi108$ 钢管内注入，由管外环状间隙到孔口返出水泥浆，关闭排浆阀，持续加压注浆全 1MPa，注浆结束，浆液水灰比为 1:1。

本段超前大管棚共有 41 根，因受后海站车站主体结构施工影响，管棚共分两次打设，现场按从上至下，打一孔、注一孔进行，24h 不间断施工。

当车站基坑开挖至第四道混凝土支撑位置时，施作首批位于隧道拱顶处的 21 根管棚（编号 10～30 号孔），如图 5.4-4 所示，施工时间为 2013 年 10 月 31 日～11 月 26 日，共用时 27 天。

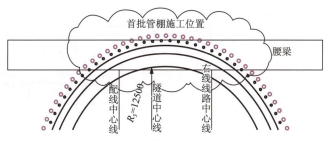

图 5.4-4　首批管棚施工示意图

首批管棚完成后施作混凝土支撑，继续开挖至第五道钢支撑底部，施作第二批20根管棚（编号1～9号孔和31～41号孔），如图5.4-5所示，施工时间为2014年1月9日～1月25日，共用时16天。

红后区间管棚施工现场如图5.4-6所示。

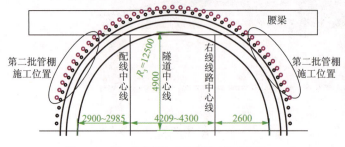

图5.4-5 第二批管棚施工示意图（尺寸单位：mm）

图5.4-6 红后区间管棚施工现场

4.2.4 管棚施工期间监测数据分析

根据现场施工过程和监测沉降信息反映，由管棚施工所引起的地面沉降主要发生在开始管棚钻进到注浆完成之前的这段时间，见表5.4-1。注浆完成后，沉降数据则基本稳定。

红后区间管棚施工地面沉降数据统计表　　　　表5.4-1

里　程	点　号	2013年10月30日～11月26日 首批管棚施工地面累计沉降量（mm）	2014年1月9日～1月25日 第二批管棚施工地面累计沉降量（mm）	管棚施工产生的累计沉降量（mm）
YDK12+102	YDK12+102-1	-4.36	-2.2	-6.56
	YDK12+102-2	-3.7	-3.11	-6.81
	YDK12+102-3	-5.23	-3.6	-8.83
YDK12+092	YDK12+092-1	-3.81	-1.54	-5.35
	YDK12+092-2	-2.54	-2.22	-4.76
	YDK12+092-3	-3.38	-2.87	-6.25
YDK12+082	YDK12+082-1	-3.46	-1.92	-5.38
	YDK12+082-2	-4.21	-2.01	-6.22
	YDK12+082-3	-2.89	-1.87	-4.76
YDK12+072	YDK12+072-1	-3.67	-2.03	-5.7
	YDK12+072-2	-4.03	-3.45	-7.48
	YDK12+072-3	-5.11	-3.22	-8.33
YDK12+065	YDK12+065-1	-2.99	-4.84	-7.83
	YDK12+065-2	-3.43	-3.94	-7.37
	YDK12+065-3	-6.43	-3.06	-9.49
YDK12+055	YDK12+055-1	-6.45	-4.01	-10.46
	YDK12+055-2	-5.73	-3.66	-9.39
	YDK12+055-3	-4.88	-4.23	-9.11
YDK12+045	YDK12+045-1	-5.23	-2.88	-8.11
	YDK12+045-2	-5.74	-4.36	-10.1
	YDK12+045-3	-4.65	-5.01	-9.66

续上表

里　　程	点　　号	2013年10月30日～11月26日首批管棚施工地面累计沉降量（mm）	2014年1月9日～1月25日第二批管棚施工地面累计沉降量（mm）	管棚施工产生的累计沉降量（mm）
YDK12+035	YDK12+035-1	-5.56	-4.91	-10.47
	YDK12+035-2	-6.13	-3.19	-9.32
	YDK12+035-3	-5.38	-3.88	-9.26
YDK12+025	YDK12+025-1	-5.45	-4.57	-10.02
	YDK12+025-2	-3.78	-3.65	-7.43
	YDK12+025-3	-4.51	-4.06	-8.57
YDK12+015	YDK12+015-1	-6.31	-4.22	-10.53
	YDK12+015-2	-4.85	-3.95	-8.8
	YDK12+015-3	-4.77	-2.98	-7.75
YDK12+005	YDK12+005-1	-3.21	-2.74	-5.95
	YDK12+005-2	-2.86	-3.33	-6.19
	YDK12+005-3	-3.02	-1.94	-4.96

从监测数据分析可看出，管棚施工对原地面影响较小，最大沉降量约为10mm。

4.3　沙后矿山法区间下穿衙边涌箱涵段大管棚超前支护

4.3.1　应用背景

沙井站—后亭站区间隧道以40°角下穿衙边涌箱涵，该箱涵为5孔结构，宽35.8m，高6.2m，每孔净空为6.5m×5.1m，结构厚度为0.55m。箱涵基础为预应力管桩，桩径0.3m，壁厚70mm，C60混凝土，桩长16m。由于盾构机直接掘进破除原有预应力管桩较为困难，设计采用矿山法来破除。为确保矿山法段施工安全，在下穿该箱涵段（长74.8m）采用了大管棚进行超前支护，并施作初期支护，然后在初期支护轮廓内进行盾构空推拼装管片。

4.3.2　工程地质及水文情况

（1）工程地质条件

该场地地层从上至下依次为：①$_1$素填土、①$_2$填砂、①$_4$填块石；②$_1$淤泥、②$_4$有机质砂；④$_2$粉质黏土、④$_4$淤泥质粉质黏土、④$_5$有机质砂、④$_{10}$粗砂、④$_{11}$砾砂；⑦$_{2-2}$砂质黏性土；⑨$_1$全风化片麻状花岗岩。围岩等级为Ⅵ级。

（2）不良地质与特殊岩土

主要有人工填土、软土、残积土、风化岩，在该区间场地内软土层（淤泥、淤泥质粉质黏土）中存在有害气体（主要有CO，NO，SO_2，H_2S，CH_4等），在软土中地下洞室施工时应注意通风条件。

（3）水文地质情况

该场地地下水主要有两种类型：一类是第四系地层中的松散岩类孔隙潜水，主要赋存于冲洪积砂土层中，略具承压性；另一类为基岩裂隙（构造裂隙）水，主要赋存于中等~强风化带及断裂构造裂隙中，具有承压性。

地下水水位埋深2.1~5.1m，高程为-0.39~2.25m。基岩裂隙水主要赋存于岩石中等~强风化带中，全风化岩及砂砾状（土状）强风化岩含水弱，富水性差，微风化岩的导水性和富水性主要受构造裂隙控制，具有各向异性。

4.3.3 大管棚布置及施工

该区间隧道左右线均为直线，线间距13.7m。左右线均以0.6%纵坡上行，无竖曲线。超前支护主要采用超前大管棚与超前小导管。大管棚布置见图5.4-7。

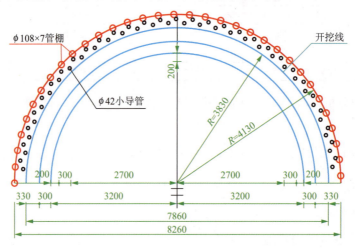

图5.4-7 大管棚布置示意图（尺寸单位：mm）

根据设计和现场实际情况，本工程采用潜孔锤成孔测向，水钻管棚跟进施工工艺。施工参数如下：区间隧道开挖线外350mm施工超前ϕ108（t=7mm）大管棚，材料为热轧无缝钢管；管棚环向间距400mm；单孔施工长度75m；区间隧道分为左、右线两个断面，每个断面管棚施工数量为33根，总共66根，总延长米为：66×75=4950m；区间隧道坡度为0.6%，施工角度为1%~3%；管棚注浆材料为P.O42.5水泥，水灰比为1：0.75~1：1；注浆压力：初始压力0.5~1.0MPa，终止压力1.0~1.5MPa。

根据施工安排，先施工右线大管棚，再施工左线大管棚，现场配置2台北京首尔工程技术有限公司生产的管棚钻机。右线管棚于2013年4月6日开始施工，2013年5月10日结束，历时35天。左线管棚于2013年5月17日开始施工，6月5日结束，历时20天。

4.3.4 监测数据统计与分析

该段大管棚施工期间地表和箱涵沉降监测数据统计见表5.4-2和表5.4-3。从表中可以看出，不同监测点的地表沉降或隆起量均超过控制值。其中，地表沉降约为20mm，个别测点超过60mm，最大隆起量则超过100mm；而箱涵的沉降量小于10mm，隆起量则超过10mm。

可见，相对于大体量混凝土的箱涵而言，地表的沉降或隆起要敏感得多。此种情况表明，大管棚施工期间（尤其是管棚注浆）对于其上部结构物和地表的扰动和影响是不可忽视的，对此应当引起高度重视和关注。

沙后区间矿山法隧道地表沉降监测数据　　　　　　　　表 5.4-2

监测点号	2013年4月4日 初始值（mm）	2013年4月6日 累计沉降量（mm）	2013年5月10日 累计沉降量（mm）	2013年6月5日 累计沉降量（mm）
DB5-1	4499.24	15.6		13.41
DB5-2				25.19
DB5-3				34.02
DB6-1		旋喷桩施工，无法检测		36.99
DB6-2				26.34
DB6-3				13.95
DB7-1	4506.87	-0.89	-5.31	17.6
DB8-1	4198.25	-4.8	-12.03	-13.1
DB8-3	4222.84	3.46	-0.56	1.14
DB9-1	4703.58	-10.56	-14.33	-14.35
DB9-2	4646.35	-9.17	-13.84	-15.07
DB9-3	4615.75	-5.52	-11.08	-8.8
DBZ1-1	4729.01	5.4	2.86	4.51
DBZ1-2	4777.89	9.44	8.72	15.49
DBZ1-3	4711.86	-17.13	-62.13	-40.24
DBZ1-4	4717.18	-5.02	-11.43	-16.34
DBZ1-5	4786.12	-7.83	-10.84	-9.16
DBZ2-1		破坏		
DBZ2-2	4401.35	-13.82	-11.12	-22.85
DBZ2-3	4417.15	-12.68	-2.72	-16.41
DBZ2-4	4523.68	-12.12	2.24	-17.63
DBZ2-5	4531.87	-11.36	-7.65	-9.51
DBY1-1	4534.23	-4.92	-4.23	-9.33
DBY1-2	4131.37	-5.77	-21.25	-9.21
DBY1-3	4782.68	16.4	-14.21	22.31
DBY1-4	4844.35	38.33	-17.14	58.24
DBY1-5	4892.78	32.93	-11.39	107.7
DBY1-6	4896.98	18.72	-7.47	101.6
DBY1-7	4854.25	1.21	-7.77	-32.27
DBY2-1	4153.84	-7.26	18.09	-11.13
DBY2-2	4244.59	-5.39	36.27	-11.49
DBY2-3	4343.27	-9.3	30.44	-11.65
DBY2-4	4552.38	5.7	16.97	1.4
DBY2-5	4577.89	9.5	-10.09	15.58
DBY2-6	4608.02	1.29	-12.74	12.8
DBY2-7	4624.84	-0.28	-11.29	15.18

沙后区间矿山法隧道箱涵沉降监测数据　　　　　　　　表 5.4-3

监测点号	2013年4月4日 初始值（mm）	2013年4月6日 累计沉降量（mm）	2013年5月10日 累计沉降量（mm）	2013年6月5日 累计沉降量（mm）
XH1-1	4857.87	-1.55	-6.92	-2.57
XH1-2	4877.85	-4.62	-8.47	-4.01
XH2-1	4749.58	-2.72	-4.3	4.6
XH2-2	4847.84	-1.86	-4.38	-1.81
XH2-3	4941.39	-1.2	-5.55	-0.68
XH2-4	4971.2	-2.66	—	13.04
XH3-1	4927.64	-1.92	-4.75	14.05
XH3-2	5010	-3.28	-4.25	26.75

4.4 前宝区间盾构下穿既有地铁 5 号线大管棚超前支护

4.4.1 应用背景

11号线前海湾站—宝安站区间左线全长2370.161m，右线全长为2378.368m，地下线采用两条平行的单洞单线结构形式。在YDK19+086～YDK19+149（长63m）、ZDK19+103～ZDK19+158（长55m）处，左、右线隧道均下穿既有地铁5号线前海湾站—临海站区间，下穿段11号线左、右线间距为12.0m，与既有地铁5号线隧道最小净距为2.04m。为保证前方盾构机能够顺利下穿既有线隧道，且不影响既有线正常运营，设计在左线矿山法初期支护隧道端部（ZDK19+171～ZDK19+137处），向盾构隧道过来的方向增设ϕ108大管棚（t=6mm），长34m，共21根。

左线盾构隧道下穿5号线右线的大管棚施工区段，与既有线隧道结构最小净距为2.89m，管棚施工坡度为35‰，大管棚ϕ108钢管距既有线隧道最小净距为1.7m。11号线前宝区间与5号线前临区间平面位置关系见图5.4-8。

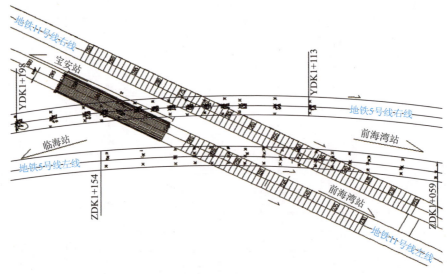

图 5.4-8　11 号线前宝区间下穿 5 号线前临区间平面位置关系图

4.4.2 工程地质及水文情况

1）工程地质条件

大管棚加固区场地原始地貌均属滨海滩涂地貌，地形比较平坦，两侧为在建区，市政管线相对较少，地形略有起伏。

勘察资料表明，上层主要为杂填土、淤泥、砾砂、黏土、可塑状砾质黏性土、硬塑状砾质黏性土。隧道范围内为硬（可）塑状砾质黏性土、全风化粗粒花岗岩、砂土状强风化粗粒花岗岩。大管棚加固区段围岩等级为Ⅵ级。

下穿区段地表无重要管线及其他建（构）物筑，与建楼群相距较远，施工无影响。

2）水文情况

11号线前宝区间下穿5号线地段水系发育，地表水主要来自双界河（ZDK18+920.3～ZDK18+966.5）和新圳河（ZDK19+411.7～ZDK19+456.0），两河相距445m。下穿段距离双界河约150m，距离新圳河约280m。水位受潮汐影响，与前海湾海水动力联系紧密。下穿地段隧道范围内硬塑（或可塑）状砾质黏性土及全风化花岗岩均为弱透水地层。

4.4.3 管棚布置及实施

1）大管棚布置（见图5.4-9）

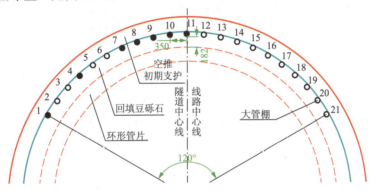

图5.4-9 前宝区间左线矿山法隧道终端大管棚布置示意图（尺寸单位：mm）

2）现场施工情况

左线盾构位于1号联络通道加固区（已拼装216环），已停机1个月，距大管棚工作面109m。

前海湾-1号竖井右线盾构于2014年5月30日完成下穿既有线施工，右线盾构6月4日到达空推段，7月20日右线盾构隧道贯通，同时右线空推隧道进行补充回填注浆。

1号竖井左线矿山法隧道小里程上台阶施工到空推段终点设计里程，于2014年8月7日开始进行大管棚施工（见图5.4-10），

图5.4-10 前宝区间左线大管棚施工

在完成1、4、7、8、9、10、11号孔等7个孔之后,因既有线监测出现红色预警而停止施工。

3)大管棚施工过程

(1)大管棚施工采用跟管钻机成孔注浆(见图5.4-11),施工顺序为:11号孔(2014年8月7日)→10号孔(2014年8月8日)→9、8号孔(2014年8月9日)→7号孔(2014年8月10日)→4号孔(2014年8月11日)→1号孔(2014年8月12日)。

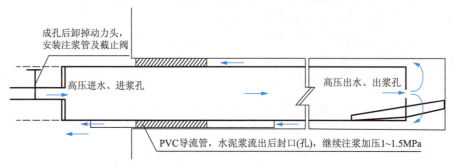

图5.4-11 大管棚跟管钻机成孔注浆示意图

(2)现场按打一孔、注一孔的顺序进行施工(仅9号孔和8号孔是成孔后一次注浆)。成孔后停机接长焊接钢管期间,孔内渗水量较小(约为$\phi 5$的水持续流出)。

(3)11、10、9、8、7号共5个孔现场依次钻孔,4、1号孔间隔两孔钻孔注浆。

(4)根据现场施工过程和实时监测沉降信息显示,既有线隧道沉降主要发生在管棚钻孔进尺10m至开始注浆之前的这段时间。开始注浆后到下次再施工前,沉降数据则基本稳定无明显变化。

(5)为控制上部沉降,现场加强注浆,增加注浆量和注浆压力。在7号孔注浆压力为1MPa时,浆液从地表冒出,压力降低到0.3MPa,即停止注浆。但注浆时既有线沉降监测并没有出现抬升迹象。

4.4.4 实施问题及处理

1)监测红色预警

11号线左线下穿5号线前临区间隧道施工由深圳市政设计院进行自动化监测,2014年3月20日进行初始值采集,至8月6日11号线右线盾构下穿5号线前临区间右线时,11号线左线下穿段的最大累计沉降量为-7.9mm,为测点R08-4(YDK1+158)。前海湾右线盾构于5月30日完成下穿施工。

8月7日,自1号竖井左线小里程大管棚开始施工以来,5号线前临区间右线监测沉降变形一直呈下沉增大趋势。

5号线前临区间右线R8~R10三个断面,有部分监测点累计沉降量超出控制值(±10mm)(见表5.4-4),最大累计沉降量为-12.5mm,为R9-4测点(YDK1+163)。监测单位发布了既有线沉降红色预警。分析因管棚施工所产生的沉降量最大值,R9-4测点为-4.94mm,R8-4测点为-3.95mm。

5号线前临区间右线累计沉降量超出控制值的监测点统计   表5.4-4

里程	监测点号	累计沉降量（mm）	备注
YDK1+158	R08-1	-10.9	均超出控制值
YDK1+158	R08-4	-11.9	均超出控制值
YDK1+163	R09-1	-11.9	均超出控制值
YDK1+163	R09-4	-12.5	均超出控制值
YDK1+168	R10-1	-11.9	均超出控制值
YDK1+168	R10-4	-10.5	均超出控制值

2）预警后采取的处理措施

2014年8月12日发出红色预警后，13日对11号孔和9号孔，插12m长、φ15镀锌钢管，从大管棚钢管外侧插管补充注浆，对既有线沉降或隆起未产生明显影响，13日晚停止注浆。

3）沉降超限原因分析

（1）从监测数据对比分析可看出，当前累计沉降和大管棚施工产生的沉降较大的监测断面为R8～R11，而位移变化累计值则较小。

（2）根据沉降监测点实时监测位移变化曲线图（见图5.4-12）分析，总体上看，R8～R11四个断面大管棚施工后，产生的沉降趋势明显，其数值在-2～-7mm之间，变化较大；累计沉降量已超控制值，最大为-8～-12.5mm，其他断面测点沉降变化不明显。

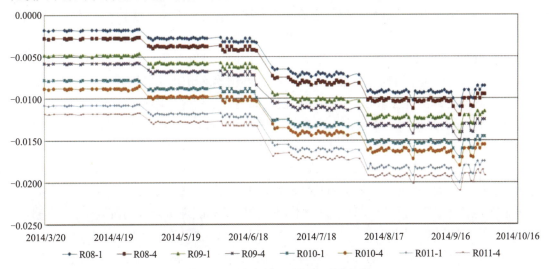

图5.4-12 大管棚施工开始后沉降曲线图

（3）钻机成孔扰动地层、地下水流失等，造成既有线下围岩应力损失，加之列车频繁行驶震动等综合因素影响，使得沉降数据逐渐累积增大。

（4）11号线右线盾构下穿5号线前临区间时，已对该区间右线产生扰动，其沉降量在-2～-7mm之间，而大管棚施工7个孔期间产生的沉降量为-2～-7mm，二者叠加造成既有隧道沉降超限。

2014年8月24日左线下台阶开挖到距空推终点4m处，掌子面底部已无微风化岩石，底部及右下侧有30～50cm高的中风化岩石侵入隧道范围内。下台阶布置水平探孔10个，深度 8m，仅底部 3 个探孔在 1.8～2m 深为中风化岩石，岩石破碎强度不高，其余全部为强全风化土层。

4）后续处理措施

（1）既有线隧道沉降主要是因大管棚钻孔扰动地层、水土流失引起，为避免管棚施工对下穿段沉降造成进一步影响，经专家评审论证通过并经设计单位同意，该段 21 根大管棚在施工完 7 根后，剩余的 14 根决定取消不再施工。

（2）在空推段掌子面隧道底部，间距 1～1.5m、深度 8m 处补打水平探孔，探明隧道断面范围内有无上浮硬岩，以利于前方盾构机选择合理参数直接掘进下穿既有线。若下穿段存在上浮硬岩，则延长盾构空推段长度，采用矿山法开挖并初期支护，以完成对硬岩的处理；或采用封闭掌子面对隧道底部少量基岩进行预裂爆破及注浆加固，使岩石粒径小于 30cm，以保证前方盾构机能够顺利掘进。从探明的地质情况分析，该处无须延长盾构空推段长度。

（3）在该段矿山法隧道终点（即盾构空推段起点），对前方 8m 范围内隧道采用上半断面超前深孔双液注浆加固。

4.5 大管棚超前支护法的适应性分析

从 11 号线三个不同工点采用大管棚法作为超前支护的实例来看，前两例的应用总体上是成功的，第三例中管棚仅施作了三分之一便被迫叫停。

（1）大管棚作为地铁浅埋暗挖隧道施工的一种超前支护方式，对于大断面隧道开挖地段、矿山法破除建（构）筑物桩头地段以及矿山法过软弱围岩等特殊困难地段，不失为一种行之有效的方法。此法既可有效地解决盾构机掘进中难以克服的困难（如直接破除预应力管桩、隧道断面超出盾构机刀盘直径等），也有利于保障矿山法隧道开挖施工时的安全。

（2）对于上部沉降要求较高的敏感地段（如实例三中区间隧道下穿正在运营中的既有地铁线），是否采用大管棚来作为超前支护则值得商榷。此时最大的困难在于大管棚施工期间所引起的及其他因素造成的上部沉降如何控制。对于这个问题，以往资料讨论较为少见，其原因在于，对于沉降量控制要求并不严格的一般地段，因大管棚施工所引起的上部沉降量即使达到 10mm，也不会对后续矿山法隧道施工或盾构机掘进产生大的影响；而下穿正在运营中的既有地铁线时则完全不同，此时既有隧道所允许的沉降量控制值只有 10mm，超过此值则会出现红色预警，并对地铁列车运行速度和安全带来影响。

（3）根据上述三个实例的综合分析可以看出，利用大管棚作为超前支护对于防止隧道坍塌和过大的地面沉降是有效的，但如果仅用来防止小的地面沉降（如控制值为 10mm）则需慎用。

（4）对于大管棚施工期间所引起的上部沉降的具体数值，不同的地质、水文或外部条件，乃至不同的施工工法或施工顺序，其影响值也会有所不同。在这方面，目前所获取的实例还太少，除了穿越既有线时会进行严密监测（如自动化监测）之外，对于一般地段，施工单位只在隧道开挖期间才会进行监测。因此，建议在设计有大管棚超前支护的工点对此多加关注，将监测时间提前至大管棚施工之前及施工过程之中，以便能获取更多的监测数据，由此来指导施工更具科学性。

第 6 章

盾构区间地质勘察及不良地质处理技术

第 1 节 车红区间孤石综合物探技术

1.1 工程概况

11号线车公庙站—红树湾南站区间盾构施工长5459m，隧道内径6000mm，采用4台ϕ6980盾构机施工，盾构区间存在硬岩进入隧道施工范围的情况。其中，欢乐海岸地段人工湖下主要为基岩突起地段，右线隧道基岩突起段长284m，左线隧道基岩突起段长271m，左、右线隧道顶板埋深约15m，右线突起最高点高出隧道顶板约7m，左线突起最高点高出隧道顶板约6m。花岗岩风化残留体（孤石）十分发育，风化球厚度为0.4～4.1m，天然抗压强度为92.5～131MPa，平均为108MPa。

图6.1-1为盾构始发井至红树湾南站（左线）方向地质纵断面图。

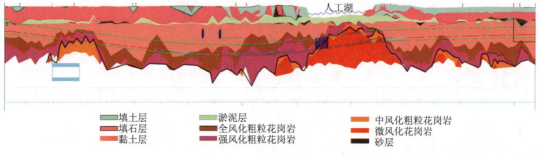

图 6.1-1 盾构始发井至红树湾南站（左线）方向地质纵断面图

区间范围地下水主要为第四系孔隙潜水、基岩裂隙水。其中，第四系孔隙潜水主要赋存于冲洪积砂层中，岩层裂隙水较发育，广泛分布在粗粒花岗岩的中等～强风化带、构造节理裂隙密集带及断层破碎带中，地下水水位为0.1～8.2m。

1.2 技术应用难点分析

软硬不均地层给盾构施工带来极大困难，为保障11号线盾构掘进顺利进行，需要对隧道沿线孤石和基岩突起高发区域的孤石赋存情况进行探测，然后根据孤石分布采取针对性措施。

为保证探测的准确性，根据区段孤石的物理特征及水文地质环境，对孤石探测的物探方法从重、电、震、测井、综合物探等方面进行分析、比选，最终确定采用地震横波反射法和跨孔电阻率法这两种方法对孤石分布进行探测。

1.3 地震勘探法技术应用

1.3.1 地震勘探法原理

地震勘探的主要原理是利用地下介质弹性和密度的差异，通过观测和分析地下介质对人工激发地震波的响应，推断地下岩层的性质和形态，其原理如图6.1-2所示。在孤石探测中，由于花岗岩风化残留体与周围介质存在着明显的速度、密度差异，地震波在传播至孤石位置时会发生反射、散射等现象，因此地面检波器接收到的反射波存在时间变化，通过对产生的不同响应的分析，可以推断出地下是否存在孤石等异常，以及其具体位置、大小等。

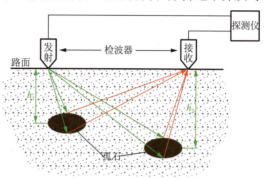

图6.1-2 地震反射法探测孤石工作原理

1.3.2 物探试验

为验证此技术的适用性与准确性，采用地震横波反射法进行了探测试验，试验里程段为隧道左线ZDK18+946～ZDK18+919。仪器选用德国Geosym公司研制的ElViS横波可控震源（20～160Hz），仪器设备型号为Geode24，采样间隔为0.125ms，记录长度为1024ms，数据处理采用共中心点叠加道集方法。

观测系统主要参数见表6.1-1。试验观测系统与覆盖次数如图6.1-3所示。

观测系统主要参数表　　　　　表6.1-1

名　　称	参　　数
观测系统类型	全排列接收
接收道数	24道
道距	1m
叠加次数	3次

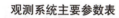

图6.1-3 试验观测系统与覆盖次数图

测点采集的数据，通过数据重排与组合、置道头、不正常道处理、抽取CDP道集、振幅补偿、滤波、速度分析、动校正、水平叠加等方法进行处理，得到详细地质环境。

1.3.3 勘探结果与分析

图6.1-4为ZDK18+946～ZDK18+919地震横波反射法探测剖面成果图，图中黄色部分推断为基岩突起侵入隧道部分，该异常位于测线20～30m处（即ZDK18+940～ZDK18+950），埋深在15m左右，与图6.1-5钻孔地质剖面图的实际钻孔结果进行对比，可得使用地震横波反射法探测到的花岗岩孤石埋深、发育范围与实际钻孔探测情况基本一致。由此判定，采用地震横波反射法探测孤石是行之有效的，可以用来判断沿线孤石群的发育情况。

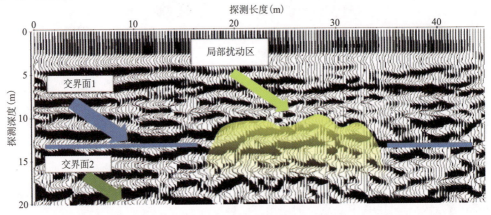

图6.1-4　ZDK18+946～ZDK18+919地震横波反射法探测剖面成果图

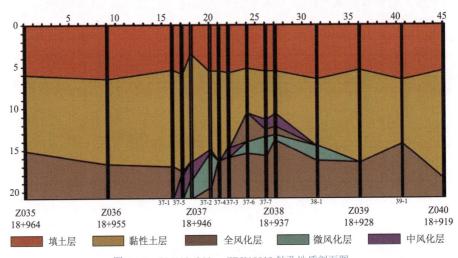

图6.1-5　ZDK18+946～ZDK18919钻孔地质剖面图

1.4 地震横波反射法探测技术应用

在孤石和基岩突起高发区域，地震横波反射法探测技术的应用范围为11号线欢乐海岸区段和丰盛町区段。测线布置如图6.1-6所示：沿隧道方向布置三条测线，一条沿隧道中心线，另两条沿隧道中心线两侧2m处分别布置。

勘探结果表明，在设计要求范围内，左线探测范围内不存在异常。右线探测范围内，发现一处孤石（图6.1-7中黑色圈示部位），该处异常位于欢乐海岸人工湖外侧路面上。物探结果显示此处波速较高，以波速1500m/s计算，孤石埋深约10m，但该异常不在隧道范围内，且现场没有验证条件，后期盾构在探测范围内掘进未遇到孤石和基岩突起，盾构掘进正常。

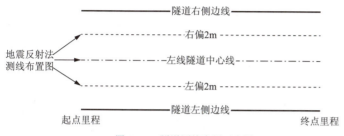

图6.1-6 隧道测线布置示意图

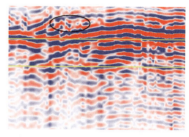

图6.1-7 探测区域内异常位置图

1.5 跨孔电阻率法探测技术应用

在孤石和基岩突起高发区域的丰盛町区段和欢乐海岸段采用跨孔电阻率法探测技术。经探测，在丰盛町段钻孔发现异常，钻到花岗岩且延伸情况未知，在该区域开展跨孔电阻率法探测应用。

图6.1-8为钻孔CH-ZB-166与CH-ZB-168电阻率成像剖面图。上部在深度4~15m范围内为残积土，15~19m为强风化花岗岩残留颗粒，在深度19~23m范围内探测到存在高阻异常，图中红圈圈定区域为孤石或小范围基岩突起。图中23m下方地层电阻率等值线有闭合趋势，由此分析可知，该异常为孤石的可能性较大，探测结果与钻孔资料较吻合。由于对探测结果的正确分析，提前探明了孤石，保证了项目的顺利施工。

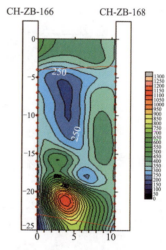

图6.1-8 电阻率成像剖面图

1.6 应用成效

孤石在花岗岩风化层中普遍存在，随机分布，给盾构施工带来极大风险。孤石探测对物探方法精度要求高、环境适用性要求苛刻，采用传统钻探方法进行孤石探测往往是"一孔之见"，存在探测盲区，难以满足孤石探测的需要。

11号线车红区间施工过程遇到这种勘探难题时，采用地震横波反射法和跨孔电阻率法对孤石和基岩突起高发区域进行探测，检测结果与地质实际情况对比，表明此方法具有较高的准确性，能够满足区间孤石探测的要求，证明了这两种检测方法的适用性和可靠性，保证了车红区间施工的顺利完成。

第 2 节
孤石爆破效果及注浆效果的物探检验技术

2.1 工程概况

11 号线车公庙—红树湾南站区间采用盾构法施工，自中间始发井分别往车公庙站方向和红树湾南站方向掘进，区间隧道穿越地层主要为砾质黏性土、全～强风化花岗岩，盾构隧道主要位于可塑状砾质黏性土、硬塑状砾质黏性土中，主要卧于硬塑状砾质黏性土之上。局部洞顶位于砂层或砾砂层内，花岗岩风化残留体（孤石）频发，围岩等级以Ⅴ、Ⅵ级围岩为主。图 6.2-1 为隧道上跨既有地铁 1 号线段孤石群地质剖面图。

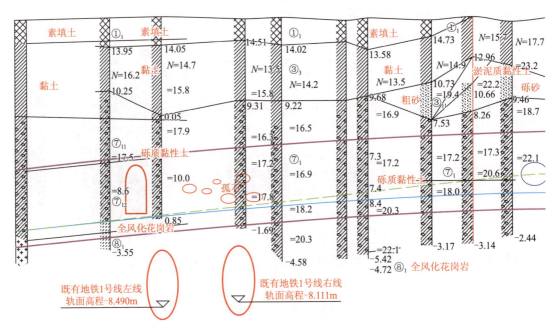

图 6.2-1　隧道上跨既有地铁 1 号线段孤石群地质剖面图

2.2 技术应用难点分析

车红区间内孤石群频繁，孤石形状各异，大小从几十厘米至几米，单轴抗压强度大多在 60～200MPa 之间，相对周边的风化土体，孤石强度相对要大很多，加上分布具有较大的随机性和无规律性，给地铁施工带来了困难。

施工主要采用盾构机直接掘进的方法，而孤石尺寸、分布位置随机和高强度的特点会严重破坏盾构机的刀盘和刀具，遇到自稳能力差、不具备带压进仓的条件时，施工风险将大大增加。因此，为保证盾构机的顺利通过，在盾构通过前对车红区间存在的孤石进行预裂爆破和注浆加固处理。

2.3 技术应用

2.3.1 深孔预裂爆破原理

由岩石爆破机理可知，岩石爆破中的粉碎区是岩石受压所致，而裂隙区是岩石受拉破坏的结果。炸药在炮孔内起爆后，在冲击波传播过程中，裂纹以炮孔为中心向四周扩展，裂纹未扩展到的区域岩石损伤较小，故将两炮孔之间裂纹未扩展到的区域作为判定爆破后未破碎岩石的最大粒径，裂纹扩展半径越小，则炮孔之间未破碎岩石块度越大。

2.3.2 孤石深孔预裂爆破技术应用

孤石深孔预裂爆破现场布孔采用行排间距为 70cm×70cm 的布孔方式，炸药起爆后炮孔间裂纹扩展区域如图 6.2-2 所示。

2.3.3 注浆加固

爆破震动和密集的钻孔将造成原始地层的频繁扰动，使地层中残留很多空隙和孔洞。在盾构掘进过程中，地层漏气、漏浆对掌子面稳定非常不利。为确保盾构掘进安全顺利，在孤石深孔预裂爆破处理后对隧道周边松动围岩和软土地层采用注浆方式充填加固，利用浆液填充地层中的空隙，以提高盾构在掘进时周边岩土的密实度、自稳力及气密性。

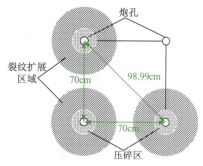

图 6.2-2 炮孔间距为 70cm×70cm 时裂纹扩展区域示意图

2.4 预裂爆破效果检验

2.4.1 物探验证

1）高密度电阻率法

由于施工区域地下海水的电阻率很小，工区的地下水位线很低，这种低阻背景对深度介质有一定的屏蔽作用，但是基岩和孤石在爆破处理之前均为地下高阻体，爆破施工之后，地下水渗入破碎裂隙之中，使得地下基岩和孤石区域变成了相对爆破施工之前的低阻区域，因此可以利用处理前后电阻率的变化采用高密度电阻率法进行检验。

采用高密度电阻率法检验的爆破效果评价见表 6.2-1，图 6.2-3、图 6.2-4 为同一区域爆破前后的解译效果图。

爆破效果评价　　　　　　　　　　表6.2-1

解译标准	爆破效果
爆破前电阻率>5Ω·m 爆破后电阻率<2Ω·m	工区内爆破后,整个区域电阻率值均<2Ω·m,表明爆破效果良好

图6.2-3c)中红色线框内,未爆破区域电阻率为5～8Ω·m,在图6.2-4c)中该区域电阻率则降到2Ω·m以下,表明爆破效果良好。

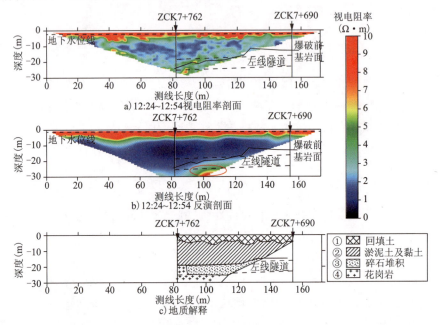

图6.2-3　爆破前解译成果

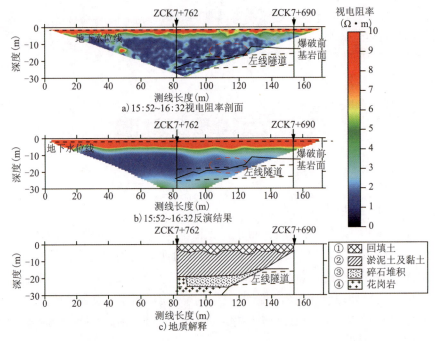

图6.2-4　爆破后解译成果

在爆破施工前后，对同一区域进行连续监测，发现爆破施工前的地下高阻现象随着时间推移而逐步消失，如图 6.2-3 和图 6.2-4 所示，红圈位置视电阻率值与周围介质的差异变小，表明随着时间的推移地下水逐渐渗流至该区域，地下水含量变大，整体视电阻率值降低，表明爆破效果良好。

2）跨孔电阻率层析成像法

未爆破区域的解译主要根据覆盖层和基岩面的视电阻率差异（覆盖层相对基岩视电阻率要低），利用其视电阻率的分布情况可以认识基岩面的情况，并为爆破效果的评价提供对比信息。爆破区域的解译主要依据爆破后岩石被破碎，在地下水的渗流作用下，破碎堆积岩石区的视电阻率会降低，且岩石颗粒越小，视电阻率值会越低。根据这一原理，采用跨孔电阻率层析成像技术对爆破效果进行检验，爆破前后的解译成果图如图 6.2-5、图 6.2-6 所示。

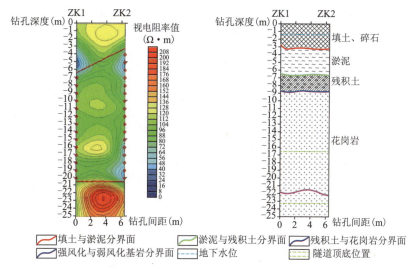

图 6.2-5　未爆破区域视电阻率剖面图和地质推断图（图中红色菱形代表电极）

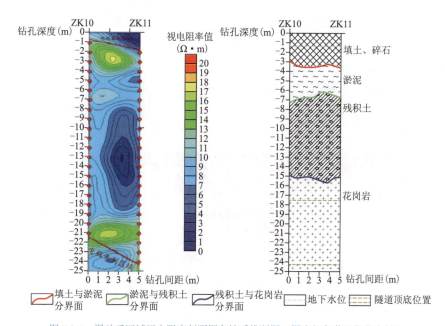

图 6.2-6　爆破后区域视电阻率剖面图和地质推断图（图中红色菱形代表电极）

在隧道右线未爆破区域对2号孔（ZK1）和12号孔（ZK3）进行跨孔视电阻率成像（孔间距6.4m），以探测原始基岩的视电阻率值特征。深度8.9m以下介质的视电阻率数值要比上部介质的值大，表明此处应是残积土与花岗岩（基岩）的分界面，同时在深度8.9～22m之间的视电阻率值不是很大，大多在90～136Ω·m之间，这表明此处的花岗岩有一定的风化现象。在22m深度以下的视电阻率值有明显的提高，达到170Ω·m以上，说明此深度以下应是未风化花岗岩。

爆破前，花岗岩的视电阻率值基本在90Ω·m以上，而爆破后，该区域的视电阻率值整体较低，基本都小于30Ω·m，且不同深度的视电阻率值差异变小，这正是爆破所致，表明该区域的爆破效果良好。

3）三维视电阻率立体成像

为了获得工区整体爆破效果的三维立体图像，在施工区域内开展了三维视电阻率探测。此次三维视电阻率立体成像探测共计观测了18条平行测线，线间距1m（垂直测线方向），电极间距2m，88道电极观测，剖面长度174m。具体探测时对应的场地施工情况见图6.2-7。

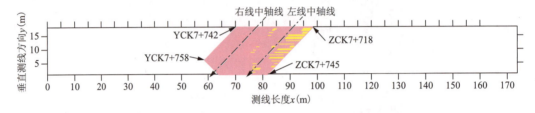

图6.2-7 测线区域所对应的施工情况

在未爆破前，地下的基岩面如图6.2-8中实线所示。在图6.2-9的反演结果中发现高阻分界面在爆破位置变低了（图中黑虚线）。这种现象主要是由于爆破导致岩石破碎，表明爆破的效果良好。对图6.2-8的三维数据体做相应的三维显示处理，可用来查看探测范围内整个地下基岩的三维起伏状态，在黑虚线所画的位置与爆破区域相对应，发现在此位置有下凹现象。这种下凹是由于此处介质的视电阻率值比周围低造成的，表明爆破导致深度20～24m基岩的视电阻率值变低，说明爆破效果良好。

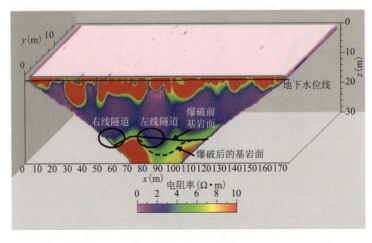

图6.2-8 三维视电阻率立体成像反演结果

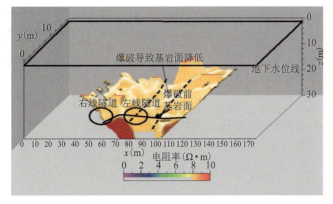

图 6.2-9　三维视电阻率立体成像呈现基岩面示意图

三维视电阻率成像探测结果表明，爆破使基岩面变深，视电阻率值变小，表明爆破效果良好。

2.4.2　取芯验证

根据以上探测结果显示，爆破前后视电阻率差异很大，表明爆破效果良好。爆破后在现场进行取芯验证，取芯结果及现场量测如图 6.2-10 所示。

图 6.2-10　现场取芯结果

爆破后，对区间 39 个验证孔的最长芯样进行统计，各取芯孔岩芯长度统计情况见表 6.2-2。

不同长度芯样所占比例　　　　　　　　表 6.2-2

类别	各孔最长芯样长度（cm）			
	≤10	11~20	21~30	≥31
数量（个）	11	19	8	1
所占比例	28.2%	48.7%	20.5%	2.6%

由表 6.2-2 可得，爆破后，就各取芯孔的最长芯样长度而言，48.7% 的芯样长度在 10～20cm 之间，97.4% 的芯样长度在 30cm 以内，仅一处取出 42cm 的长芯样，其原因分析为现场装药过程中，装药结构（上、下层）间隔过长所致。总体而言，爆破效果较好，现场所取芯样的块度大小基本都在 30cm 之内。

2.5 注浆效果检验

2.5.1 物探验证

1）高密度电阻率法

图 6.2-11、图 6.2-12 分别为同一区域注浆前后的解译成果图。对比图 6.2-11c）和图 6.2-12c）中红色线圈部分，注浆前电阻率为 1Ω·m 左右，注浆后则上升为 3Ω·m 以上，这表明此区域注浆效果较好。

在图 6.2-12 反演剖面中红圈所画位置的视电阻率值比同深度其他位置的视电阻率值要大，说明这一部分的注浆效果要优于两边。而里程 ZCK7+710～ZCK7+727 以及 ZCK7+736～ZCK7+750 处注浆效果一般。

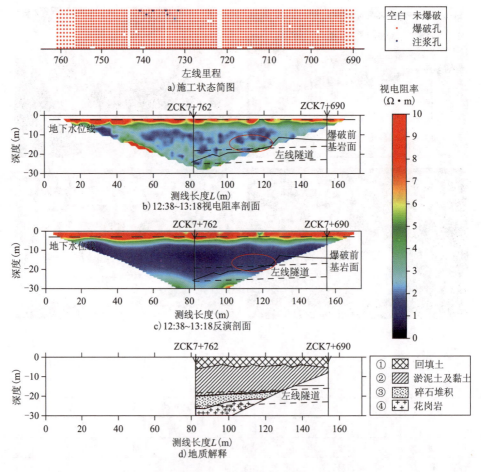

图 6.2-11　注浆前解译成果

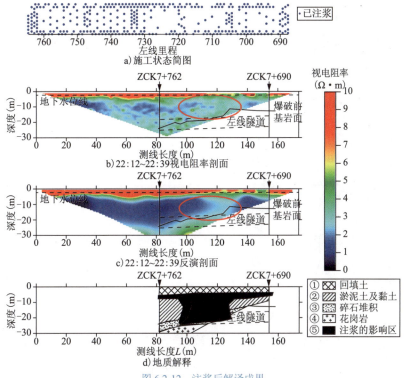

图 6.2-12 注浆后解译成果

2）跨孔电阻率层析成像法

采用跨孔电阻率成像对施工区域注浆前后进行探测，通过对比视电阻率数值的变化来评价注浆效果。

为探测注浆效果，在注浆区域进行跨孔视电阻率成像探测，将图 6.2-13 与图 6.2-14 已爆破未注浆区域的剖面进行对比，发现此注浆区域测线所得的剖面中的视电阻率有一定的提升，图 6.2-13 中视电阻率数值大多在 58～70Ω·m 之间，说明注浆起到了一定的效果。

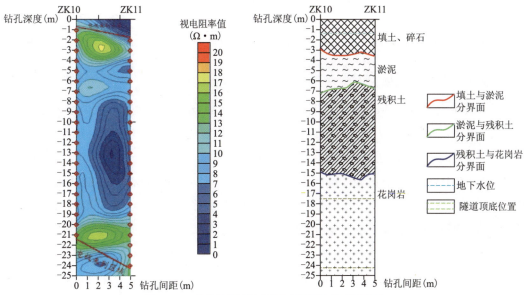

图 6.2-13 注浆前区域视电阻率剖面图和地质推断图

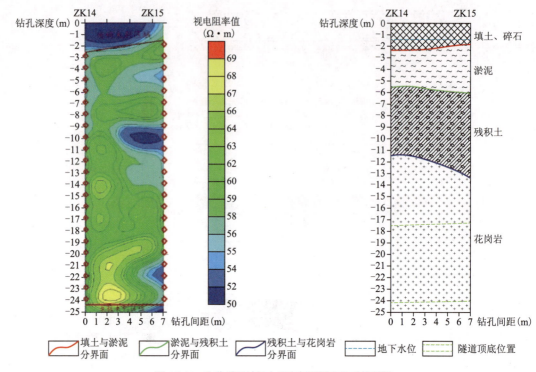

图 6.2-14 注浆后区域视电阻率剖面图和地质推断图

3）三维视电阻率立体成像法

此次采用三维视电阻率立体成像法探测，共计观测了18条平行测线，线间距1m（垂直测线方向），电极间距2m，剖面长度174m。具体探测时对应的场地施工情况如图6.2-15所示。

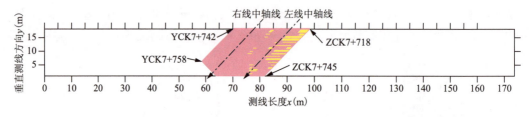

图 6.2-15 测线区域所对应的施工情况（图中粉红色为已注浆部分，黄色为已爆破但未注浆部分）

三维视电阻率数据体的成像结果如图6.2-16所示，图中z为深度，横坐标x为长方形的长边——单条测线（174m），横坐标y为长方形的短边——18条测线（18m），为了显示方便，横坐标y方向有所拉伸（x、y轴比例尺不相同）。

将图6.2-16示三维数据做三维成像处理，可得图6.2-17和图6.2-18，这两张图主要用来反映浅部4m和6m切片的注浆效果，如图中黑虚线所圈位置，出现了相对高阻。这表明在浅部，注浆起到了改善地下介质的作用。

通过观察图6.2-19、图6.2-20深部的注浆效果，可知18m和20m注浆位置的视电阻率值和周围介质的视电阻率值没有非常明显的差异，表明这个深度的注浆效果相对较差。

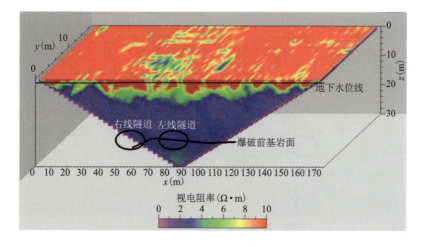

图 6.2-16　三维视电阻率数据体

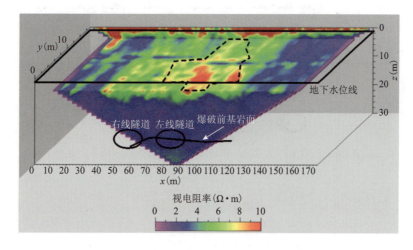

图 6.2-17　三维视电阻率数据体 4m 深度切片

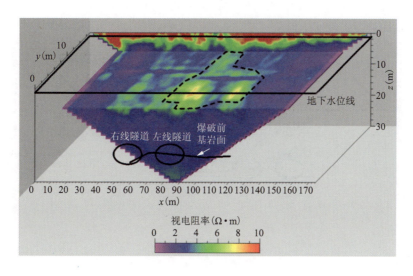

图 6.2-18　三维视电阻率数据体 6m 深度切片

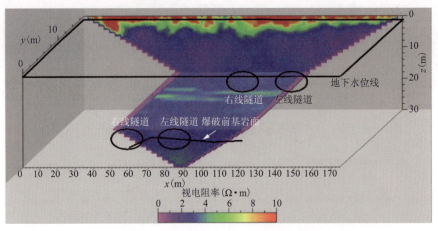

图 6.2-19 三维视电阻率数据体 18m 深度切片

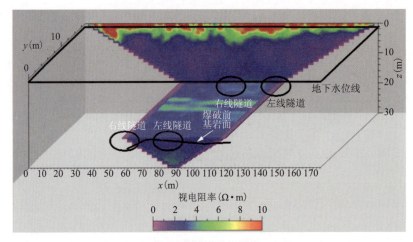

图 6.2-20 三维视电阻率数据体 20m 深度切片

图 6.2-21 中通过不同测线对比主要用来反映注浆的整体效果（图中黑虚线所圈部分），浅部的注浆效果应会好于深部。图中两个剖面在深度 12m 左右，黑虚线所圈部分的中部的视电阻率值比周围的要小。

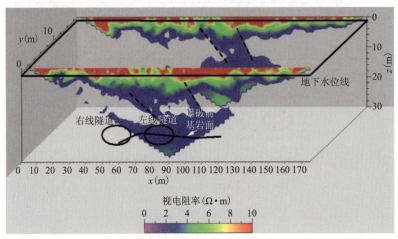

图 6.2-21 三维视电阻率不同测线对比

4) 多道面波分析法

图 6.2-22 为左线中轴线的多道面波分析法（MASM）探测结果。其中，图 6.2-22b）为二维横波速度剖面图，图中黑线所圈的 ZCK7+684～ZCK7+765 区段横波速度大。浅部（深度为 0～10m），里程 ZCK7+692～ZCK7+695，ZCK7+698～ZCK7+701，ZCK7+703～ZCK7+710，ZCK7+715～ZCK7+720，ZCK7+750～ZCK7+765 区段比周围区域的注浆效果差。由于 MASW 方法所得的横波速度实际上还是地下介质一定范围内的综合影响，因此浅部数据受地表条件的影响较大。

图 6.2-23 为右线中轴线的 MASW 探测结果，其中图 6.2-23b）为二维横波速度剖面图，黑线所圈位置的横波速度高于周围介质。而浅部里程 YCK7+686～YCK7+692，YCK7+696～YCK7+702，YCK7+706～YCK7+710 等区段比周围区域的注浆效果差。中深部里程 YCK7+686～YCK7+689，YCK7+740～YCK7+758 区段比周围区域的注浆效果差。深部里程 YCK7+695～YCK7+716 横波数值比周围注浆效果好的介质低，表明该区段在这一深度的注浆效果较差。

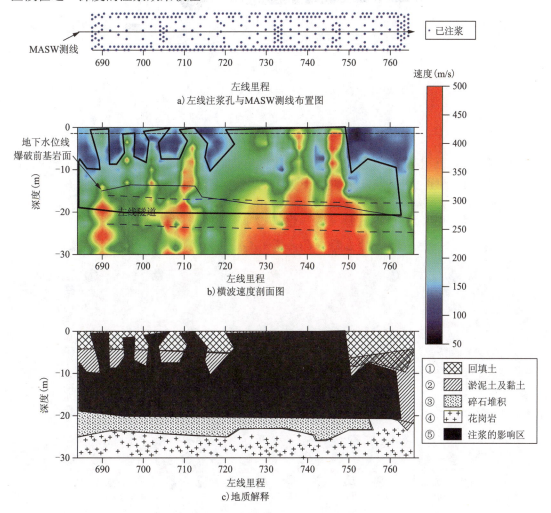

图 6.2-22　左线中轴线 MASW 探测结果

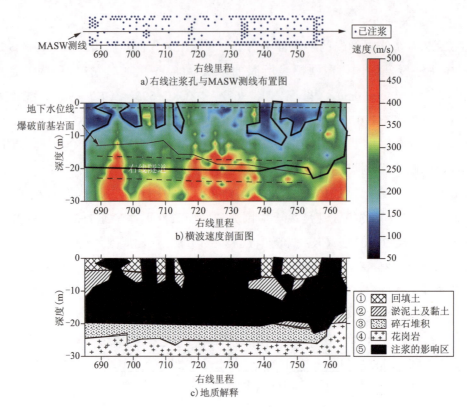

图 6.2-23 右线中轴线 MASW 探测结果

2.5.2 取芯验证

注浆设计取芯孔 67 个（按设计注浆孔数量的 7% 考虑），实际取芯 10 个，取芯孔位置如图 6.2-24、图 6.2-25 所示，取芯结果如图 6.2-26、图 6.2-27 所示。

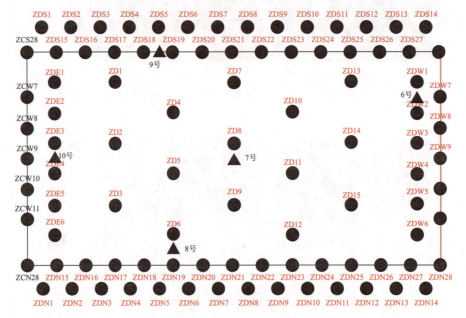

图 6.2-24 左线取芯孔位置

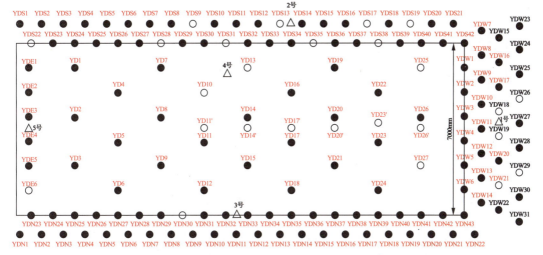

图 6.2-25 右线取芯孔位置

图 6.2-26 1 号取芯孔岩芯图

图 6.2-27 8 号取芯孔岩芯

从岩芯情况来看，注浆后浆液大部分布在浅层，即地表以下 6～8m 范围，8m 以下很少见到浆液分布，实际设计的注浆加固深度为地表下 10～22m，这说明深层的注浆效果不佳，深层注浆加固技术还有待加强。

2.6 应用成效

为检验孤石群爆破、注浆后的处理效果，选用高密度电阻率法、跨孔电阻率层析成像法、三维视电阻率立体成像法进行检测，结合取芯验证，结果表明：此方法基本能够达到对孤石处理的预期效果，同时证明这几种物探技术可以满足城区孤石探测的要求，具有较强的可靠性和适用性。

第3节
地面钻孔地下爆破预处理硬岩技术

3.1 工程概况

11号线车公庙站—红树湾南站区间右线隧道在YCK7+453～YCK7+730位置、左线隧道在ZCK7+472～ZCK7+727位置及欢乐海岸人工湖遇到坚硬的基岩突起及孤石情况。为保证盾构机能安全顺利通过，最大限度地降低对未来建设的欢乐海岸二期V12栋别墅的影响，需要对V12栋别墅基础下凸起的坚硬花岗岩进行预先爆破破碎处理。本次爆破实施范围为：区间右线隧道里程YCK7+689.016～YCK7+755.450和左线隧道里程ZCK7+690.000～ZCK7+762.275存在的硬岩段。爆破区、人工湖和别墅区的位置关系如图6.3-1所示。

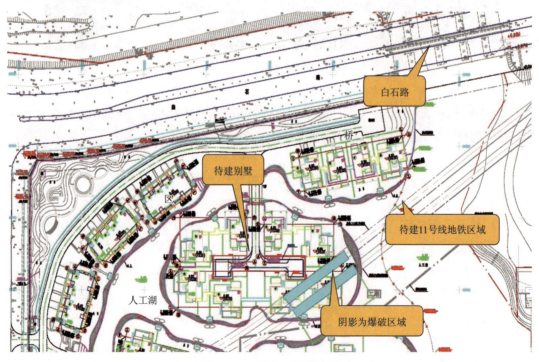

图6.3-1 工程地理位置概况图

区间地质情况，从上至下依次为人工堆集层、第四系全新统海冲积层、冲洪积层、燕山期粗粒花岗岩（下伏基岩），基岩抗压强度为80～150MPa，左、右线地质纵断面分别如图6.3-2、图6.3-3所示。

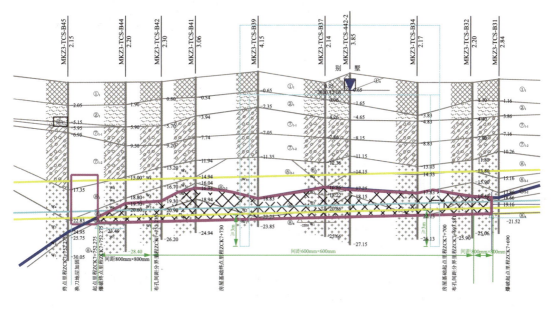

图 6.3-2 左线地质纵断面图

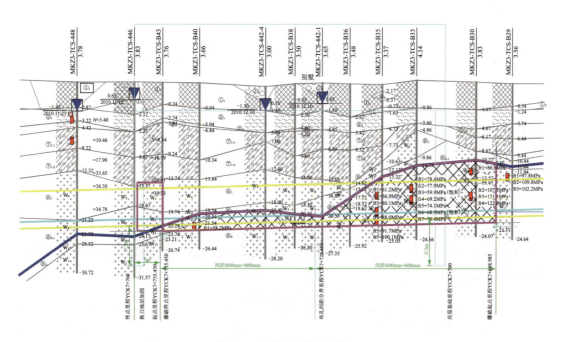

图 6.3-3 右线地质纵断面图

3.2 技术应用难点分析

由工程概况可知，车红区间施工过程存在高强度基岩突起、孤石群，若盾构直接掘进，基岩、孤石对盾构机刀盘刀具的损坏将非常严重，严重影响施工工期，且施工费用高，因此，盾构通过前必须采取措施对基岩突起和孤石进行预处理。

对基岩突起和孤石的预处理方式有很多，如冲击钻机成孔法、挖孔桩处理等，然而施工过程要降低对欢乐海岸二期 V12 栋别墅的影响，综合考虑选择爆破预处理技术对车红区间高强度基岩突起和孤石进行处理。

3.3 技术应用

3.3.1 爆破实施

1）火工器材选择

雷管选用瞬发电雷管和导爆管雷管。炸药选用定制防水乳化炸药，标准直径为 60mm。其中，非电毫秒雷管采用长 35m 的定制雷管。

2）钻孔及装药情况

为达到最优爆破效果，孔距采用 600mm×600mm 和 800mm×800mm 两种形式。基岩厚度小于 4m 的炮孔的孔距、排距为 0.8m，基岩厚度大于 4m 的炮孔的孔距、排距为 0.6m，孔深超深 1.0～1.2m。装药范围超出隧道轮廓线 0.8～1.0m。钻孔宽度两边各超出隧道 1m，详细钻孔布置如图 6.3-4 所示。

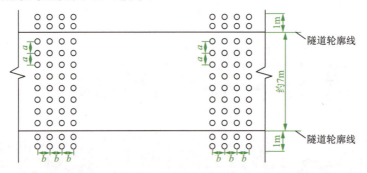

图 6.3-4　钻孔布置图

施工时，距爆破区最近的为白石路上公路桥，根据爆破距建筑物距离与装药量的关系（见表 6.3-1），本次爆破装药总量最大为 600kg，单段 200kg，所测爆破振动和地表位移监测数据均满足要求。

最大一段装药量　　　　　　　　　　　　　　　　　表 6.3-1

距建筑物距离 R（m）	最大一段装药量 Q_{max}（kg），$v=1.0$cm/s
80	66
100	129
110	172
120	223
150	435
180	752
200	1031

3）起爆网路

炮孔采用正向装药起爆，起爆雷管选用两发瞬发电雷管，且分别属于两个非电起爆网路，两套网路并联后起爆。起爆网路如图 6.3-5 所示。

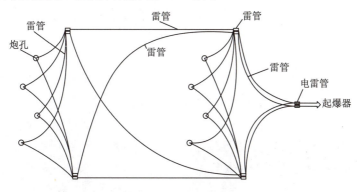

图 6.3-5　起爆网路示意图

4）起爆顺序

对基岩厚度小于 7m 的区段，采取首先对前排孔进行爆破，然后利用前排孔爆破挤压前方及上方的软弱土层以及自身炮孔的空间，为后排孔创造爆破自由面，再对后排孔进行起爆，依次逐排起爆的方式。因为前方和上方可以挤压软弱土层，每次起爆炮孔排数最多可以达到 3～4 排。基岩厚度小于 7m 的区段的具体起爆顺序如图 6.3-6 所示。

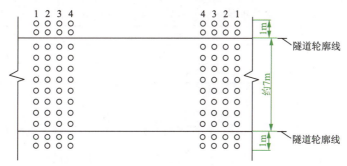

图 6.3-6　基岩厚度小于 7m 的区段的起爆顺序示意图（起爆顺序 1.2.3-4）

对基岩厚度大于 7m 的区段，爆破时只能利用前排孔创造的自由面和自身炮孔空间，而隧道轮廓线上方还有岩层，减少了上方的自由面，因此，为保证爆破破碎效果，炮孔采用交替排列，起爆时，先爆孔先响，后爆孔再响。每次起爆炮孔的排数不超过两排，具体起爆顺序如图 6.3-7 所示。

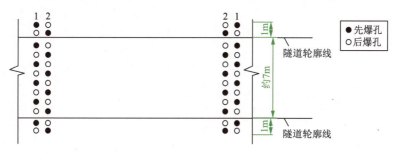

图 6.3-7　基岩厚度大于 7m 的区段的起爆顺序示意图（起爆排顺序 1-2）

5)安全防护措施

地下深孔爆破不会有飞石产生,只有爆破后产生的高压气体会将炮孔内的泥浆压出孔外。为了防止涌出的泥浆飞溅,根据以往工程的成功经验,在爆破作业时,采取沙包+铁板的联合防护体系。实践证明,经过防护后,很少有高压泥浆将防护体系冲翻的情形。

3.3.2 爆破效果监测

根据设计及现场的实际情况,分别对比爆破和非爆破区域盾构机出渣流出的石块以及盾构机通过的速度,结果显示爆破后盾构机出渣流出的石块(见图 6.3-8)相对较小,且盾构机通过的速度较快,因此爆破产生的效果较好。盾构机通过速度比较如表 6.3-2 所示。

图 6.3-8 盾构机出渣流出的石块

盾构机通过速度比较(单位:mm/min) 表 6.3-2

比较项目	全断面区	上软下硬区
爆破区	12~16	12~16
非爆破区	8~10	6~12

3.4 应用成效

盾构施工过程中遇到坚硬的基岩突起及孤石时,若不进行有效处理,会对盾构机产生不利影响,本节所介绍的技术适用于盾构掘进施工中对基岩突起和孤石的处理。

11 号线车红区间中基岩突起及孤石区域的技术应用结果表明,采用预先爆破破碎处理的方法能够有效处理基岩突起和孤石,保障盾构机的顺利通过。结合车红区间的地质情况对预先爆破破碎技术的应用进行了详细介绍,如技术原理、布孔方式、装药情况、起爆顺序、安全防护等,可为今后相似工程提供参考。

第4节 区间地面空洞探测技术

4.1 工程概况

11号线红树湾南站—后海站区间线路大体呈东西走向，区间左线设计起点里程为ZDK9+473.759，左线设计终点里程为ZDK12+107.319，长2645.154m；右线设计起点里程为YDK9+473.755，右线设计终点里程为YDK12+107.492，长2641.620m。红后区间线路总平面图见图4.4-1。

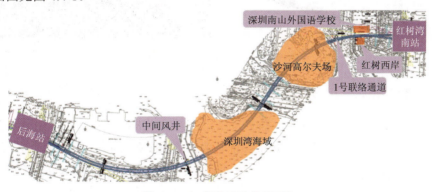

图4.4-1 红后区间线路总平面图

红后区间拟建场地原为滨海滩涂地貌，部分地段现已填筑或推平，现状为道路、住宅区等，地形平坦；该区间主要地层岩性，从上至下依次为素填土、填砂、填碎石、填块石、填淤泥质土、杂填土、压实填土、水泥土、第四系全新统人工堆积层（Q_4^{ml}）、海陆交互相沉积层（Q_4^{mc}）、第四系残积层（Q^{el}）、燕山期粗粒花岗岩（γ_5^3）等。

4.2 技术应用难点分析

11号线红后区间的不良地质主要为易形成空隙或空洞的人工填土和填块石，此地质对隧道及隧道上部道路稳定不利。为保障隧道施工的安全和顺利，施工前需要对地面空洞情况进行探测，了解空洞的大小及分布等。

通过探测技术比选，地质雷达技术在城市地下管线探测、道路路基检测、地下空洞探测和建筑物内部检测等领域已被广泛使用，它具有对路面和环境的影响小、高分辨率、高效无损、抗干扰能力强等优点，符合工程探测要求，因此选择使用该技术对红后区间地下空洞情况进行探测。

4.3 技术应用

4.3.1 基本原理与仪器系统

地质雷达的基本工作原理,是通过发射天线以宽频带短脉冲形式向地下发射电磁波,地下介质将一部分电磁波反射回地面,地质雷达所接收的信号就是地下介质所反射回来的电磁波信号,当遇到电性差异较大的界面或目标体时通常产生较强的电磁波信号,通过电磁波信号的强度可以有效区分地下有电磁差异的目标体。

图 6.4-2、图 6.4-3 分别为 SIR-3000 型地质雷达及其 100MHz 天线。

图 6.4-2　SIR-3000 型地质雷达　　　　图 6.4-3　SIR-3000 型地质雷达 100MHz 天线

4.3.2 现场探测过程及结果

11 号线红后区间隧道地质雷达探测范围为 YCK12+088～YCK11+958 段,考虑到隧道埋深约 25m(至仰拱底部),而地质雷达有效探测深度为 30m,因而可以沿隧道线路方向从隧道上方地表垂直探测,实现隧道上方覆盖层空洞分布情况及隧道范围内地质情况的有效探测。

1)测线布设

根据现场地形因素,在地表沿隧道纵向里程减小方向,共布设测线 19 条(见图 6.4-4)。其中,由南向北布设 5 条长 130m 测线,分别为 ZX-1～ZX-5,线距分别为 4m、3m、4m、5m,起始里程为 YCK12+088～YCK11+958,其中 ZX-2 在隧道中心线正上方;在地表由南向北,垂直隧道横向布设 14 条长 16m 测线,编号依次为 HX-1～HX-14,线距为 10m。

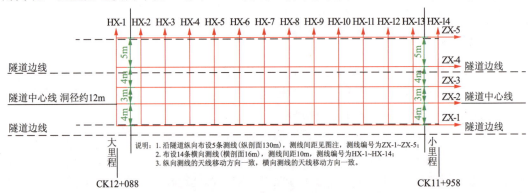

图 6.4-4　测线布置图

2）技术应用结果分析

雷达电磁波遇到空洞或岩土体不密实区域会产生强反射，在均匀完整的介质中传播时则反射较弱，当遇到空洞时电磁波会出现明显波峰曲线，技术应用分析结果如下。

（1）地表纵向测线成果分析

地表纵向 ZX-1～ZX-5 测线地质雷达检测如图 6.4-5、图 6.4-6 所示，其中 ZX-1、ZX-2、ZX-3 在隧道上方，ZX-2 位于隧道中心线，ZX-4、ZX-5 为外延测线。图中部分区域为相对较强电磁波信号发射区域，表明该范围内岩体不密实；由图 6.4-5 可知，ZX-1、ZX-2、ZX-3 测线深度约为 17m 位置存在明显反射界面贯穿整条测线，结合实际资料，测线下 17m 左右位置为已开挖隧道拱顶，与实际情况相符。

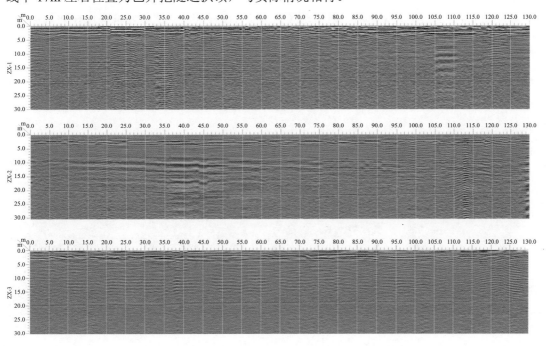

图 6.4-5　隧道上方 ZX-1、ZX-2、ZX-3 测线地质雷达检测图

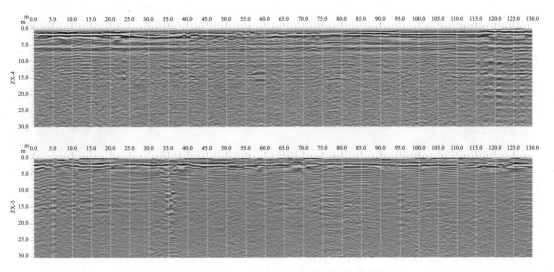

图 6.4-6　外延 ZX-4、ZX-5 测线地质雷达检测图

(2) 地表横向测线成果分析

为保证测量精度，进一步了解测区内的空洞及岩土不密实及破碎情况，在里程YCK12+088～YCK11+958范围内，垂直于隧道走向，由南向北平行布设长16m、线距10m的14条测线，以此为HX-1～HX-14。

如图6.4-7所示，4条横向测线HX-1（YCK12+088）、HX-2（YCK12+078）、HX-3（YCK12+068）、HX-4（YCK12+058）在深约18m、里程0～9m处有一明显弧形反射界面，结合实际资料，推测是由已开挖隧道拱顶面引起的，已知拱顶面最高点在里程4m处，与物探成果基本吻合；从4条线的整条来看，未发现明显反射界面，证明不存在明显异常区。

如图6.4-8所示，4条横向测线HX-5（YCK12+048）、HX-2（YCK12+038）、HX-3（YCK12+028）、HX-4（YCK12+018）在深约18m、里程0～9m处有一明显弧形反射界面，结合实际资料，推测是由已开挖隧道拱顶面引起的，已知拱顶面最高点在里程4m处，与探测结果基本吻合；测线HX-5里程0～4m、5～7m、11～15m，测线HX-7里程9～12m范围内埋深3～8m反射有所增强，分析认为该范围内岩土体不密实，并可能发育有孔隙水。

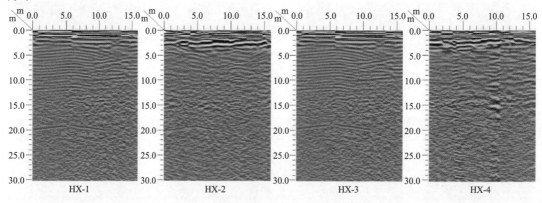

图6.4-7　HX-1～HX-4测线地质雷达检测图

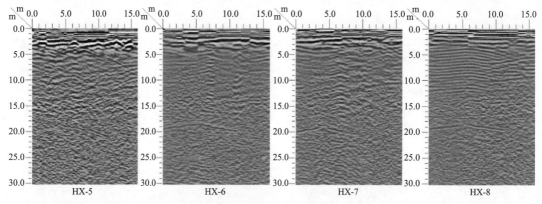

图6.4-8　HX-5～HX-8测线地质雷达检测图

如图6.4-9所示，3条横向测线HX-9（YCK12+008）、HX-10（YCK11+998）、HX-11（YCK11+988）在深约18m、里程0～9m处有一明显弧形反射界面，结合实际情况推测是由已开挖隧道拱顶面引起的，已知拱顶面最高点在里程4m处，与物探成果基本吻合；

测线HX-10里程0～4m范围内埋深3～8m处反射有所增强,分析认为该范围内岩土体不密实,并可能发育有孔隙水;结合纵向测线成果对比,该异常区域对应测线ZX-1的YCK12+006～YCK11+993异常区域,基本与纵向异常吻合,其余区域无明显异常。

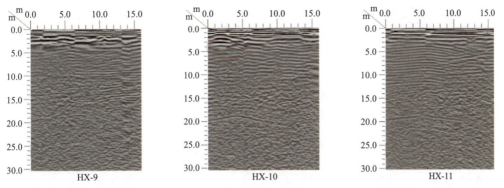

图6.4-9　HX-9～HX-11测线地质雷达检测图

如图6.4-10所示,3条横向测线HX-12(YCK11+978)、HX-10(YCK11+968)、HX-11(YCK11+958)在深约18m、里程0～9m处有一明显弧形反射界面,结合实际资料推测是由已开挖隧道拱顶面引起的,已知拱顶面最高点在里程4m处,与物探成果基本吻合;测线HX-12里程2～6m、测线HX-13里程0～3m及里程9～13m范围内埋深3～8m处反射有所增强,分析认为该范围内岩土体不密实,并可能发育有孔隙水。结合纵向测线成果对比,测线HX-12对应测线ZX-2的YCK11+982～YCK11+973异常区域;测线HX-13对应测线ZX-1的YCK11+970～YCK11+963、ZX-3的YCK11+970～YCK11+960异常区域,基本与纵向异常吻合,其余区域无明显异常。

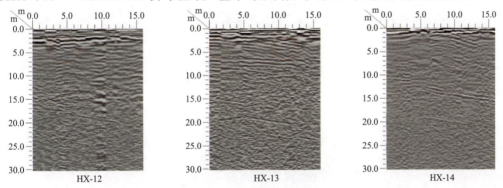

图6.4-10　HX-12～HX-14测线地质雷达检测图

4.4　应用成效

采用地质雷达探测技术进行空洞检测时,根据扫描结果绘成基本的波形图像,通过对电磁波波形、振幅大小及电磁波同相轴连续性的好坏判断探测体内是否存在缺陷。如果存在空洞、不密实等不均匀体,就会在雷达图像上出现异常强反射。

11号线车红区间采用地质雷达检测地面空洞及盾构推进结果表明:区间测线范围内检测结果与实际情况基本吻合,且未发现较大空洞。

第 7 章

盾构区间主要施工技术创新

第 1 节
浅覆土段上跨既有地铁 1 号线施工技术

1.1 工程概况

1.1.1 工程位置

11 号线福田站—车公庙站区间盾构隧道起点里程为 YDK0+567.665（ZDK0+567.821），终点里程为 YDK3+011.774（ZDK3+10.263），区间平面如图 7.1-1 所示。区间单线总长度为 4886.55m。区间中间线间距 5.00～19.5m，隧道最大纵坡 26‰，最小纵坡 2‰，隧道轨面埋深 10.65～18.58m。

图 7.1-1　11 号线福车区间线路平面示意图

1.1.2 上跨段位置关系

盾构在 YCK1+550～YCK1+610（ZCK1+530～YCK1+590）段上跨既有地铁 1 号线购物公园—香蜜湖区间，新建隧道左右线距离 1 号线购香区间矿山法施工竖井结构约 4.5m（距离矿山法竖井锚杆约 1.5m），竖向与既有隧道净距 1.8m，覆土厚度为 6.6m，为浅覆土区间，详见图 7.1-2、图 7.1-3。

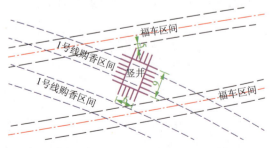

图 7.1-2　福车区间与 1 号线购香区间平面位置关系图
（尺寸单位：m）

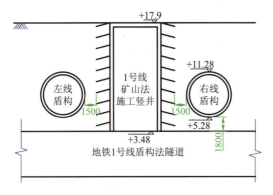

图 7.1-3　福车区间与 1 号线购香区间竖向位置关系图（尺寸单位：mm）

1.1.3　地质情况

由于 1 号线隧道的存在，本区间在上跨 1 号线的位置未进行地质勘探，据相邻地质钻孔 MKZ3-TFC-125 揭示，在该段新建隧道附近从上至下地层主要为素填土、砾质黏性土、全风化粗粒花岗岩，如图 7.1-4 所示。

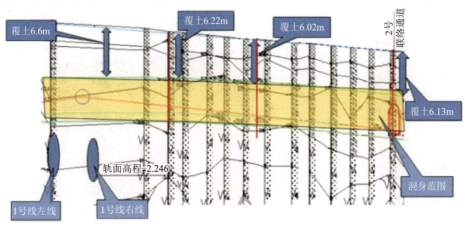

图 7.1-4　盾构上跨 1 号线部分区域埋深示意图

1.2　施工难点

（1）受运营线路影响，上跨 1 号线区段未能进行地质勘探，结合 1 号线具体施工情况，区间穿越地层极有可能存在基岩隆起，如何确保盾构安全快速上跨是难题；

（2）本区间隧道在上跨段埋深仅 6.6m，实属浅覆土盾构施工，且上覆地层较软、透水性极不连续，盾构在上跨 1 号线过程中如何确保地面安全促使快速上跨是难题；

（3）区间盾构在上跨 1 号线隧道前已完成近 1km 的掘进，期间穿越地层主要为砾质黏土及全、强、中等风化岩，刀具已有磨损，如何确保盾构正常、连续上穿是难题；

（4）本区间隧道拱底距离 1 号线拱顶的垂直距离最近仅 1.8m，左右线斜穿水平长度达 60m，而且在本区间施工过程中，1 号线是深圳市轨道交通骨干运营线路，如何确保既有 1 号线隧道的稳定及运营安全是难题。

1.3 关键技术

1.3.1 穿越前地质勘探情况

1）探测范围

本区间在上跨 1 号线的位置，由于 1 号线隧道正在运营，无法在其隧道上方进行地质勘探，该地质盲区采取雷达探测，其探测范围如图 7.1-5、图 7.1-6 所示。

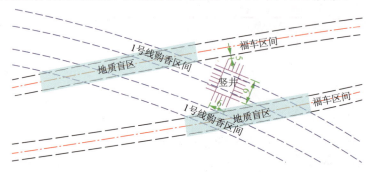

图 7.1-5　地质雷达探测范围平面图（尺寸单位：m）

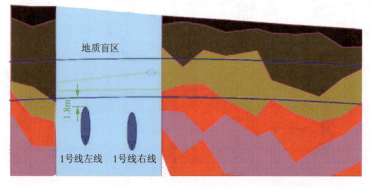

图 7.1-6　地质雷达探测范围立面图

2）探测结果

在左线地质雷达探测过程中未发现孤石，但局部存有致密层；在右线地质雷达探测过程中发现里程 YDK1+596 处可能存有小直径孤石，掘进过程中需重视参数变化。

1.3.2 超前筹划开仓方案

区间 2 号联络通道中心里程为 YCK1+350（ZCK1+350），上跨 1 跨线起始里程为 YCK1+550（ZCK1+530），2 号联络通道距离上跨 1 号线起始位置 200m（左线 180m），为浅覆土施工，盾构在此段穿越地层全部为砾质黏性土，因此盾构机在此区段掘进对刀具磨损较少。筹划在 2 号联络通道处检查刀具和土仓泥饼情况，凡是刀具磨损超过 10mm 的均进行更换处理，凡是刀箱存有"泥饼"现象的均进行高压冲洗处理。

提前对 2 号联络通道进行加固处理，加固完成后对其进行垂直取芯送检，检验结果显示其平均抗压强度为 3MPa，取芯探孔用水泥浆进行封堵。当盾构机到达预定开仓位置后，按照"开仓令"的有关要求实施开仓，对相关刀具进行更换（见图7.1-7），对刀盘中心"泥饼"区域进行高压冲洗处理（见图7.1-8）。

图7.1-7 现场更换刀具前后对比图

图7.1-8 利用增压泵冲洗"泥饼"

1.3.3 掘进参数选择

结合浅覆土地段施工经验确定掘进参数，如表7.1-1。

掘进参数表　　　　　　　　　　表7.1-1

项目	数值	单位	项目	数值	单位
掘进速度	40～50	mm/min	泡沫注入压力	0.18～0.37	MPa
上部土压	0.05～0.06	MPa	泡沫注入量	24	方/环
刀盘转速	1.2～1.4	r/min	同步注浆量	5.0～5.5	m^3
刀盘扭矩	≤1.0	MN·m	同步注浆压力	≤0.3	MPa
出土量	60	m^3	二次注浆	结合监测实际	—

此掘进段刀盘转速基本维持在1.3r/min左右，掘进过程中速度较稳定，当出现渣土改良较差或其他特殊情况而导致推力变大时，在控制刀盘扭矩不大于0.9MN·m的前提下适当提高刀盘转速到1.45r/min左右。

此掘进段地层主要是砾质黏土层，改良以4根泡沫管为主，局部地段辅以注入水。考虑为黏性土体改良，土仓中搅拌挤压后易成团变干，泡沫的设置偏稀，发泡倍率为8左右，单根管的泡沫流量在200L/min左右，单环泡沫总量在24m^3左右；同时，为防止刀箱及刀盘开口处在高推力挤压过程中结"泥饼"，结合螺旋输送机出土的负荷情况，适当往土仓中加水搅拌降温，改变土体流塑性。

出土量控制在60m^3（92t左右）以内（松散系数按1.25～1.3考虑），以体积进行衡量，严防超挖，一旦出现超挖应迅速二次补浆，保证地层的稳定性。

同步注浆量及压力：覆土较浅，为防止地面冒浆及后续的隆起，严格控制注浆压力在 3.0bar❶ 以内，注浆量结合推进速度同步达到 5.5m³ 即可。

1.3.4 上穿过程中实际施工主要控制参数

借助浅覆土段的掘进控制思路，对土压及同步注浆进行实时调控。对出渣量实施"红线"管理，即：出渣总量不可超过 64m³（理论出渣量 46.44m³，松散系数最大按 1.3 考虑，超挖系数最大按 1.05 考虑），不可低于 55m³（理论出渣量 46.44m³，松散系数最小按 1.25 考虑，欠挖系数最小按 0.95 考虑）；平均每进尺 1cm 需出渣量范围为 0.37~0.43m³，结合螺旋输送机机转速及实际渣土斗的存量进行确认。

右线 665~670 环，在扭矩基本不变的情况下逐渐增大扭矩，速度逐渐降低，结合实际出渣情况分析地层特性，由此判断：地层基本为砾质黏土，局部含全、强风化土质，密实偏干，需对渣土改良做出适当调整。右线 683~690 环，扭矩增大，推力和速度均降低，综合考虑趋于平衡，结合实际出渣情况分析地层特性，由此判断：地层基本为强风化土质，局部含有中风化土质，排除了孤石存在的可能性，在做好渣土改良的基础上需控制扭矩，平衡各项参数。主要参数对比如图 7.1-9 所示。

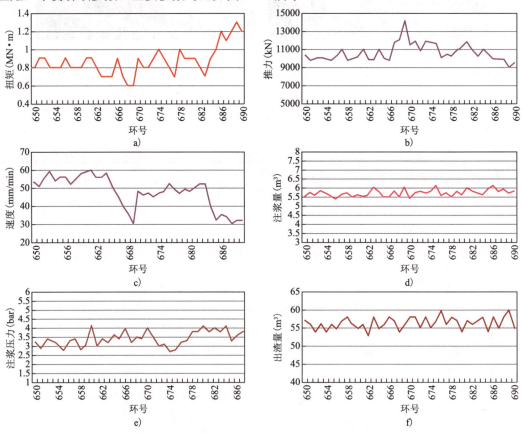

图 7.1-9　右线上跨 1 号线段主要参数对比图

❶ 1bar=10⁵Pa。

1.3.5 渣土改良

针对出渣效果利用浅覆土段的改良经验对其进行相关控制，提高渣土的流塑性，以求达到快速上跨。但在实际上跨 1 号线后半段（对应里程 YCK1+575 ～ YCK1+610，ZCK1+570 ～ ZCK1+600）的过程中出现了渣土明显密实偏干的现象，导致螺旋输送机出渣时常过载不畅，如图 7.1-10 所示。

此时，仅靠向土仓中加水及泡沫对渣土实时改良已经不能满足盾构快速掘进的要求，且从图 7.1-9 中可明显看出推力有逐渐增大、速度有逐渐减小的趋势，出来的渣土温度也由之前的 30℃增大到 39℃，由此可以判断刀盘中心已有结"泥饼"的迹象。为此，迅速启动了刀盘中心喷水系统对土仓进行渣土改良，出渣效果明显得到改善（见图 7.1-11），各项掘进参数可恢复正常。

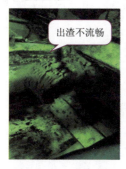
图 7.1-10　出渣不畅

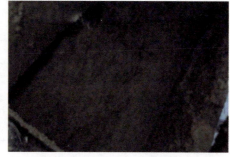
图 7.1-11　出渣流畅

本区间左线盾构机为海瑞克 S437，对该设备上进行一系列改造，增加了刀盘喷水系统，右线盾构机为中铁装备 CREC137，出厂选型就增设了该系统。刀盘喷水系统的工作原理为：在台车上增设一增压泵，将外循环水高压喷入土仓中，其喷水接口分为 5 路，均匀地布置在中心回转体周围，每根管路可通过压力（最大 10MPa）控制其流量，此 5 路进水可有效冲洗刀盘的中心区域，从而防止刀盘中心产生"泥饼"。其管路布置如图 7.1-12 所示。

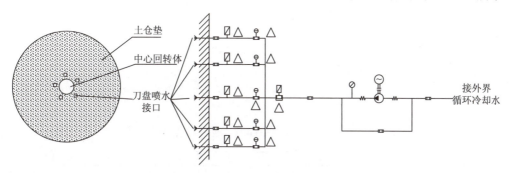
图 7.1-12　刀盘喷水系统管路布置图

1.3.6 重叠区段的后期稳固保障

盾构机顺利完成 1 号线的上跨后，对重叠区段进行二次注浆加固，确保该区段的后期稳固。运营隧道四周已做好了防水层，在重叠段的上洞成型隧道中设置特殊"三孔"管片（见图 7.1-13），利用这些富余的注浆孔可实现多个角度的均匀注浆。

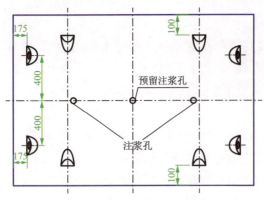

图 7.1-13 "三孔"管片正视图（尺寸单位：mm）

对夹层土体实施强化加固，注浆的位置重点选取管片的下半部，因此，利用特殊钢花管穿过管片深入地层一定深度对夹层土体进行二次注浆，防止管片背后同步浆液的局部固结而干扰二次注浆。

特殊钢花管取与预留注浆孔（即拼装螺栓孔）直径一样的32mm无缝钢管加工制作，杆段预留300mm长的止浆端（不钻孔），顶端加工成锥形，中间每隔100mm间距梅花形布置ϕ10钻孔。

钢花管深入地层的深度和角度如图 7.1-14 所示，其注浆角度根据实际"三孔"的位置按就近原则选取。

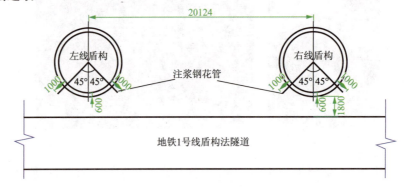

图 7.1-14 左右线钢花管深孔注浆示意图（尺寸单位：mm）

浆液采用水泥—水玻璃双液浆，注浆压力为 0.5～1.0MPa，每孔注浆量不少于 1.8m³，水泥为 P.O42.5 级普通硅酸盐水泥，加固范围为上跨处前后各 10 环均进行，加固后的土体无侧限抗压强度不小于 0.4MPa。

1.4 实施结果

1.4.1 控制标准

根据相关规范及设计要求，本项目变形监测控制指标见表 7.1-2。

变形监测控制指标一览表　　　　表 7.1-2

序　号	监测项目	预警值（黄色）	报警值（橙色）	控制值（红色）
1	结构绝对变形量	6.0mm	8.0mm	10.0mm
2	差异变形	2.4mm/10m	3.2mm/10m	4.0mm/10m

依据深圳市《城市轨道交通安全保护区施工管理办法》，当实际变形值达到最大变形允许值的 60% 时，须向有关单位发出黄色预警；当达到最大变形允许值的 80% 时，应发出橙色报警；当超过最大变形允许值时，应发出红色报警。且当首次报警后，测点以较大

的速率继续下沉变形时，应视情况继续报警。

1.4.2 监测点位布置

1）监测点布置

根据现场实际条件，本项目购香区间影响段左右线共布置了41个监测断面，167个测点，每断面按4点布置，编号为1～4号，其中1、3号点布置于侧壁，2号点布置于道床，4号点布置于拱顶。另外，左右线各布置了8个接触网监测点，其平面布置详见图7.1-15。

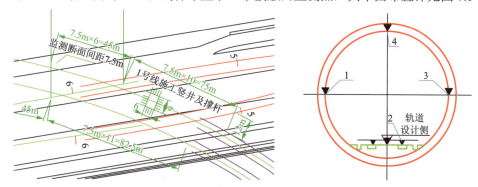

图7.1-15 监测平面及断面图

根据实际情况并为保障测量精度，左右线在施工影响监测范围之外分别设置了7个基准点，严格控制测站与观测点的距离，测站点和监测点的垂直角小于10°，直线距离控制在150m以内。1号线的购香区间布点情况详见表7.1-3。

1号线购香区间布点情况统计表　　　　表7.1-3

线路名称	监测里程	隧道结构监测断面/点数	接触网监测断面/点数	测点总数量
购香区间左线	ZDK9+883～ZDK9+998	21个/77点	8个/8点	85点
购香区间右线	ZDK9+883～ZDK9+998	20个/74点	8个/8点	82点

2）监测点布设

监测点布置时，先在设计监测位置处用电钻钻孔，打入膨胀螺栓，再将棱镜固定在膨胀螺栓上，并对准测站方向。布设监测点时，应严格避免设备侵入限界。人工监测与自动化监测均采用同一监测点标志。

1.4.3 观测成果分析及小结

各累计变形最大值统计见表7.1-4、表7.1-5，未出现预警。

沉降分析统计表　　　　表7.1-4

线路名称	统计项目	里程	观测点号	变形量（mm）	速率（mm/d）
购香区间左线	累计沉降变化最大值	ZDK9+958	L7-4	+2.7	+0.0
购香区间右线	累计沉降变化最大值	YDK9+917	R6-4	0.7	+0.0

水平位移分析统计表　　　　表7.1-5

线路名称	统计项目	里程	观测点号	变形量（mm）	速率（mm/d）
购香区间左线	累计位移变化最大值	ZDK9+948	L9-4	-2.2	+0.1
购香区间右线	累计位移变化最大值	YDK9+927	R4-4	+1.0	-0.1

根据自动化监测结果,购香区间左线 1 号点累计沉降断面曲线见图 7.1-16、左线 3 号点累计沉降断面曲线见图 7.1-17。

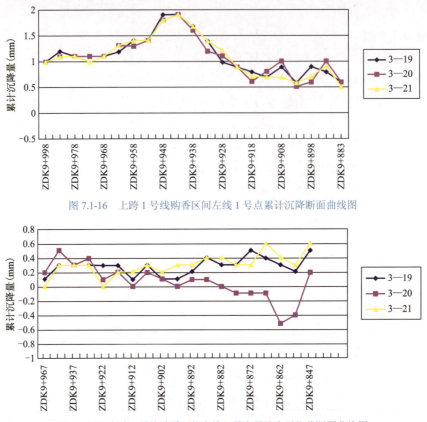

图 7.1-16　上跨 1 号线购香区间左线 1 号点累计沉降断面曲线图

图 7.1-17　上跨 1 号线购香区间左线 3 号点累计水平位移断面曲线图

左线监测点 ZD95(对应里程 ZDK1+530)累计沉降最大为 +3.71mm,右线监测点 YD100(对应里程 YDK1+580)累计沉降最大为 +4.61mm。地铁 1 号线购香区间影响段隧道结构及道床变形均未超控制指标,结构未出现开裂及渗漏水现象,施工期间未出现预警、报警现象。

1.5　应用成效

11 号线福车区间盾构于 2014 年 3 月 13 日左右线安全顺利上跨既有地铁 1 号线购香区间。针对 1 号线上方土体稳定性差、透水性强,局部含有中风化硬岩的地层特点,富水软弱地层的浅覆土盾构掘进存在众多技术难题,在本工程施工过程中采取有效的技术措施,保证了盾构机的连续、快速掘进,在应用项目中单线利用一列电瓶车编组组织掘进,可以保证平均 14 环 /d 的进度,有效地克服相关难题。

施工过程中及时对各项参数进行分析、总结和优化,使得盾构机的各项参数达到最佳匹配,最终实现了地表沉降控制在 5mm 以内,既有运营线隧道变形控制在 3mm 以内的目标,为今后类似工况提供了宝贵的施工经验。

第 2 节
盾构区间上软下硬地层预处理施工技术

2.1 工程概况

2.1.1 工程简介

宝安站—碧海湾站盾构区间左右线起止里程为 YCK21+380.2～YCK24+437.8，区间单线长度为 3057.6m，采用土压平衡盾构法施工。区间盾构施工自碧海湾站始发，往小里程方向掘进，经中间风井过站后二次始发，掘进至宝安站接收井吊出，区间线路见图 7.2-1。

图 7.2-1 宝碧区间线路示意图

2.1.2 水文地质情况

区间地表水系隶属珠江三角洲海口水系。工程沿线地下水位埋深约 3m，根据详勘资料，5 号联络通道处隧道断面为全断面粗砂④$_{10}$、砾砂④$_{11}$ 地层，属强透水层，地层渗透系数分别为 8m/d、10m/d，含水率 20%～26%。具体水文地质及岩面分布情况见表 7.2-1。

水文地质及岩面分布情况　　　表 7.2-1

地层代号	岩土名称	地层厚度（m）	渗透系数（m/d）	标贯试验平均击数（击）
①$_7$	素填土	4	0.1	—
②$_1$	淤泥	8	0.0006	1.0
④$_{11}$	砾砂层	1～2.2	12	6.0～13
⑥$_1$	全风化岩	1～4.3	0.2	37
②$_1$	强风化岩	4.5～5.6	0.1	96.8
⑯$_3$/⑨$_3$	中风化岩	0～1	—	—
⑯$_4$/⑨$_3$	微风化岩	0.4～2.5	—	—

宝碧区间基岩突起段左线65m、右线70m，硬岩段尾部使用深孔爆破及冲孔桩处理共计20m，并预加固作换刀点，剩余未处理段40m，位置为1号联络通道至冲孔处理段之间，基岩侵入高度0.4～2.5m。

基岩突起段隧道顶部埋深12.5m，开挖范围上部为淤泥层、砾砂层，下部为中风化、微风化片麻状花岗岩及闪长玢岩。近地表层为填土层和淤泥层，该段路基曾进行过搅拌桩路基处理，搅拌桩长4～10m，桩间距约为1.5m（原地面开挖时有揭露）。该段水位位于地下3m，隧道范围内砾砂层透水性较强。

图7.2-2为深孔爆破段地质纵断面图（左线为例）。

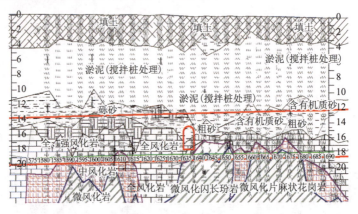

图7.2-2　深孔爆破段地质纵断面图（左线为例）

2.1.3　基岩突起情况简介

地质补勘，针对基岩突起段各个特点地层进行取芯分析，总结为该段硬岩强度较低，且受附近F1断层影响，岩体、岩性差异较大，闪长玢岩较片麻状花岗岩整体性较差，RQD值均小于30%，多呈破碎状，抗压强度31～56MPa。地质取芯如图7.2-3所示。

图7.2-3　微风化闪长玢岩（断层带）与微风化片麻状花岗岩取芯情况

2.2　施工过程

2.2.1　盾构过基岩突起段预处理

在基岩突起段采用5m深孔爆破及10m冲击钻冲孔两种预处理措施，冲孔后采用低强度等级砂浆回填作为换刀点；为减小盾构通过时出现漏气泄压、地面坍塌等风险，对处理段进行后退式注浆固结，剩余未处理40m段，通过时采取盾构掘进参数控制及渣土改良优化等措施进行控制。

2.2.2 盾构到达前预处理

硬岩预处理布置如图7.2-4、图7.2-5所示。

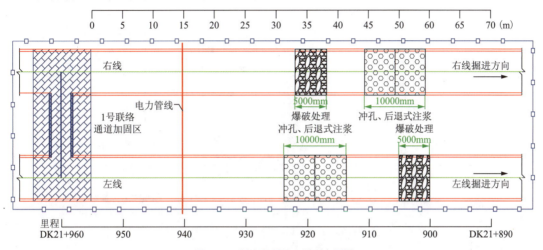

图7.2-4 硬岩段预处理平面布置图

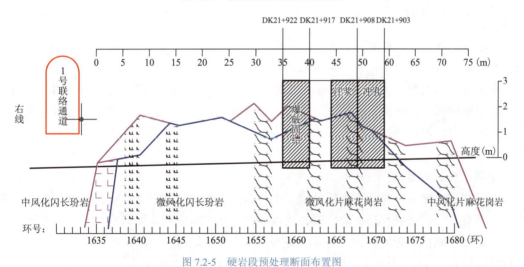

图7.2-5 硬岩段预处理断面布置图

2.2.3 深孔爆破预处理

如图7.2-6所示，深孔爆破引孔宽度范围为超出隧道轮廓线1.0m，布孔间距600mm×600mm，孔径110mm，每排钻孔15个，左、右线各5m采用深孔爆破处理。

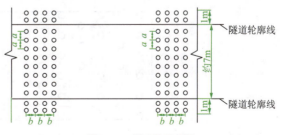

图7.2-6 爆破段示意图

2.2.4 冲孔桩破硬岩预处理

冲孔桩直径 1.2m，横向孔间距 1.3m，桩长约 19.5m，深度至隧道底 0.5m，采用低强度等级砂浆灌注。

加强预处理段地层密实性，采取后退式注浆对砂层进行挤密固结。注浆范围为隧道外侧 1m，底部至全风化岩，上部至隧道顶 3m。

图 7.2-7 为冲击钻预处理及后退式注浆加固平面示意图。

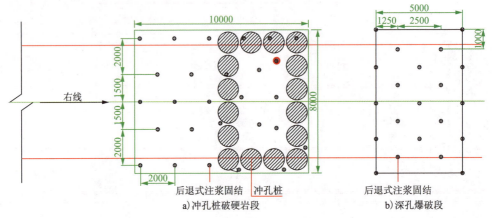

图 7.2-7　冲击钻预处理及后退式注浆加固平面示意图（尺寸单位：mm）

2.2.5 后期地层注浆固结

隧道范围硬岩采用爆破方式处理后，爆破震动造成地层松散，尤其是隧道顶部存在淤泥层、填石层等特殊地层，在盾构掘进过程中，因要掺加泡沫剂等润滑剂和保压需要（如果出现掘进困难时带压开仓），受爆破扰动的地层极易出现泡沫剂等沿松散孔隙流失甚至到地面上的情况，造成污染和浪费；同时，松散地层无法保压。鉴于此，为确保安全，在爆破处理后对隧道周边松动围岩采用注浆方式充填加固，以提高盾构掘进时周边围岩的密实度和自稳力。

注浆方式：后退式注浆。

注浆浆液选择：考虑到本地层与地下水（海水）存在紧密联系，爆破后地层的扰动较大，为了更好控制注浆浆液扩散范围，选用水泥—水玻璃双液浆加固地层。

注浆加固范围：加固深度从地面至隧道结构底板下 1m，加固宽度从隧道中心线左右开挖轮廓线外各 1m，全部进行注浆加固，如图 7.2-8、图 7.2-9 所示。

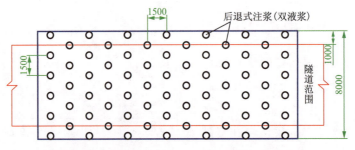

图 7.2-8　地面加固注浆平面图（尺寸单位：mm）

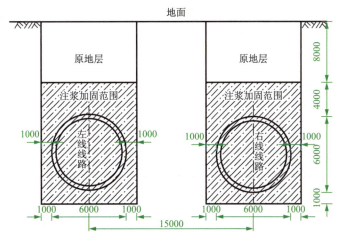

图 7.2-9 地面加固注浆剖面图（尺寸单位：mm）

2.3 掘进施工控制

2.3.1 掘进参数

盾构过基岩突起段时，硬岩处刀盘的滚刀受力较大，而软岩部分只需对掌子面进行切削即可破坏土层，但局部硬岩对刀具、刀盘的损伤较大，所以在盾构实际通过时针对各个处理点进行实时调整，总体控制贯入度、转速、扭矩参数，以掘进速度为小于15mm/min、贯入度小于10、扭矩小于2200kN·m 为控制指标，使刀具受到的瞬时冲击荷载小于安全荷载。参数统计、分析情况如图 7.2-10、图 7.2-11 所示。

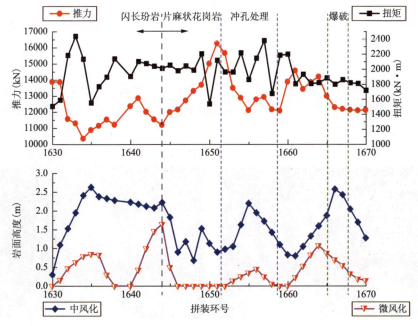

图 7.2-10 推力与扭矩参数分析

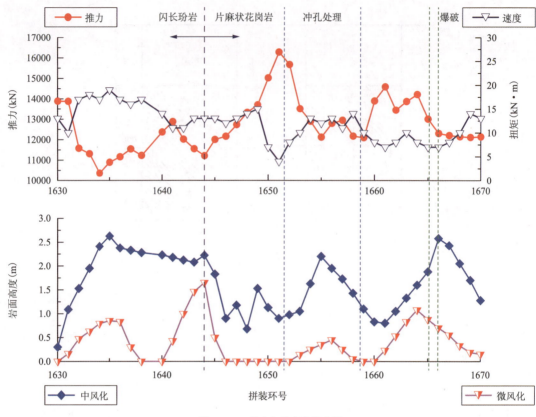

图 7.2-11 推力与速度参数分析

2.3.2 渣土改良技术小结

基岩突起端渣土改良主要是靠泡沫剂实现，在盾构通过之前对泡沫系统进行复查，重点检查泡沫发生器是否能发出合格的泡沫，并在盾构机上进行泡沫调节试验，确定最佳泡沫参数，选用膨胀率为22的泡沫剂，打出的泡沫较细，有一定的黏聚力，不易破损，此为较理想泡沫，如图7.2-12所示。

施工过程使用的泡沫参数：浓度（C）：4%；膨胀率（FER）：22；注入率（FIR）：60%。

过程中严格控制注入率，注入速度与掘进速度相匹配，泡沫剂流量 m（L/min）与掘进速度 v（mm/min）计算式如下：

$$m = v \times \pi \times 3.14^2 \times 60\%$$

图 7.2-12 现场泡沫试验

2.3.3 掘进控制小结

通过此次顺利过基岩突起段掘进控制实践，总结以下几条掘进控制要点：

（1）通过软硬不均地层时，刀盘宜采用低转速：1.0～1.4r/min，低贯入度：≤10mm/r，减小硬岩对刀具的冲击力，避免刀圈发生崩裂。

（2）加大发泡剂比例，比例宜控制在22～30倍，可有效地对刀具起到降温润滑作用，改良土体，防止水土分离造成现场喷涌。此次过基岩突起段选用的泡沫为高质量的"康拉特"泡沫。

（3）控制出土量，通过实际出土情况结合地面沉降监测情况，出土量宜控制小于72m³，同时必须保证盾尾回填注浆的饱满，盾尾同步注浆的标准是确保脱出盾尾的管片背后的空隙能填满，这不仅可以降低后期地面的沉降，而且还可以对管片防水起到一定有利作用。同步注浆量为理论间隙的150%～200%，实际同步注浆量为7～8/环（理论间隙4/环），满足要求。

（4）保持盾构机平稳连贯的通过，无紧急情况不得停机，以避免刀盘后方形成水路，发生喷涌。

（5）硬岩段掘进，每环刀盘至少正反转两次，使掌子面顺向的岩体更易削落，更好地控制盾构机姿态，以进尺500～1000mm进行调整一次，单环/2～3次为佳。从人舱内观察盾体振动及刀具切削声，结合扭矩情况控制推力和推进速度。

（6）如果刀盘扭矩的变化范围突然加大，油缸推力又极不均衡，那么刀盘前方土体一定软硬不均。此时，必须减小油缸推力，同时降低刀盘旋转速度。

（7）掘进速度变低、扭矩变化减小、渣土温度变高，说明刀盘磨损严重，应及时对刀具进行检查并合理换刀，保护刀盘不受损伤。

2.4 应用成效

在地层软硬不均或球状风化岩层段采用硬岩爆破处理方式能够较好解决工期进度问题，提高盾构掘进速度；在节约投资的同时减少了占道以及泥水、噪声污染，社会及经济效益显著。该方法可在后续同类上软下硬或孤石处理工程施工中广泛应用。

第 3 节
大盾构小角度下穿既有运营线路施工技术

3.1 工程概况

3.1.1 区间隧道与地铁 1 号线位置关系

1）平面位置关系

11 号线车公庙站—红树湾南站区间左线在里程 ZDK3+966～ZDK3+791（1944～2060 环），右线在里程 YDK3+910～YDK3+718（1983～2110 环），以约 9°斜下穿运营地铁 1 号线车公庙站—竹子林站区间，左线穿越长度约 175m，右线穿越长度约 192m。

11 号线车红区间与 1 号线隧道位置关系平面图详见图 7.3-1。

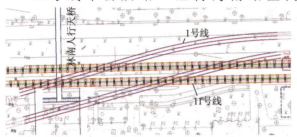

图 7.3-1 11 号线车红区间与 1 号线隧道位置关系平面图

2）剖面位置关系

1 号线车竹区间在下穿地段为矿山法施工，断面 6.3m×6.705m，初期支护厚度 0.25m，二次衬砌厚度 0.3m，埋深约 16m，底板基本位于砾质黏性土层。11 号线区间隧道在 K3+900 附近与 1 号线车竹区间约 9°斜向下穿时，与 1 号线左线隧道底板最小净距约 1.473m，详见图 7.3-2。

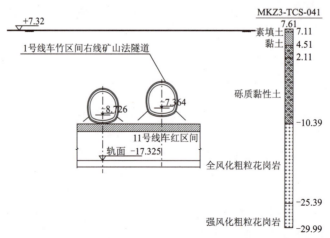

图 7.3-2 11 号线车红区间与 1 号线隧道位置关系剖面图

3.1.2 地质情况

因受地面环境（深南大道）和地下（1号线）影响，无法对下穿1号线车竹区间段进行地质补勘。根据详勘和附近补勘资料，判断该段隧道主要为全风化花岗岩和砾质黏性土，局部存在多处孤石，详见表7.3-1，车红区间右线、左线地质剖面详见图7.3-3、图7.3-4。

下穿段左右线地质情况　　　　　　　　　　表7.3-1

位置	主要地层	备注
左线下穿1号线车竹区间段	0～3.4m为素填土； 7～6.5m为粗砂夹填石； 6.5～14.8m为残积土； 14.8～21.6m为全、强风化花岗岩（洞身范围）	隧道顶部埋深19.5～21.2m，隧顶为全风化花岗岩
右线下穿1号线车竹区间段	0～2.6m为素填土； 6～7.1m为坡积土； 7.1～18.4m为残积土； 18.4～27.6m为全风化花岗岩（洞身范围）	隧道顶部埋深18.2～20.2m，隧顶为全风化花岗岩及砾质黏性土

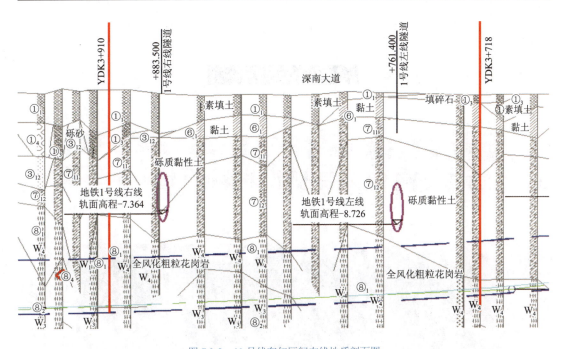

图7.3-3　11号线车红区间右线地质剖面图

左、右线下穿过程中共遇到10处孤石（见图7.3-5），孤石累计长度约68m，下穿段孤石频发。

在左线下穿1号线掘进中，分别在1946～1947环、1955～1956环、1964～1969环、2098～2100环遇到4处孤石。

在右线下穿1号线掘进中，分别在1940～1942环、1964～1972环、1984～1990环、2011～2012环、2095～2098环、2122～2126环遇到6处孤石。

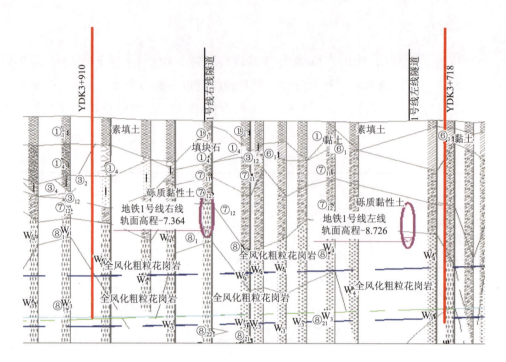

图 7.3-4 11 号线车红区间左线地质剖面图

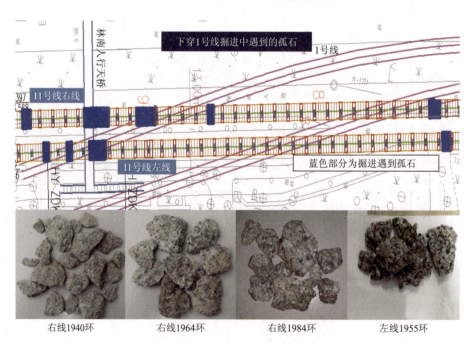

图 7.3-5 左右线下穿施工中遇孤石平面分布图

3.2 施工难点

大断面盾构施工时,由于开挖断面和开挖体积较大、施工对土体的扰动大等因素,在下穿既有隧道时,对既有隧道的沉降和扰动变形的控制难度加大。在小角度特殊地段盾构施工时，盾构姿态难以控制。

（1）11号线车红区间小角度斜下穿1号线车竹区间，下穿距离长，左线穿越长度约175m，右线穿越长度约192m。

（2）11号线车红区间隧道与1号线车竹区间垂直净距近，最小净距约1.473m，夹层覆土主要为砾质黏性土，自稳性差，减小对地层扰动是下穿掘进的难点。

（3）既有线沉降控制要求高，下穿段存在多处孤石，制定合理掘进参数，控制既有线的变形是难点。

（4）此段地层隧顶为全风化地层，自稳性差，地层气密性能差，带压进仓风险大。

3.3 数值计算分析

3.3.1 有关假定和计算前提

（1）设地表面和各土层均呈匀质水平层状分布；
（2）计算中不考虑衬砌管片分块之间的横向连接及各管片环之间的纵向连接；
（3）计算时在盾构作业开挖面处施加表面力，以模拟切削刀盘变化的推进力效应；
（4）管片宽度为1.5m；
（5）各土层的应力应变响应均在弹塑性范围内变化，衬砌及管片的刚度较大，认为在弹性范围内变化。

3.3.2 计算范围及网格划分

计算模型尺寸为210m×150m×45m，即沿深度方向取45m，沿11号线轴线和横向方向分别取210m和150m。1号线为既有矿山法双洞隧道，其衬砌厚度为30cm。新推进的11号线为盾构隧道，该线路下穿1号线，其管片厚度为30cm；土体材料按照摩尔—库仑理想弹塑性介质来考虑，选取实体单元来模拟；11号线盾构管片和1号线衬砌选取弹性的壳单元模拟。剖分后的土体、衬砌、管片的有限元网格如图7.3-6所示，共有421950个单元，70770个节点，其中，土体390802个单元，衬砌17856个单元，管片13292个单元。

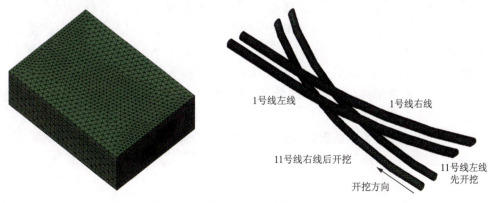

图7.3-6 土体、衬砌、管片的有限元网格

模型的边界条件为：除了上表面为自有面外，其余四个侧面和底部均施加法向约束。为了减少计算量，本书采用了简化的推进步长，即每步推进3m。11号线左线为先推进的开挖隧道，11号线右线为后推进的开挖隧道，左、右线线间距8m，左、右线推进分别按36个开挖步计算。验算11号线左、右线盾构分别在推进到1号线之前、到达时以及到达后的地表及1号线隧道的变形情况。在1号线隧道轴向每隔4m设置一个观测断面，观测点位置为1号线隧道下洞1、2、3号观测点，其中1号观测点位于下层隧道拱底中心，2号观测点位于直墙中部，3号观测点位于拱顶中心，如图7.3-7所示。

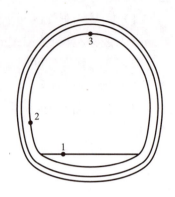

图7.3-7 1号线隧道变形观测点

3.3.3 计算结果及分析

分别在左线和右线开挖过程中，沿1号线左、右线隧道轴线方向观测断面上各个观测点位置的计算沉降曲线。其中，对于左线的各个开挖步，1号线左、右线分别在前5、16个开挖步发生的沉降不大；1号线左、右线分别在第6～19、17～25开挖步，各个点最大沉降量逐步增大，从第21、28步［开挖面全断面穿过1号线左、右线下方$1D$（D为11号线隧洞直径）］开始，沉降趋于稳定，也就是说，右线开挖面到达1号线边线前后约$1D$范围对既有线影响较大。1号线各观测点的最大沉降位置均发生在1号线轴线与11号线右线轴线平面相交位置处，开挖至35步贯通后，1号线左线监测面1～3号观测点的最大竖向沉降量分别为 $-10.3mm$、$-8.5mm$、$-7.1mm$，1号线右线监测面1～3号观测点的最大竖向沉降量分别为 $-10.4mm$、$-8.8mm$、$-7.0mm$，靠近拱底点的沉降略大于拱顶处的沉降值。其中，右线开挖过程中，各观测面上3号观测点的沉降槽类似于Peck提出的正态分布曲线，其余观测点的沉降槽类似于V形曲线。

对于右线的各个开挖步，1号线左、右线分别在前11、19个开挖步发生的沉降不大；分别在第12～20、20～32开挖步，各个点最大沉降量逐步增大，从第21、23步［开挖面全断面穿过1号线左、右线下方$1D$（D为11号线隧洞直径）］开始，沉降趋于稳定，也就是说，右线开挖面到达1号线边线前后约$1D$范围对既有线影响较大。1号线各观测点的最大沉降位置均发生在1号线轴线与11号线右线轴线平面相交位置处，开挖贯通后，1号线左线监测面1～3号观测点的最大竖向沉降量分别为 $-11.8mm$、$-10.5mm$、$-10.8mm$，1号线右线监测面1～3号观测点的最大竖向沉降量分别为 $-12.5mm$、$-11.2mm$、$-11.2mm$，靠近拱底点的沉降略大于拱顶处的沉降。其中，左线开挖过程中，位于拱顶的各观测面上，3号观测点的沉降槽类似于Peck提出的正态分布曲线，位于拱底的各断面，1号观测点的沉降槽类似于W形曲线，既有隧道位于两条开挖隧道中点的投影位置的沉降相对较小。

各观测点沉降曲线详见图7.3-8。

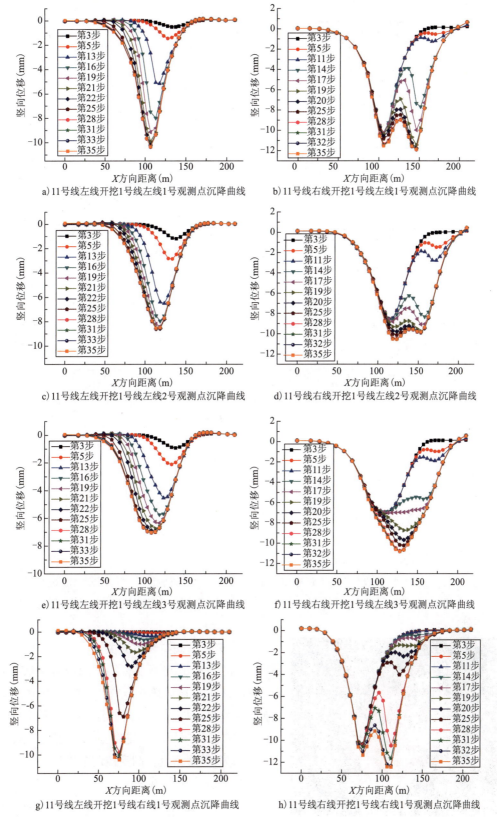

图 7.3-8

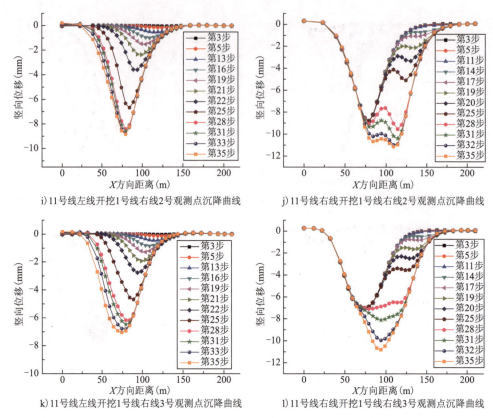

i) 11号线左线开挖1号线右线2号观测点沉降曲线　　j) 11号线右线开挖1号线右线2号观测点沉降曲线

k) 11号线左线开挖1号线右线3号观测点沉降曲线　　l) 11号线右线开挖1号线右线3号观测点沉降曲线

图 7.3-8　观测点沉降曲线图

3.4　关键技术

3.4.1　施工前措施

1）既有线调查和第三方鉴定

在施工前，对下穿段范围内1号线结构现状进行详细调查，对其安全性进行论证，并委托有关部门对该段区间进行第三方鉴定，以制定其安全状态，同时制定变形预测及沉降允许控制值。

2）复测与既有线位置关系

通过测量组实测既有线平面位置及底板高程（见图7.3-9），准确确定既有线与隧道的位置关系，确定其垂直净距，并计算出下穿1号线段的里程和对应的管片环号，以便提前采取相应措施。

3）核查监测点，制定监测预警值

重新检查1号线隧道内和地面监测点的状况，加密监测点位，通过多点测量数据及时进行分析，彻底掌握地铁内沉降动态，同时制定合理

图 7.3-9　既有线复测

的预警制。

4）检修既有线轨道

对受影响地段进行全面整修，拧紧轨道扣件，轨距、水平调正，受影响地段每隔3对短轨枕设置一根绝缘轨距拉杆，受影响地段钢轨内侧安装防脱护轨，受影响地段设置警示标志，采用调高垫板调整轨面高程。

5）检查、更换刀具

为保障盾构顺利下穿1号线，在做好各项技术准备工作的同时，在下穿前及下穿中采取带压换刀的方式，对刀具进行全面检查更换；带压进仓对刀具进行全面更换（见图7.3-10）。

图 7.3-10　带压进仓进行刀具更换

6）对开仓位置进行二次补充注浆

刀盘进入下穿1号线重叠段前，对带压进仓换刀的停机位置进行二次注浆（特别是停机刀盘位置，应重点进行补注浆），注浆采用水泥单液浆，采用水泥—水玻璃双液浆进行封孔，注浆以压力控制，最大注浆压力注至0.3MPa。二次注浆施工见图7.3-11。

图 7.3-11　二次注浆施工

7）检修设备

进入下穿段前，对盾构机的推进系统、同步注浆系统、二次注浆设备、控制电路及液压系统进行检修，对龙门吊、砂浆站等配套设施进行全面检修保养，确保盾构穿越1号线前所有设备均处在最佳的工作状态，保证盾构机以良好的状态实施下穿作业。

8）储备足量膨润土

进入下穿段前，在盾构机上提前搅拌好一罐膨润土备用，并准备160包膨润土放置于盾构机上，以便在意外停机时，及时向土仓内注入膨润土。

9）增加管片注浆孔

在下穿既有地铁1号线的特殊地段，邻接块、标准块均增设2个注浆孔。

3.4.2　掘进过程控制

1）掘进参数控制

盾构施工对周边土的扰动程度受多种因素影响，主要为土仓压力、推进速度、总推力、出土量、刀盘转速、注浆量和注浆压力等，为了实现在盾构机通过时既有线有微小隆起，盾尾脱出后沉降在控制范围内的目标，在制定盾构机掘进参数时遵循"超土压、控出渣、饱注浆、勤监测、动态调整"的原则。

（1）控制土仓压力

土仓上部土压按照理论值提高 0.3bar 控制，保持均匀性，使波动范围尽量控制在 ±0.05bar 之内，防止忽高忽低，确保盾构掘进开挖引起的沉降在允许范围之内，并根据地表监测及自动化监测情况进行适当的调整。停机时要派人密切注意土压的变化，低于预定值时要及时保压。1940～2060 环盾构掘进土压统计详见图 7.3-12。

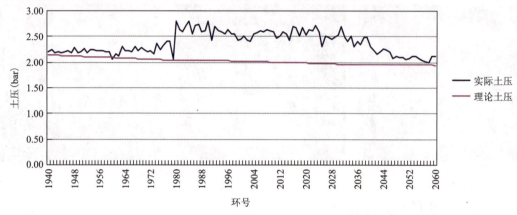

图 7.3-12　1940～2060 环盾构掘进土压统计（左线）

由图 7.3-12 可以看出，1975 环之前，实际土压比理论土压高 0.2bar 左右；1975 环之后，实际土压比理论土压高 0.4～0.5bar，此段掘进时，刀盘位置隆升 2～3mm。

（2）控制掘进速度

盾构下穿时，需严格控制掘进速度，避免速度出现较大波动，因为速度过快易造成土压增大、注浆欠饱满等一系列问题，速度过慢则延长了对地层的扰动时间。根据类似地层试验段掘进情况，速度控制在 40～50mm/min，保证盾构下穿时匀速地通过 1 号线，把对地层的扰动降至最小。1940～2060 环盾构掘进速度统计详见图 7.3-13。

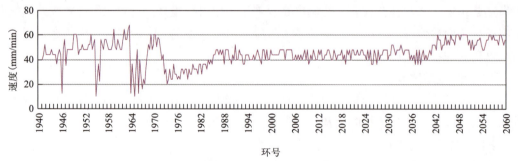

图 7.3-13　1940～2060 环盾构掘进速度统计

由图 7.3-13 可以看出，1975 环之前速度波动较大，是在遇到孤石后，对掘进参数做出了调整，降低了掘进速度；1975 环之后，速度相对平稳，基本在 40～50mm/min 之间，是为控制既有线沉降，降低了掘进速度。

(3) 确保同步注浆质量和数量

为确保管片与围岩的间隙及时填充密实，有效控制既有线沉降，该段适当增大同步注浆量，根据注浆压力控制注浆量，注浆过程中必须保证 6 管同时注浆；浆液初凝时间控制在 3～5h。同步注浆配比见表 7.3-2。

同步注浆配比表（根据现场实际情况适当调整） 表 7.3-2

水泥（kg）	膨润土（kg）	砂（kg）	水（kg）	外加剂
250	140	1200	401	需要根据试验加入

同步注浆压力一般为 1.5～2 倍的土仓压力，即注浆压力控制在 3.0～4.5bar；注浆量取环形间隙理论体积的 1.5～2.2 倍，即每环注浆量为 6.75～10m^3，当注浆量达到要求，注浆压力未达到设定要求时，应增大注浆量，以注浆压力控制注浆量，并根据监测情况适当进行调节。若盾尾通过后，沉降仍不能得到控制，则应继续增大注浆量。1940～2060 环同步注浆量统计详见图 7.3-14。

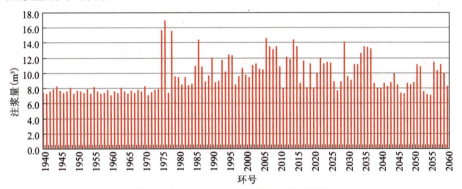

图 7.3-14 1940～2060 环同步注浆量统计

由图 7.3-14 可以看出，1975 环之前，同步注浆量为 7～8m^3，1975 环之后为控制既有结构沉降，提高注浆压力，增大注浆量，保证管片壁后填充饱满，平均注浆量为 10.4m^3，远远大于理论空隙量。

(4) 选择适宜的总推力

根据前期掘进情况，以及刀盘扭矩、盾尾铰接情况，总推力不大于 25000kN 较为适宜。1940～2060 环总推力统计详见图 7.3-15。

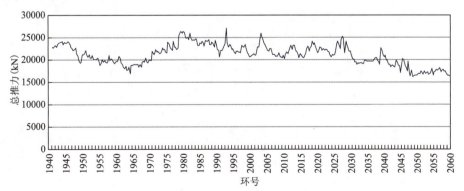

图 7.3-15 1940～2060 环总推力统计

由图7.3-15可以看出，下穿段推力波动相对较大，在19000～24000kN之间波动。

（5）严格控制出渣量

严格控制出渣量，避免渣土的少出或多出，根据加水量、土仓内蓄渣情况及监测情况适当调整。

（6）控制刀盘转速

刀盘转速不宜过快，宜控制在1.6～1.8r/min之间，以减少对地层的扰动。

（7）控制刀盘扭矩

扭矩控制在1300kN·m以内，当超过1300kN·m时应及时报警，得到新指令后方能进行掘进，防止因堵仓、糊刀盘或刀具造成扭矩增大。掘进时，应密切关注扭矩情况，以便在遇到孤石造成扭矩突增时能及时停机上报。

（8）严格线形控制和姿态控制

姿态调整遵循"及时、连续、限量"的原则，不宜过大、过频，减少纠偏，盾构特别是较大纠偏，姿态调整控制在±9mm/m范围内，减少超挖和对土体的扰动。严格控制四个分区推进油缸及铰接油缸行程差，合理进行管片选型，确保盾尾间隙满足施工需要。

（9）加强渣土改良

适当增加泡沫及水的用量，避免发生堵仓、糊刀盘或刀具现象。

2）掘进参数统计

以"超土压、控出渣、饱注浆、勤监测、动态调整"的思路，制定掘进参数，保证连续推进。盾构掘进具体参数统计详见表7.3-3。

盾构掘进具体参数统计表　　　　表7.3-3

项　目	参　数	项　目	参　数
推进速度（mm/min）	40～50	出渣量（m³）	80～90
刀盘转速（r/mim）	1.6～1.8	螺旋输送机压力（bar）	30～40
刀盘扭矩（kN·m）	550～620	铰接油缸压力（bar）	50～110
总推力（kN）	19000～24000	渣土温度（℃）	28～30
顶部土压（bar）	2.0～2.6	泡沫剂（L）	130
注浆量（m³）	10.4	盾尾油脂（kg）	50
注浆压力（bar）	3.0～4.0	加水量（m³）	0～6

3）加强施工监测

自动化监测平面如图7.3-16所示。

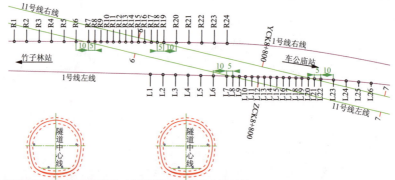

图7.3-16　自动化监测平面示意图（尺寸单位：m）

（1）在穿越施工过程中，贯彻信息化施工的原则，制定详细的信息传递网络，对施工全过程制定有针对性的监测措施，特别是对地面沉降变形和建（构）筑物的沉降变形，以及隧道的位移变形和收敛等进行及时准确的监测，并通过监测数据信息化指导施工。

（2）信息化施工中，将盾构机的各项信息接入地面监控室，同时通过网络实时接收自动化监测数据，确保信息的畅通，通过对数据的科学分析制定出符合适宜的掘进模式及参数，提高施工的安全性。

（3）监测控制指标建议，见表7.3-4。

既有线沉降监测控制值及监测频率　　　　表 7.3-4

名　称	控　制　值		备　注
	累计值	变化速率	
结构绝对隆起	≤10mm	≤4mm/d	自动化监测项目频率：施工关键期1次/30min；一般施工状态监测频率：1次/2h；人工监测项目频率：1次/d
纵向变形曲率	$R \geq 15000$mm		
隧道相对变曲	≤1/2500		
左右轨不均匀沉降值	≤10mm		
接触网距离轨面高度	接触网距离轨面高度≥4000mm，纵向坡度≤0.6%，与结构体和列车的静态净距≥150mm，动态净距≥100mm，绝对最小动态净距≥60mm		
轨道变形控制	正线：轨距-2～+4mm，水平：3mm，方向：3mm		

4）二次补充注浆

为了有效控制既有线的沉降，特别是盾尾脱出后的沉降，从尾倒数第5环开始，对每环进行二次补充注浆。注浆采用水泥—水玻璃双液浆，注浆以压力控制，最大注浆压力至0.3MPa。施工作业见图7.3-17。

图 7.3-17　盾尾二次补充注浆施工作业

3.5 遇到的困难及处理措施

3.5.1 遇到孤石群

在左右线下穿1号线车竹区间过程中，先后时遇到10处孤石，累计长度68m。遇到孤石后掘进时刀盘前面有明显的异响，掘进速度降低至10～20mm/min，扭矩波动至1300kN·m左右，推力增大至25000kN。孤石图样详见图7.3-18。

a) 左线1955环孤石　　b) 右线1964环孤石　　c) 右线1984环孤石

图 7.3-18　孤石图样

处理措施：

(1) 刀盘转速控制在 1.2～1.5r/min 之间。

(2) 放慢掘进速度，控制在 12mm/min 以内。

(3) 掘进时密切关注刀盘扭矩情况，推进时扭矩控制在 600～1000kN·m 之间，当扭矩波动至 1000kN·m 时，立即减少推力，降低速度；若扭矩仍然很大，则应停止刀盘转动，进行换向。

(4) 掘进时，密切关注螺旋输送机压力，降低其最大压力为 100bar；压力超限时，立即停止转动，进行反转，防止大块孤石堵住螺旋输送机。

(5) 刀盘刚启动时，不立即推进，在刀盘缓慢转动一段时间后，再行推进。

3.5.2　地面冒泡

2014 年 4 月 26 日晚 22 时，左线盾构机掘进至 1975 环时，地面深南大道南侧辅道绿化带对应刀盘盾尾位置发生了冒泡现象，冒泡范围直径约 30cm，主要为气，无泥浆冒出，见图 7.3-19。

分析判断： 初步判断为地层密实度低，漏气性大，气体沿着裂隙击穿地面，后右线通过该段时确定冒浆处为 1 号线施工时未对降水井进行有效封堵所致。

图 7.3-19　南侧辅道绿化带冒泡图片

处理措施： 停机对土仓内填注膨润土浆液，至凌晨 2 点，地面冒气泡现象消失。但停机时土压仍有下降的趋势，土仓加气量达到 4500L/min 左右；直至 28 日下午 19 点，共注入膨润土浆液 36m³，土压仍不稳定，后采用自动保压系统进行保压，以确保掘进的连续性。

3.5.3　沉降超限

在 11 号线左线隧道通过 1 号线右线隧道时，4 月 24 日下午 25 号监测断面预警，沉降值为 -8mm；25 日下午 23 号监测断面报警，沉降值为 -10.74mm；4 月 26 日，沉降加剧，连续 11 个断面沉降值超过预警值，最大沉降 -24.0mm，此时盾构机刀盘位于 1980 环，刚好出既有 1 号线结构。

立即停机，对沉降超限点进行二次补充注浆，并召开专家会讨论，决定采取以下处理措施：

（1）停机时向土仓内注入高浓度膨润土（见图7.3-20），注满土仓，用膨润土来保持土仓压力，以土压模式维持掌子面的稳定，至5月2日恢复掘进时，共注入膨润土45m³。停机过程中，刀盘位置既有线沉降稳定，未发生较大沉降。

图7.3-20 土仓内注入膨润土

（2）调集2台注浆机，组织人员对沉降超限位置对应管片进行二次补充注浆（见图7.3-21），注浆浆液采用水泥—水玻璃双液浆，初凝时间45s左右。至5月2日恢复掘进时，共补充注浆102m³，使用水泥36t。至5月2日8点，监测数据回升，21号监测断面最大回升为2.2mm，并基本趋于稳定。

 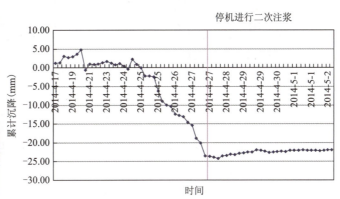

图7.3-21 管片壁后二次注浆

（3）注入克泥效。采用克泥效水玻璃注浆是为有效减小盾构切口环和盾体之间的间隙，达到控制沉降的目的。

5月2日，管片壁后二次注浆完成后恢复掘进前，在盾构机中盾1点位置注入克泥效，首次注入时注入量为2.5m³，确保盾体与土体间隙填充饱满。

克泥效浆液包含A液和B液。A液为克泥效和水的混合液，配比为克泥效:水＝400kg:825kg；B液为水玻璃，50L，凝结时间4.5s，A、B液采用盾构机上自带的二次注浆泵注入，通过调节阀来控制A液和B液的注入量。

盾体首次注克泥效至饱满后，在掘进时，同步注入克泥效，保证在掘进时，盾体与开挖面的间隙填充饱满。每环平均注入1.5m³左右。施工过程见图7.3-22。

（4）提高同步注浆压力，增加注浆量。

因地层松散失水、空洞、漏气情况严重，根据前期同步注浆及二次注浆情况，注浆量远大于设计量,注浆压力也难以提升,管片壁后地层需要填充的空腔较大,提高顶部注浆压力到3.0～4.0bar。根据同步注浆压力控制注浆量,同时同步注浆填充系数调至2.0,每环注浆不少于9m³。

调整砂浆配合比,提高水泥用量,初凝时间由原来的3～4h调至2h。同步注浆量统计详见图7.3-23。

图7.3-22 盾体注入克泥效

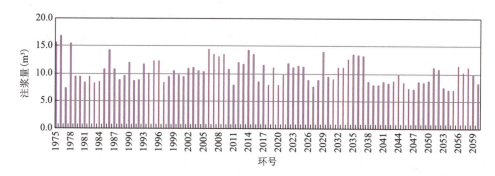

图7.3-23 同步注浆量统计

根据图7.3-23同步注浆量统计,恢复掘进后最大单环注浆量为17m³,平均同步注浆量为10.4m³,是理论填充量的2.3倍。

(5)管片壁后补充注浆。

从盾尾倒数第5环开始,与同步注浆同步对每环管片进行浆液补注。由于盾体注入克泥效及同步注浆比较饱满,盾构通过后,自动化监测情况均为隆升,平均隆升5mm,最大隆升8mm,故未进行二次补充注浆,监测情况相对稳定。

其他掘进参数调整情况详见表7.3-5。

其他掘进参数调整统计表 表7.3-5

序 号	项 目	原参数/措施	调整后参数
1	土压(bar)	2.15～2.40(在理论量的基础上提高约0.2bar)	在理论量的基础上提高0.3
2	速度(mm/min)	40～60	①正常地段30～40;②孤石等异常地段小于12
3	推力(kN)	≤20000	按原方案执行
4	扭矩(kN·m)	≤1000	遇到孤石地层时可以不高于1500

(6) 加快信息反馈,实现信息化施工。

由项目经理和技术负责人在监控信息室24h轮流值班,对1号线进行时时监控,每2h采集一次数据,根据数据变化,下达每环掘进的控制指令,并根据监测数据的变化规律,进行分析总结,确保后续沉降稳定。

对发生沉降超限段R21-2断面自动化监测沉降情况分析见图7.3-24。

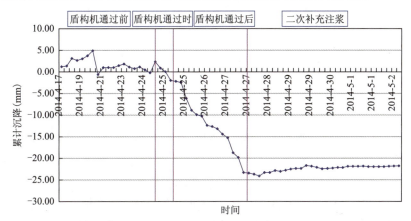

图 7.3-24　R21-2 断面自动化监测沉降情况分析

沉降分析：盾构机通过前,未隆起,通过时沉降-2.1mm,脱出盾尾后,由于管片壁后注浆不饱满,沉降加剧,累计沉降-24.1mm,通过二次补充注浆后,隆起2.2mm。采取措施后,对L23-1断面自动化监测沉降情况分析详见图7.3-25。

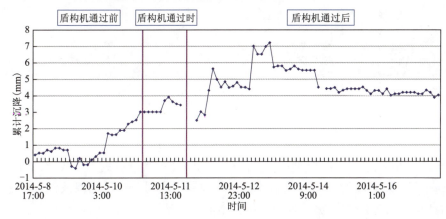

图 7.3-25　L23-1 断面自动化监测沉降情况分析

沉降分析：盾构机通过前,刀盘位置隆起2~3mm,盾体通过时隆起1mm,累计4mm,脱出盾尾时,由于同步注浆饱满,隆起3mm,累计7.2mm,在脱出盾尾38h后,由于砂浆的凝固收缩,开始沉降,60h后沉降2.7mm,然后趋于稳定,并稳定在4.2mm。

3.5.4　连续遇到降水井

1）历次遇到降水井情况

11号线右线下穿1号线过程中,共遇到7口降水井,其中6号、7号降水井在盾构机到达前进行了探明和封堵。图7.3-26为降水井分布与线路位置关系示意图。

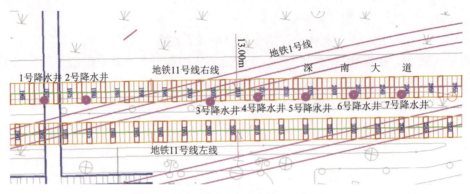

图 7.3-26 降水井分布与线路位置关系示意图

（1）第一次

2014年7月2日，右线掘进至1965环时，在螺旋输送机出渣口有被绞断的钢筋排出，钢筋直径为16mm、8mm两种（见图7.3-27），立即停止掘进，刀盘注入膨润土停机保压，并在7月4日组织专家会，专家分析为遇到1号线施工时开凿降水井。至7月3日1:40，在施作泥膜的过程中，土压从2.6bar骤降至1.7bar，此次地面无漏浆冒泡发生。在7月4日带压进仓检查时，从土仓内又打捞出一根2.5m左右的钢筋（见图7.3-28）。

图 7.3-27 右线1965环排出的钢筋

图 7.3-28 开仓检查时土仓内打捞的钢筋

（2）第二次

2014年7月12日14:40，右线掘进至1974环时，在地面刀盘位置发生冒浆，土仓压力从2.5bar瞬间降至0.7bar，地面冒浆处，可以清晰地看到是遇到1号线施工时开凿的降水井（见图7.3-29）。迅速启动应急措施，一方面采用水泥—水玻璃双液浆、砂袋对降水井进行封堵（见图7.3-30）；另一方面，根据地面冒浆情况，降低土压至2.0bar进行掘进，并快速通过。经过3环掘进，地面停止冒浆，经过7环后，土压提升至2.4bar正常掘进。

图 7.3-29 冒浆处的降水井

图 7.3-30 降水井封堵

（3）第三次

7月20日0点，掘进至2000环时，遇到第三口降水井（土仓内有钢筋排出），刀盘位置处地面由沥青路面施工缝处冒浆（见图7.3-31），土压从2.5bar 骤降至1.6bar，采用同样措施，降低土压至2.0bar 快速通过，经过6环后，土压调整至2.3bar 正常掘进。

图7.3-31　第三口降水井地面冒浆处

（4）第四次

7月21日1点，2010环掘进1400mm时，遇到第四口降水井（土仓内有钢筋排出），地面开始冒浆，地面土压由2.3bar 骤降至1.7bar，掘进1800mm 时又遇到孤石，2011环通过孤石。

（5）第五次

7月22日9点，2020环掘进1300mm时，遇到第五口降水井（土仓内有钢筋排出），地面开始冒浆，土压由2.3bar 跌至0.2bar。掘进1600mm时，打开泡沫系统六路加气系统，每路气体流量调至最大，土压仍然保不住，上部土压仅在0.55~0.65bar 之间徘徊，上部注浆压力也降至1.0~1.5bar。

2021环掘进时，继续采用堆土保压模式掘进，土压能维持在1.0~1.1bar 之间，2022、2023环土压升高至1.4bar，2024环土压由2.0bar 逐渐提升至2.3bar，土压恢复正常。

2）自动化监测情况

每次遇到降水井，地面发生冒浆后，由于土压失稳，盾构机前后对应1号线自动化监测断面出现较大沉降变化，变化量在-2.4~-9.29mm 之间，R4、R5断面最大累计沉降-13mm，多个断面超出报警值。既有线R12-2、R7-2监测点沉降分析如图7.3-32、图7.3-33所示。

根据既有线监测点累计沉降图分析，每次地面发生冒浆，土仓压力保不住发生突降时，既有线结构就会发生较大沉降，在盾构机位置所在处的监测点沉降量最大，向刀盘前方和盾尾后方沉降量逐渐减少；当土仓压力建立起来后，结构沉降趋于稳定，并有所回升。

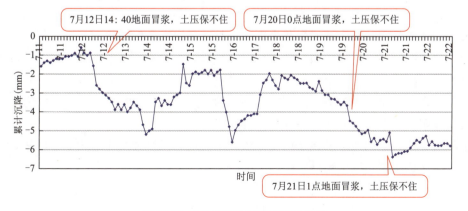

图7.3-32　R12-2监测点累计沉降分析图

图 7.3-33　R7-2 监测点累计沉降分析图

3）处理措施

（1）对后续降水井进行探明、封堵。

根据 1 号线车竹区间相关降水井施工图纸，咨询当时参与降水井施工的相关人员，沿线路范围内采用金属探测仪又探明出两口降水井，并开挖出来。

采用双管旋喷钻机进行钻孔注浆封堵，每个降水井处施作两个钻孔，钻孔间距 300mm，加固深度从隧道中部至地面，注浆浆液采用水泥—水玻璃双液浆（见图 7.3-34）。

降水井封堵后，盾构机通过时，掘进参数正常，未发生地面冒浆情况，既有线未发生较大沉降。

图 7.3-34　降水井注浆封堵

（2）当遇到降水井发生地面冒浆土压失稳时，采用堆土保压模式掘进，降低土压，以地面不冒浆为准，使刀盘快速通过降水井。刀盘通过 3～4 环后，根据地面冒浆情况，通过注浆来提高土压压力，直至恢复正常土压状态。

（3）地面冒浆处，采用水泥—水玻璃双液浆进行封堵，周边采用砂袋对泥浆进行围闭，防止泥浆污染更多的路面，并设立临时围挡。

（4）盾体注入克泥效。盾体采用克泥效和水玻璃，可有效填充盾构切口环和盾体之间的间隙，从而达到控制沉降的目的。

（5）提高同步注浆压力，增加注浆量。

（6）及时进行管片壁后二次补充注浆，控制既有线结构沉降。

3.6 监测数据分析

在下穿施工过程中，对既有地铁1号线采用自动化全站仪进行监测。监测周期贯穿整个下穿期间，下穿结束后位于1号线道床位置的1号监测点沉降监测结果如图7.3-35所示。从监测结果可以看出，左线最大沉降量为-14.0mm，右线最大沉降量为-11.4mm，整个沉降曲线呈W形分布，最大值出现在与11号线隧道中线平面交点附近。前文有限元计算结果与监测数据接近。

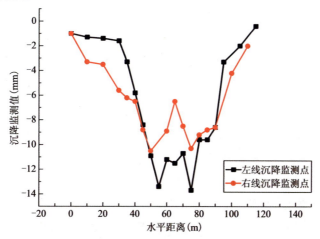

图7.3-35　1号监测点沉降监测曲线

3.7 应用成效

11号线车红区间左线于4月23日～5月15日、右线于7月13日～8月9日顺利完成下穿地铁1号线施工，沉降控制良好，未对既有线结构产生影响，完成大直径盾构在复杂地质下，小角度、长距离、近间距成功下穿既有运营线，为类似工程积累了丰富经验。

施工过程中还存在以下不足：

（1）在11号线左线先行下穿1号线左线区间时，同步注浆量按大于正常段注浆量考虑进行注浆，未考虑到1号线施工时对地层已经产生影响，地层松散失水、空洞、漏气情况严重，注浆填充量远远大于正常段注浆量，造成脱出盾尾后，沉降加剧；在后续下穿1号线右线区间时，由于过于保守，使部分监测点隆起过大，超过预警值。

（2）在11号线右线下穿1号线时，由于设计资料未显示在线路范围内存在降水井，封堵效果不好，并且在下穿前对周边建（构）筑物调查不够彻底，未能发现线路范围内的降水井，造成掘进时地面冒浆，土压失稳，既有结构沉降较大。

第4节 复合地层土压平衡盾构带压换刀施工技术

4.1 工程概况

11号线宝碧区间隧道总长约3km,采用土压平衡盾构法施工,多次穿越全、强风化花岗岩及砾砂层等地层,刀具出现一定的磨损,为此,计划在加固区进行带压开仓检查,更换刀具。穿越地层主要为砾砂、粗砂、全(强)风化片麻状花岗岩、闪长玢岩。隧道上覆地层为人工填土、淤泥、淤泥质黏土层,淤泥层曾进行搅拌桩加固,加固范围为地下2~10m。隧道下伏基岩主要为加里东期中风化、微风化片麻状混合花岗岩,中等风化、微风化闪长玢岩。该段水位位于地下3m左右,隧道范围内砾砂层透水性较强。水位高程-1.58~1.68m。换刀点纵断面地质情况见图7.4-1,地层参数详见表7.4-1。

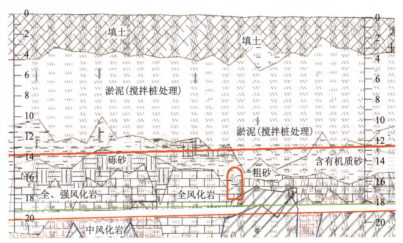

图7.4-1 换刀点纵断面地质图

换刀预停机点地层参数　　　　　　表7.4-1

地层代号	岩土名称	层厚(m)	天然重度(kN/m³)	有效重度(kN/m³)
①₇	压实填土	2.7	19.0	9.2
①₈	水泥土	2.25	16.5	6.7
②₁	淤泥	9.1	16	6.45
④₁₀	粗砂	1.8	20	10.2
⑯₂₋₁	砂土状强风化闪长玢岩	1.12	20.5	10.7
⑯₃	中等风化闪长玢岩	1.4	25	15.2
⑯₄	微风化闪长玢岩	—	26	12

区间盾构经长距离复合地层掘进后，极可能出现刀盘被糊、结"泥饼"或刀具磨损等情况，为确保后续掘进施工顺利，计划进行开仓检查，必要情况下进行刀具更换。

4.2 带压换刀技术的前期基础研究

4.2.1 常压状态与带压状态换刀方案分析

根据现场的实际情况，分析常压状态与带压状态下换刀对该次施工的适宜性，两种状态对比见表 7.4-2。

常压换刀与带压换刀方案对比分析表　　　　　表 7.4-2

换刀方式	加固方式	加固效果及风险性	对交通影响	换刀时间	准备时间	加固成本
常压开仓换刀	不加固	无，坍塌风险大	无	不确定	无	无
	地面降水加固	差，坍塌风险大	影响较小	较长	长	较高
	地面注浆加固	一般，坍塌风险大	影响较大	较短	长	较低
	旋喷桩或人工挖孔桩	良好，坍塌风险小	影响较小	短	长	较高
	地面双液浆加固	较好，坍塌风险小	影响较大	较长	较长	高
	洞内双液浆加固	较好，坍塌风险小	无	较长	较短	较高
	洞内聚氨酯加固	较好，坍塌风险小	无	较长	短	高
带压开仓换刀	不加固	无，坍塌风险小	无	较长	较短	无
	结合地面注浆加固	较好，坍塌风险小	无	短	较短	较高
	结合地面双液浆加固	较好，坍塌风险小	无	短	较短	较高

4.2.2 带压换刀作业的工作原理

带压换刀作业的工作原理是：对刀盘前方开挖面土层进行改良加固后，在保证刀盘前方周围地层和土仓满足气密性要求的条件下，利用空气压缩机将压缩空气注入土仓，边出土边注入空气，逐步置换土仓内渣土，以气压代替土压，通过在土仓内建立合理的气压来平衡刀盘前方水、土压力，达到稳定开挖面和防止地下水渗入的目的。作业人员在气压条件下，安全地进入土仓内进行检查和刀具更换等作业。

压缩空气对开挖面的稳定作用，主要包括以下三方面：①可阻止来自开挖面的涌水，防止开挖面坍塌；②由于气压作用于开挖面，能够直接加强开挖面的稳定性；③由于气压对围岩缝隙起到排挤水的作用，增加了土层颗粒间的有效应力，提高了强度。

4.2.3 工作气压值确定

工作气压 P 指工作时土仓内的气压。压力越高，越能提高掌子面的稳定性。但从作业效率和进仓作业者的健康角度考虑，则取低值较好。所以在确定工作气压时，可先计算出能稳定掌子面的最低气压，工作气压在此基础上考虑一定的安全系数。

隧道埋深约 13m，地下水埋深约 3m。由于隧道埋深较浅，且上覆地层主要以淤泥土为主，不属于松散介质，故不考虑隧道覆土的成拱效应，掌子面水土压力采用全覆土理论计算。

带压换刀工作气压值应平衡掌子面前方水土压力，考虑工人在此压力环境下带压换刀的舒适感，密封舱压力设定高于开挖面水土压力 10～20kPa。

对比施工记录的盾构土仓压力，全覆土理论计算的压力较为接近施工时的土仓压力，所以建议带压换刀工作时密封舱气压控制在 1.4～6.3bar。

4.3　膨润土泥浆的配比试验及制备

4.3.1　膨润土泥浆发酵试验

膨润土泥浆在带压换刀过程中对控制气压和漏气量起到极其重要的作用，在带压换刀前应对其配比和效果进行试验。膨润土泥浆的技术指标包括膨润土配比、发酵时间、制备流程。

为了满足施工需要，现场使用流塑性、黏性更优的钠基膨润土制备泥浆。分别对质量比（外掺）6%、8%、10%、12% 的钠基膨润土浆液做了多次泥浆稠度试验，给出了推荐制备方案，将其配制成为不同浓度的膨润土泥浆，分别膨化 30h，以得到最优配比、最优配比时的膨化浓度以及效果最优时的膨化时间。

不同配比膨润土泥浆初始状态见图 7.4-2～图 7.4-5。

图 7.4-2　6% 的膨润土泥浆初始状态

图 7.4-3　8% 的膨润土泥浆初始状态

图 7.4-4　10% 的膨润土泥浆初始状态

图 7.4-5　12% 的膨润土泥浆初始状态

由图可知，随着膨润土配比的提高，膨润土泥浆的浓度增加，稠度也随之增加，拌和过程中泥浆的黏度也逐渐增大，配比达到 12% 时，拌和好的膨润土泥浆已呈现出稠度较大的糊状。

不同配比膨润土泥浆发酵 24h 状态见图 7.4-6～图 7.4-9。

图7.4-6 6%的膨润土泥浆发酵24h状态

图7.4-7 8%的膨润土泥浆发酵24h状态

图7.4-8 10%的膨润土泥浆发酵24h状态

图7.4-9 12%的膨润土泥浆发酵24h状态

由图可知，配比大于8%的膨润土泥浆发酵24h后，均已呈现出稠度较高的糊状，且配比越高，泥浆越黏稠，配比为12%的膨润土泥浆已呈半固态的牙膏状，黏度极高，流动性较差。

对膨润土泥浆进行稠度试验。每隔6h试验一次，由于昼夜班时间因素，未对发酵12h进行试验。试验结果见表7.4-3、图7.4-10。

不同浓度钠基膨润土泥浆黏度随时间变化关系表（单位：s）　　　表7.4-3

发酵时间（h）	配比（%）			
	6	8	10	12
0	16.78	20.95	33.80	78.67
6	20.00	31.00	84.82	357.79
18	24.35	33.77	155.62	896.75
24	24.24	46.23	242.52	1018.54
30	25.57	51.52	318.52	—

漏斗黏度计：500mL，蒸馏水黏度：15s。

由图7.4-10可以看出，随着发酵时间的增加，膨润土泥浆的稠度均有不同程度的提高。膨润土浓度越高，稠度提高的越明显。12%的膨润土由于稠度过高，发酵30h的锥形稠度试验已无法正常测得试验数据。配比为6%的膨润土泥浆稠度过低，即使发酵30h，稠度试验时间依然低于30s，无法达到现场的需求。配比为8%的膨润土泥浆稠度适中，若依据成都地铁砂卵石地层带压换刀施工经验，使用的膨润土泥浆相应的锥形漏斗稠度仪计量值（发酵24h后）约为35s，宝碧区间带压换刀使用配比为8%的膨润土泥浆可以达到现场需求。配比为10%的膨润土泥浆稠度较好，若根据现场带压换刀对膨润土稠度90s

的要求，10%的膨润土泥浆发酵超过 6h 即可使用，建议发酵 18h 使用。配比为 10%的膨润土泥浆稠度较高，可作为应急时的配比使用，建议拌和好后发酵时间不宜超过 6h，并立即使用，否则会因为稠度过高，流动性较差，不宜运输输送。

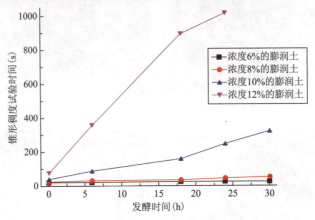

图 7.4-10　不同浓度膨润土泥浆稠度与发酵时间的关系

制备过程中，膨润土粉末与水充分反应，需保证膨润土泥浆搅拌罐 24h 旋转，以防止发生沉淀。

4.3.2　隧道掌子面泥膜建立情况

泥膜的形成效果可通过测试土压的气密性进行检测、判定。在往土仓注入膨润土溶液之后，根据仓内空气压力流失量指标进行衡量。若 2h 内仓内空气流失量小于 0.1bar，则判定泥膜气密性合格，泥膜效果良好。通过工人进仓对仓内泥膜建立情况进行检查可知，合理配比下充分发酵的膨润土泥浆可以有效地建立泥膜（见图 7.4-11），保证仓内气压的稳定。

图 7.4-11　土仓泥膜建立情况

4.4　应用效果

本文以 11 号线宝碧区间隧道土压平衡盾构过复合地层时盾构带压换刀为例，提出了适用于此类地层的带压换刀工作气压值经验计算公式，膨润土泥浆的配比和制备流程，提出了适用于复合地层条件下带压换刀建立泥膜的膨润土泥浆配比及发酵时间。施工过程中严格控制各项参数，规范带压换刀操作流程，顺利完成宝碧区间盾构带压换刀工作，可为解决城市地铁隧道施工中的类似问题提供一定的指导和借鉴作用。

第 5 节
重叠段隧道液压台车支撑保护施工技术

5.1 工程概况

11号线松岗站—碧头站区间（为线路正线）全长1322.709m。线路左线在里程ZDK50+221.634～ZDK50+476.6，右线在里程YDK50+209.08～YDK50+432.36处与松岗车辆段出入线（简称出入线）在空间位置上重叠。出入线在上，最小埋深约7.9m；松碧区间在下，最小埋深约16m，均采用盾构法施工，隧道之间的最小净距为2.4m。平面关系如图7.5-1所示（红色为正线隧道，绿色为出入线隧道）。

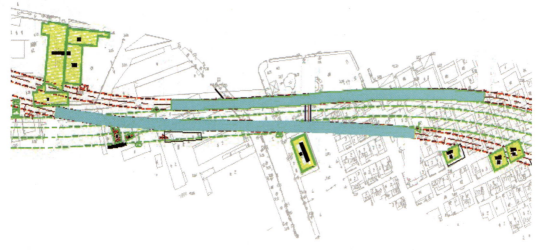

图 7.5-1　正线隧道与出入线隧道平面关系图

重叠段的主要地质为淤泥质粉质黏土、含有机质砂、砾砂、全风化片麻状混合花岗岩。区间地质及线路垂直关系如图7.5-2、图7.5-3所示。

图 7.5-2　左线正线隧道与出入线隧道重叠段纵剖面图

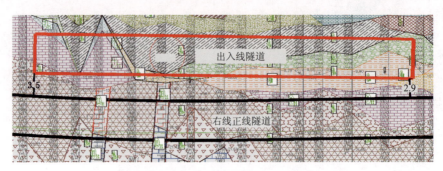

图 7.5-3　右线正线隧道与出入线隧道重叠段纵剖面图

按照设计要求，本区间先施工下部隧道后施工上部隧道。由于上下隧道的夹土体地质较差，净距较小，且盾构机刀盘自重约 55t，上部隧道施工时，会对已建成的下部隧道造成不利影响。因此，出入线隧道在上洞掘进过程中，为保护下洞的安全，在上洞盾构机所处位置对应的下洞位置设临时移动保护支架或移动保护台车。

根据施工筹划，出入线盾构掘进施工重叠段时，采用液压支撑台车对正线隧道进行保护，既能满足出入线隧道掘进要求，又能保护正线成型隧道安全，很好地克服了重叠段隧道的施工难点。

5.2　工法特点

（1）适用性强：适用于新线长距离重叠隧道施工。
（2）操作性强：工序简单，操作方便。
（3）安全可靠：与常规正线隧道型钢支撑相比，安全性得到了极大提高。
（4）经济性高：与常规型钢支撑相比，工期短，经济节约。

5.3　施工技术应用

5.3.1　工艺原理

重叠段上部隧道盾构机掘进施工时，在下部隧道设置液压支撑台车随上部隧道盾构机掘进移动，并对支点预加支撑力压力，传递盾构机主机重量及掘进动荷载，确保上部隧道顺利掘进施工及下部已成型隧道安全。

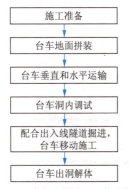

图 7.5-4　台车支撑施工工艺流程图

5.3.2　施工流程

正线隧道液压支撑台车配合出入线重叠段隧道掘进施工，内容包括前期施工准备工作（包括台车设计、台车生产）、台车地面拼装、进洞安装调试、配合出入线重叠段掘进施工以及台车拆除工作，其工艺流程如图 7.5-4 所示。

5.4 出入线盾构掘进施工前准备工作

5.4.1 台车设计及制作

根据联络通道型钢支撑架的支撑设计液压台车支撑，台车形式如图 7.5-5、图 7.5-6 所示。

液压支撑台车总长 12m，断面为变截面 H 型钢 Q235 全焊钢结构，翼板规格为 300mm×16mm、腹板厚度 14mm、肋板厚度 14mm。

（1）整个支撑台车由 3 节台车组成，每节台车长 3m，台车间通过顶推油缸串联。

（2）台车门架间距为 1.5m，与管片宽度相同，每个断面有 5 个支撑轮组，每轮组由 2 个聚氨酯橡胶钢芯轮组成。

（3）支撑轮组利用液压油缸提供支撑力，每轮组可承受的最大支撑力为 25t。

（4）整个台车的行走采用液压油缸顶推，全台车共 6 个顶推油缸，每个油缸最大顶推力 25t。

（5）每节台车（3m）重约 12t，整个台车重约 36t。

（6）台车其他配件：液压站 1 台，顶推油缸 8 条，支撑聚氨酯钢轮 90 个，支撑油缸 45 条，行走钢轮 24 件。

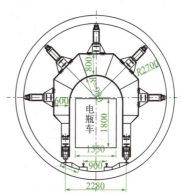

图 7.5-5 顶推式液压台车保护支架断面图（尺寸单位：mm）

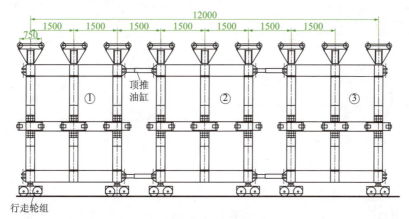

图 7.5-6 顶推式液压台车保护支架纵向剖面图（尺寸单位：mm）

5.4.2 重叠段地质加固

1）重叠段地表旋喷加固

根据地质详勘和补勘资料显示，重叠段区域正线隧道上方为中粗砂层，出入线隧道位于淤泥质粉质黏土、含有机质砂、砾砂层中，为确保出入线隧道重叠段施工安全和正线已完隧道的安全，在正线隧道施工前对出入线隧道重叠段采用双重管旋喷桩进行加固。双重管旋喷桩桩径为 600mm，间距为 600mm×600mm。竖向加固范围为上下隧道中心线之间或进入强风化岩层 1m，横向加固范围为隧道结构外 1m，加固平面、剖面如图 7.5-7、图 7.5-8 所示。

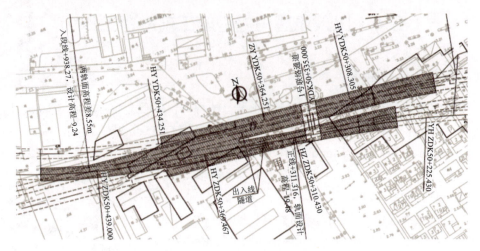

图 7.5-7　正线隧道与出入线隧道重叠段夹层部分加固平面示意图

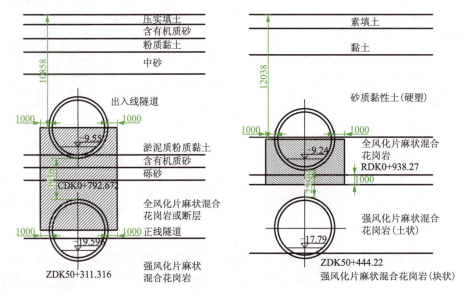

图 7.5-8　正线隧道与出入线隧道重叠段夹层部分加固剖面示意图（尺寸单位：mm）

2）正线隧道二次注浆

为确保重叠段正线隧道已施工完成管片结构的安全，在重叠段隧道顶部90°范围利用吊装孔二次注浆。注浆为双液浆，水灰比为1:1，40°Bé 水玻璃按1:1 稀释，水玻璃与水泥浆按1:1比例注入，以压力控制注浆量，注浆压力控制在4bar以内。注浆采用水泥浆与水玻璃液在管片位置利用三通混合注入管片背后，注浆完成后利用超声波检测管片后的空隙。如发现管片后有空洞，注浆不饱满，可用冲击钻钻通浆液凝固体重新补注浆，直至管片后无空洞。

5.4.3　支撑台车轨道铺设

支撑台车采用盾构台车轨道、轨枕，台车轨距2180mm，支撑台车下井前在重叠段隧道既有电瓶车轨道上安装盾构台车牛腿结构，拼接台车轨道，为支撑台车行走提供条件。具体轨道安装如图7.5-9所示。

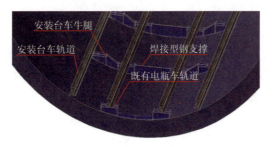

图 7.5-9 支撑台车轨道安装图

5.4.4 建立施工配合联络管理机制

出入线盾构到达重叠段隧道前,建设单位组织出入线施工单位、正线施工单位召开盾构过重叠段施工协调会,确定出入线盾构过重叠段施工时双方对口联络人员和联络机制,出入线施工单位和正线施工单位分别建立各自的电话联络站,并指定专人负责,形成信息畅通及反馈机制,施工过程中加强沟通。信息联络机制示意图如图 7.5-10 所示。

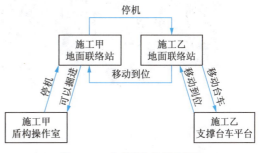

图 7.5-10 信息联络机制示意图

5.4.5 其他施工准备工作

(1)编制重叠段洞内移动台车加固方案、洞内注浆方案以及重叠段隧道施工针对性应急预案,报监理、建设单位审批;

(2)与台车生产厂家一起,优化台车设计方案,并对台车生产进行监造;

(3)对施工人员进行安全、技术交底;

(4)正线隧道与出入线隧道以重叠位置开始统一里程,并在正线隧道上标明里程,防止因出入线和正线隧道里程不一致,造成支撑台车移动超前或滞后出入线盾构机;

(5)出入线盾构到达重叠段前,测量组根据出入线里程点在对应的正线隧道管片9点位置每间隔1.5m贴一个相应的里程标记,并对技术人员做好相应的交底工作;

(6)监测单位在重叠段范围内重新布置监测点位,读取初始值。

5.5 台车拼装及配合出入线重叠段隧道掘进施工

5.5.1 台车拼装

支撑台车各部件运输至施工现场后,利用 16t 龙门吊配合在地面组装。台车组装按节进行,组装完成经检查合格后,利用始发井口 40t 龙门吊将液压支撑台车分节吊至电瓶车平板拖车上,用两组葫芦固定,用电瓶车分三次将台车运至重叠段区域,在重叠段将三节台车连接成整体(见图 7.5-11)。

5.5.2 台车调试及就位

1）台车调试

待支撑台车拼装好，电机线路、液压系统、千斤顶装好后即开始台车调试工作（见图 7.5-12）。调试分电机驱动系统调试、液压支撑系统调试、支撑台车行走调试。调试过程中详细记录调试参数，进行台车电路、液压系统连接，连接完成后进行各组液压、电路管线连接并调试。

图 7.5-11　支撑台车现场拼装　　　　图 7.5-12　台车调试

2）支撑台车就位

支撑台车调试完成后，根据测量组提供的测量数据准备定位。

定位原则为：支撑台车前端超出出入线盾构刀盘前方 2m，支撑台车后方超出盾尾 1m。就位完毕后，根据荷载计算油缸压力，调整各组油缸油压至设计计算值 2.5MPa。

5.5.3 台车移动

台车工作原理，为台车在轨道结构上分节不卸载顶推移动。

即出入线隧道每掘进完成一环后，在管片拼装期间，利用台车千斤顶和电瓶车将台车前移 1.5～2.5m，以保证出入线盾构掘进时盾构机始终位于支撑台架上方。移动顺序如下：

首先，利用 1、2 号台车间的顶推油缸将 1 号台车往前推（此时 2、3 号台车作为反力台车）；

然后，利用 1、2 号台车间的顶推油缸和 2、3 号台车间的顶推油缸共同作用，将 2 号台车往前推（此时 1、3 号台车作为反力台车）；

最后，利用 2、3 号台车间的顶推油缸将 3 号台车往前推（此时 1、2 号台车作为反力台车）。

顶推时，为防止反力台车移动，根据需要可在反力台车的行走轮和轨道间塞木楔，或直接用电瓶车提供反力。

如此反复，移动至所需的位置，然后进行出入线下一环掘进施工。

5.5.4 施工监测

重叠段隧道掘进施工时，为确保正线成型隧道安全，需对正线隧道管片进行监测，监测内容包括拱顶下沉、水平收敛和管片支撑台车内应力监测。其监控项目与控制标准见表 7.5-1。

监控项目与控制标准表　　　　　　　　　　　　　　　　表 7.5-1

序　号	监测项目	单线控制标准
1	拱顶下沉（mm）	10
2	水平收敛位移（mm）	20
3	管片支撑台车内应力（MPa）	0.15

拱顶下沉采用水准仪及塔尺进行观测，水平收敛采用 JSSA30 数显隧道收敛仪进行观测，管片支架应力采用在钢板上安装应力计进行观测。测点布置及量测间隔时间见表 7.5-2。

重叠段监控量测测点布置及量测间隔时间表　　　　　　　　表 7.5-2

序　号	监控项目名称	测点布置	量测间隔时间	
1	拱顶下沉	每环	出入线掘进完成	脱出盾尾
2	水平收敛位移	每环	出入线掘进完成	脱出盾尾
3	管片支撑台车内应力	每环	出入线掘进完成	脱出盾尾

监测数据整理完毕后及时报给项目技术负责人及出入线施工单位技术负责人，出入线施工单位负责人根据管片监测数据及时调整掘进参数，特别是土仓压力，防止正线隧道管片变形。

正线隧道在出入线重叠段掘进施工过程中，经现场监测，拱顶下沉量最大为 2mm，水平收敛最大为 1.5mm，满足规范要求。

5.6 应用成效

2014 年 11 月 10 日开始组装调试液压支撑台车，2014 年 11 月 20 日出入线左线盾构于 2014 年 11 月 20 日到达重叠段开始重叠段隧道掘进，于 2014 年 12 月 21 日顺利通过，平均每天掘进 8.4 环；出入线右线盾构机于 2014 年 12 月 26 日到达重叠段开始重叠段隧道掘进，于 2015 年 1 月 1 月 15 日顺利通过，平均每天掘进 7.9 环。正线采用液压支撑台车配合出入线隧道掘进，完全满足出入线盾构正常掘进要求。

液压支撑台车在配合完成左线重叠段隧道施工后转至右线隧道，采用 40t 门吊分节从左线井口吊运至右线井口，电瓶车运输井洞转场，仅用时 24h，工作效率得到了极大的提高。

利用液压支撑台车配合重叠段隧道掘进，出入线隧道左线仅用 21d 完成 177 环、右线仅用 19d 完成 149 环重叠段隧道掘进施工，既保证了出入线隧道盾构施工工效，又保证了正线成型隧道的安全，特别是相比型钢支架施工，提高了施工工效，降低了型钢支架安装施工风险，节省了人力、物力，降低了项目施工成本。

第8章

其他土建施工技术

第 1 节 车公庙枢纽大断面矩形顶管施工技术

1.1 工程概况

车公庙枢纽位于深圳市中心区域，有三条地下过街通道需横跨深南大道，通道上方还有 1m 以上给水主干管道以及污水、通信等管线，为了避免大范围的交通倒改以及管线改迁，上述通道均采用 6.9m×4.65m 大断面矩形顶管施工工艺施工。同时，为避免前期征地拆迁、绿化迁移、管线改迁等不确定因素带来的巨大工期风险以及埋深过浅且穿越杂填土存在的施工安全风险，枢纽 I1 通道暗挖部分也由原来的浅埋暗挖法改为顶管施工工法，为该通道节约工期达 6 个月以上，确保了枢纽的按时开通。

1.2 车公庙枢纽大断面矩形顶管机

车公庙枢纽所用的大断面矩形顶管机根据设计尺寸及地层情况进行了设计制造，主要由切削搅拌系统、驱动系统、纠偏及液压系统、出渣系统、顶推系统、测量显示系统、电气操作系统等组成。

在矩形顶管机的切削搅拌系统中，配置了 6 个辐条式刀盘，刀盘开口率 70% 以上，采用 3 前、3 后平行轴式布置，相邻刀盘的切削区域相互交叉，开挖覆盖率能达到 93%～95%。考虑要通过加固区，在前盾切口环全圆布置切刀，对刀盘盲区进行切削。大断面矩形顶管机切削系统如图 8.1-1 所示。

 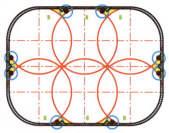

图 8.1-1　大断面矩形顶管机切削系统

刀盘切削下来的土体充满整个土仓，并经过刀盘附带的搅拌棒充分搅拌均匀后，由底部螺旋输送机出土孔进行出土。

与盾构机不同，矩形顶管机的管片是在始发井安装，并通过顶推系统推动整个通道结构向接收位置顶进，因此影响顶进过程中管片与土体摩擦力的减阻系统非常关键。车公庙枢纽用矩形顶管机是在管片与周边土体间注入触变泥浆来降低摩阻力的。触变泥浆减阻系统在壳体上和每节管片上均布置有触变泥浆注浆孔，壳体上的注浆孔在一定程度上还能起到调整盾体姿态的作用，管节上的注浆孔主要用来降低摩阻力，同时也能最大限度地解决背土问题。大断面矩形顶管机触变泥浆减阻系统如图 8.1-2 所示。

图 8.1-2　大断面矩形顶管机触变泥浆减阻系统

1.3　大断面矩形顶管管节

1.3.1　管节设计

矩形顶管管节一般采用矩形或类矩形（上部微拱）结构，管节设置吊装孔、触变泥浆孔和浆液置换孔等，单节长度一般为 1.5m，矩形顶管管节之间纵向连接采用承插式 F 型接头。设计结构形式为矩形圆倒角钢筋混凝土管节，结构净空宽 3.65m，高 5.9m。管节结构设计如图 8.1-3 所示。

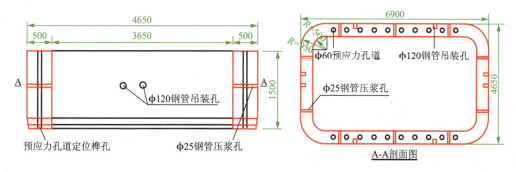

图 8.1-3　矩形顶管管节设计图（尺寸单位：mm）

顶管采用 C50 预制钢筋混凝土管，结构外尺寸为 6900mm×4650mm，壁厚 500mm，抗渗等级为 P10；每节管节长度为 1.5m，质量约 38t，理论出土量 48.5m³；通道采用纵向穿锚索张拉的方式加强刚度与整体性，锚索孔在管节制作时预留，管节间预留阴阳榫头以保证施工时锚索孔道在一条直线上；每片管节设 8 个 ϕ120 吊装孔，10 个 ϕ25 钢管压浆孔（顶进时减摩注浆），18 个 ϕ60 预应力孔道。

1.3.2　管节防水设计

车公庙枢纽矩形顶管通道采用外侧防水体系、嵌缝防水体系和浆液置换防水体系确保通道防水质量。

外侧防水体系：管节承口钢套环采用厚16mm的钢板，长345mm，管节插口混凝土结构外侧密贴一道楔形橡胶圈，施工时插入承口钢套环内，在插入过程中，橡胶圈被压缩，密贴钢套环，形成良好的防水体系。

嵌缝防水体系：在两管节接口处设置嵌缝槽，迎土面采用聚氨酯密封胶填缝，背土面待浆液置换完成后采用低模量聚氨酯或聚硫密封胶嵌缝。

浆液置换防水体系：顶管顶进完成后，通过设置在管节中部的二次注浆孔，对管节周边的触变泥浆进行浆液置换，固结通道。

顶管管节接口细部构造见图8.1-4。

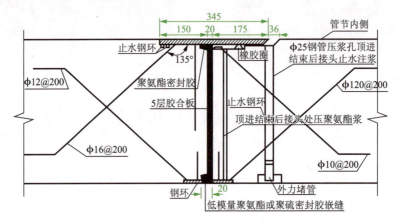

图8.1-4　顶管管节接口细部构造图（尺寸单位：mm）

1.4　大断面矩形顶管施工工艺

1）施工工艺流程

矩形顶管施工主要包含顶管始发准备工作、设备安装、始发施工、正常推进、接收施工、收尾工作，详见图8.1-5。

2）施工控制要点

洞门破除采用人工风镐按"纵向分段，竖向分层"的原则实施。顶管始发分空推顶进、加固区顶进和刀盘出加固区三个阶段。

（1）顶管顶进施工推进参数

实际出土量控制在理论出土量的98%，以保证正面土体的相对稳定；在顶进时应对顶进速度做不断调整，找出顶进速度、正面土压力、出土量的最佳匹配值，以保证顶管的顶进质量。

（2）正面土压力

将朗肯土压力理论计算的土压力值作为最初设定值，在实际顶进后，通过顶进参数、地面沉降监测，进行动态调整。

（3）顶进推力

根据日本下水道协会的经验公式可以得到顶力值（P），由于采用触变泥浆减阻，减阻率在 60% 左右，实际最大顶推力 P_1 约为 $0.4P$。

（4）顶进速度

顶进速度在始发和接收阶段均不宜过快，一般控制在 5～10mm/min，正常施工阶段可控制在 10～20mm/min。

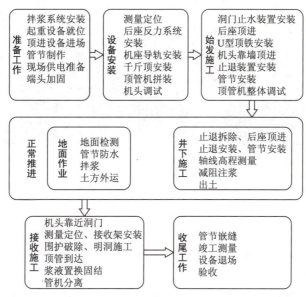

图 8.1-5　矩形顶管施工工艺流程图

3）渣土改良注浆系统

渣土改良分为泡沫改良和膨润土改良，设备设计了膨润土浆液注入口，同时每个刀盘设计了单管单泵的泡沫改良系统。车公庙枢纽矩形顶管通道渣土主要使用膨润土进行改良，采用的一级钠基膨润土具有起浆快、造浆高、滤失低、润滑好等特点。根据现场试验，渣土改良浆液配比（质量比）为膨润土:水 =1:4，注浆量为改良土体的 30%～50%，注浆压力为 0.2～0.4MPa，渣土改良效果如图 8.1-6 所示。

图 8.1-6　渣土改良效果

4）触变泥浆注浆系统

顶管管节设置有注浆孔，压注触变泥浆填充管道的外周空隙以减少地层损失，控制地面沉降和减少顶进阻力（见图 8.1-7）。触变泥浆浆液应不失水、不沉淀、不固结，既要有良好的流动性，又要有一定的稠度。所用润滑浆液主要成分为膨润土、纯碱和 CMC（化学浆糊）。触变泥浆采用泥浆搅拌机进行制浆。纯碱和 CMC 应预先化开（CMC 可以边搅拌边添加），再加入膨润土搅拌 20min，泥浆要充分搅拌均匀。注浆泵采用专用泵，将其固定在始发井口，拌浆机出料后先注入储浆桶，拌制后的浆液在储浆桶中需经过一定时间（不小于 24h）膨化后方可通过专用泵送至井下。

图 8.1-7　触变泥浆及通道内注浆减阻

5）施工轴线控制

推进方向控制与调整采取推进自动导向系统和人工测量辅助进行。推进自动导向系统配置了导向、自动定位、显示器等，能够全天候在土压平衡矩形顶管主控室动态显示顶管当前位置与隧道设计轴线的偏差以及趋势，可据此调整控制管片推进方向，使其始终保持在允许的偏差范围内。

土压平衡矩形顶管采用激光制导的方法进行推进导向。该系统在设备内设置激光靶，洞口始发井处设置激光全站仪。激光全站仪安装在工作井后背稳定的位置，调整好激光束的位置和方向，使激光束与管道的中心线平行，并且符合设计坡度，发射可见的激光束。

当顶进一段距离后，量测激光束打在管片目标靶上的偏移量来测出施工中管道的高程及中心偏差。顶管司机也可以根据激光投射在靶面上的光斑的位置，直接判断顶管的姿态。管片推进过程中，通过人工测量来进行精确定位，每 2 环进行一次人工测量，以校核测量系统的测量数据并复核顶管的位置、姿态，确保顶管推进方向的正确。

6）顶管顶进纠偏

盾壳设计有水平倾角传感器，实时监测滚转姿态，并设有预报警系统。每个刀盘的旋转速度及方向都可以调节，从而实现盾体滚转纠偏。顶管纠偏方式有铰接纠偏、双螺旋输送机出土纠偏、注浆纠偏。

当顶管机发生中线偏差或滚转、铰接纠偏能力不足时，可借助盾体和管节上预留的触变泥浆孔将纠偏泥浆注入系统，并在需要的位置向地层注入纠偏泥浆（见图 8.1-8），以调整顶管周围的地层压力，依靠地层压力的偏差和地层的微量压缩性进行纠偏。

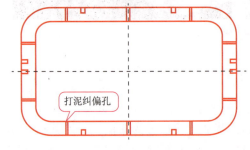

图 8.1-8　打泥纠偏

7）顶管接收

当顶管机进入接收区段后，立即组织进行接收洞门探水作业，破除围护结构，并及时进行触变泥浆的置换和预应力张拉工作。

泥浆置换：顶进施工完成后，为减少土体后期沉降，加强隧道整体防水性能，须加注水泥浆对触变泥浆进行置换，固结隧道。选用1:1的水泥浆液，通过注浆孔置换管道外壁浆液，根据不同的水土压力确定注浆压力。

预应力张拉：为降低顶管通道运营过程中由于纵向变形导致接头漏水的风险，对顶管通道采用纵向穿锚索的方式加强纵向刚度和整体性。锚索孔在管节预制时预留，管节间预留阴阳榫头以保证施工时锚索孔道在一条直线上。待顶管管节安装完成后，进行穿筋张拉，张拉完成后对预应力管道进行灌浆，封锚。

8）止退装置与防后退技术

由于土压平衡矩形顶管在顶进中前端阻力很大，即便顶进了较长里程，在每次拼装管节或加垫块时，主顶油缸一回缩，机头和管节仍会一起后退20～30cm，使机头和前方土体间的土压平衡受到破坏，土体得不到稳定的支撑，易引起机头前方的坍塌。因此，在前基座上安装一套止退装置，将管节和机头稳住，从而使地面沉降量明显减少，同时，管节与管节之间采用大螺杆纵向连接成一个整体，避免接头松弛破坏防水，如图8.1-9所示。

图8.1-9　止退装置

1.5　施工测量

由于在沉降控制方面准备充分，矩形顶管在下跨深南大道过程中，沉降量最大值不到5mm，远小于预期值。图8.1-10为车公庙枢纽J通道顶管施工地面沉降曲线。

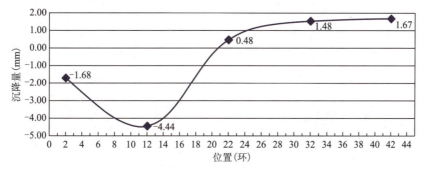

图8.1-10　车公庙枢纽J通道顶管施工地面沉降曲线

1.6 应用成效

顶管施工工艺常见于断面比较小的管道施工中，用于大断面过街通道施工的案例还很少，各种工艺、标准等都不成熟。车公庙枢纽大断面矩形顶管工程在深圳第一次应用，成功下穿深南大道，上跨地铁1号线车香区间，取得比较理想的效果，积累了一定的经验，希望可以为大断面矩形顶管工程的推广提供借鉴。

第 2 节
地下通道开挖上穿共线下卧地铁隧道保护技术

2.1 工程概况

2.1.1 基坑概况

深圳某道路快速化改造工程里程为 K1+040～K1+620，全长580m，基坑宽度约38m，最大开挖深度约12m。下卧既有地铁线路从里程 K1+180 开始进入围护桩内侧，止于里程 K1+620。具体情况如图 8.2-1 所示，其中里程 K1+040～K1+410 范围地下通道为闭合框架结构，里程 K1+410～K1+620 范围为 U 形槽结构。

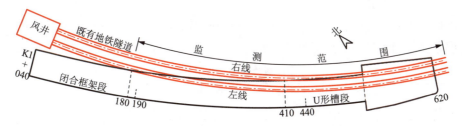

图 8.2-1 场地平面图

项目里程 K1+040～K1+520 段基坑采用悬臂式支护桩+桩顶放坡的方式进行开挖，支护桩为 φ1000@1200 钻孔灌注桩；里程 K1+520～K1+620 段因深度较浅直接放坡开挖，放坡坡度为 1:1.75。地下通道存在与地面交通连接的出口，各剖面深度存在变化，具体情况如图 8.2-2 所示。

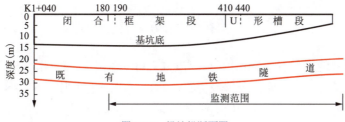

图 8.2-2 场地纵断面图

2.1.2 隧道加固保护方案

既有地铁隧道在地下通道开挖期间处于运营状态，因此隧道变形控制要求十分严格。为保障地下通道开挖过程中地铁隧道的安全，地下通道基坑底采用 φ600@1200 高压旋喷桩进行地基加固，加固区域呈正方形布置。其中，里程 K1+040～K1+520 段地基加固除 K1+440 附近直接施作高压旋喷桩外，其余均开挖至桩顶平台后再进行高压旋喷桩施工；里程 K1+520～K1+620 段开挖至设计高程后进行地基加固。旋喷桩在空间上保证与地铁隧道净距不小于 3m；基坑土方开挖纵向分段长度为 100m，按照 15m/幅逐层开挖，每层高度 2m，相邻开挖段约留 50m 反压段，以保证开挖过程中隧道安全。

2.1.3 场地地层条件

工程场地原始地貌为海冲积平原，地势平坦，沿线微地貌发育，地质条件较差，基坑侧壁大部分位于填土填石层，基坑底面基本上位于填土、淤泥与冲洪积层黏土层。地下水位位于地表下约 3m。

场地范围内自上而下地层分布如下：

第四系人工填土——Q^{ml} 人工填土层，结构呈松散～稍密状，范围内普遍分布；

第四系全新统海积、海陆交互沉积层——Q_4^m 淤泥，范围内局部分布，流塑状，灰黑色，含有机质；

第四系全新统冲洪积层——Q_4^{al+pl} 黏土，可塑状为主，含水率较大，层厚 0.7～8.5m 不等；

第四系中更新统残积层——Q_2^{el} 砾质黏性土，可～硬塑状，场地范围内普遍分布，层厚大多为十余米，为Ⅱ级普通土；

燕山期侵入粗粒花岗岩——γ_5^3 全风化粗粒花岗岩，局部夹有强风化岩块，为Ⅲ级硬土。

地层主要物理力学性质指标见表 8.2-1。

地层主要物理力学性质指标表　　　　表 8.2-1

地层编号	土 层	天然重度 γ（kN/m³）	含水率 w（%）	内摩擦角 ϕ（°）	黏聚力 c（kPa）	水平基床系数（MPa/m）	标贯击数 N（击）
Q^{ml}	填土、填石	20	—	12	18	—	—
Q_4^m	淤泥	18.0	63.4	3.5	5	5	1.0
Q_4^{al+pl}	黏土	20.8	28.7	15	18	30	10.6
Q_2^{el}	砾质黏土	18.5	35.9	22	20	50	19.9
γ_5^3	全风化粗粒花岗岩	19.5	23.3	25	30	125	42.5

2.2 技术应用难点分析

既有运营地铁隧道外径 6.7m，管片厚度 0.35m，环宽 1.5m。由于地下通道开挖卸载对周边土体产生影响，使得周边土体应力重分布，同时产生变形，下卧隧道和周边土体变形协调，势必会相应产生一定程度的变形和位移。开挖期间，地铁线路处于运营状态，地铁隧道周边开挖对既有隧道的影响越来越显著，围护结构高压旋喷桩地基加固、明挖基坑开挖卸载以及结构施工基坑开挖不可避免地引起隧道上方或周边土体卸载，将导致隧道上方土应力状态发生变化，产生的附加变形和内力可能导致隧道管片开裂破坏，将严重威胁地铁隧道安全。对于已运营地铁隧道，厘米级变形就会使隧道漏水、地铁道床变形，易引发各种隧道事故。

根据要求制定地铁隧道变形控制标准：隧道水平和竖向位移不大于 10mm，曲线段曲率半径不小于 15000m，变形缝差异沉降不大于 10mm。

2.3 隧道监测方案及监测结果分析

2.3.1 监测方案

通过对地下通道明挖基坑开挖过程中下卧运营地铁区间的监测、对隧道上浮影响的分析和对不同位置隧道上浮实测数据的统计，得到了明挖基坑开挖过程中地铁隧道变形与卸载率的相互关系以及明挖基坑与地铁隧道相对水平位置对隧道上浮量的影响。

因此，为保证隧道变形满足控制标准，开挖过程中按照"动态设计，信息化施工"要求，及时根据地铁隧道监控量测结果进行开挖步长、开挖厚度调整，以满足地铁隧道结构变形要求。在里程 K1+180～K1+640 范围，左线隧道每间隔 10m 设一个监测断面，每个断面在隧道拱顶和拱腰位置布置了 3 个测点，如图 8.2-3 所示。

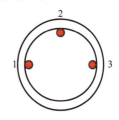

图 8.2-3　监测点布置示意图

2.3.2 监测结果分析

该项目于 2015 年 5 月底动工，全过程采用信息化施工，对地铁隧道实施了监控测量，利用隧道变形监测数据反馈指导施工。截至 2016 年 11 月，项目基本完工。

1）闭合框架段监测结果分析

闭合框架段（里程 K1+240）典型剖面如图 8.2-4 所示，该剖面上方开挖深度 6.4m，隧道拱顶埋深 16.8m，放坡坡度 1:1.75，坡高 10m，围护桩为 $\phi 1000@1200$ 钻孔灌注桩外加 $\phi 600$ 高压旋喷桩止水帷幕，左侧隧道中轴线距近侧围护桩 2.9m。

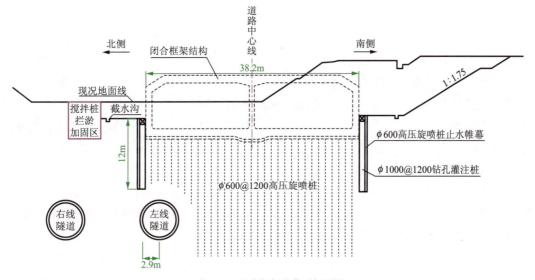

图 8.2-4　闭合框架段典型剖面图

闭合框架段典型剖面监测结果如图 8.2-5 所示，从上浮曲线可以发现，曲线发展趋势与施工步骤密切相关，随着施工的进行，曲线呈明显的阶段性，高压旋喷桩施工前后，曲线为上升趋势，主要原因是隧道上方先开挖至桩顶平台，该卸载行为使得隧道上浮；高压旋喷桩施工虽然对土体有所扰动，但由于其对土体的加固作用以及加固后重度较原土层大，属于一定程度上的加载，在此综合作用下高压旋喷桩施工对下卧隧道上浮量无明显影响，地基加固完成后隧道上浮量还略有减小。而后开挖至坑底的卸载造成隧道上方地基土的进一步回弹，导致隧道明显上浮。随着结构逐步施工，隧道上方荷载增加，隧道上浮变形随之逐步回落，主体结构施作完成后，上方进行了 3m 的超高回填，隧道最终回落至初始高程，并有些许沉降。

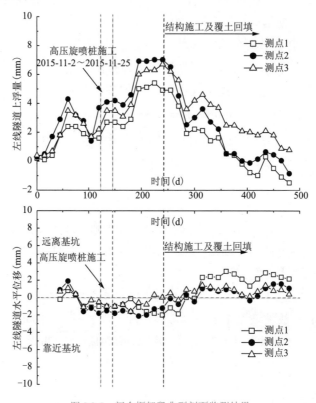

图 8.2-5　闭合框架段典型剖面监测结果

隧道水平位移总体绝对值较小，最大值仅为 3mm，水平位移变化主要分为向基坑内位移和向基坑外位移两个阶段。主要原因是地下通道开挖卸载，隧道与周边土体变形协调，向基坑内位移；结构施工并覆土回填后，由于隧道上方荷载增加，隧道向基坑外位移。两个阶段中隧道水平位移都比较小，对既有地铁隧道影响较小。

2）U 形槽段监测结果分析

U 形槽段（里程 K1+440）典型剖面如图 8.2-6 所示，该剖面上方开挖深度 9.7m，隧道拱顶埋深 22m，南侧放坡坡度 1:1.75，坡高 6.2m，围护桩为 $\phi1000@1200$ 外加 $\phi600$ 高压旋喷桩止水帷幕，左侧隧道中轴线距近侧围护桩 14m。

U 形槽段典型剖面监测结果如图 8.2-7 所示。与闭合框架段类似，前半段总体呈上浮趋势。高压旋喷桩施工对其影响较小。与闭合框架段的主要不同，在于 U 形槽结构施工造成的隧道上浮回落段。可以看到，在监测数据末端，隧道上浮量虽然有所下降，但仍有 6mm。分析原因，为 U 形槽结构自重较小，且此处为快速路与地面交通的交汇出口，开口结构上方无法进行覆土回填，所以隧道上方的荷载远小于其初始情况，上浮变形无法充分的回落。

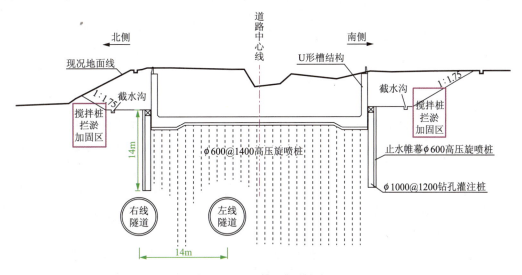

图 8.2-6 U 形槽段典型剖面图

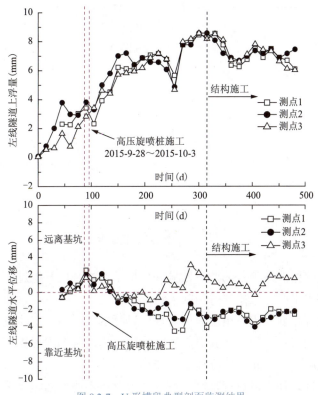

图 8.2-7 U 形槽段典型剖面监测结果

U 形槽段典型剖面的水平位移情况与闭合框架段有所区别，主要原因在于该剖面隧道位于基坑中部。从曲线可以看到，高压旋喷桩施作后进行开挖，随着开挖的进行，隧道三个测点的位移开始发生分化，3 号测点向远离基坑方向变形，1、2 号测点则向靠近基坑方向变形。这是由于隧道处于基底中部，开挖卸载时竖向荷载减少大于横向荷载，隧道横断面向竖鸭蛋形状转变，而结构施工完成后，隧道变形有所恢复，但与上浮变形情况相同，并不能完全回复到初始状态。

2.4 卸载率、隧道水平位置与上浮量的关系

基坑开挖深度 h 与隧道顶部埋深 H 的比值，称为卸载率 a。考虑不同断面开挖量不同，隧道埋深不同，对上述所有统计数据采用卸载率 a 进行归一化统计，所得结果如图 8.2-9 所示。从拟合结果看，a 与上浮量为近似线性关系。主要原因是，虽然不同断面土层情况并不完全相同，但相差不多，且均采用高压旋喷桩加固，总体强度、刚度相近，故上浮量与上部卸载情况即卸载率呈线性关系。

考虑各剖面隧道与明挖基坑相对水平位置的不同，选取上述统计数据不同隧道位置的上浮量情况，得到结果如图 8.2-8 所示。围护桩外侧未进行高压旋喷桩加固，所以不予考虑。高压旋喷桩加固范围内，由于不同位置的卸载率并不完全相同，因此考虑卸载率与上浮量的线性关系以及数据本身的离散性，对数据进行拟合，得到图 8.2-9 中拟合结果，不同水平位置隧道上浮量曲线近似为抛物线，即隧道位置越靠近基坑中轴线其上浮量越大。

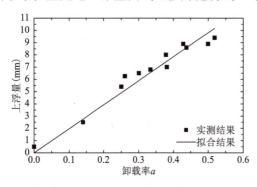

图 8.2-8 卸载率与隧道上浮量的关系

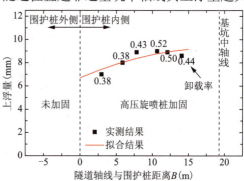

图 8.2-9 隧道水平位置与上浮量的关系

2.5 应用成效

基于深圳某快速路改造项目的监测数据，分析了明挖基坑开挖过程中长距离共线下卧地铁隧道的上浮和水平变形规律，得到以下结论：

（1）地下通道开挖前采用高压旋喷桩对地层进行加固，高压旋喷桩虽然会破坏土体原有结构性对土体造成扰动，但由于其对土层的加固作用以及加固后重度的增加效应，综合作用下对下卧地铁隧道上浮和水平位移影响较小。

（2）隧道上方地基加固后进行基坑开挖，通过分析不同剖面隧道上浮量与卸载率的关系，发现两者之间存在较好的线性关系。

（3）在隧道基底以下，不同水平位置隧道上浮量近似为抛物线，即离基坑中轴线越近，隧道上浮量越大。

第 3 节
车辆段停车场移动式灯笼架立柱模板支撑系统施工技术

3.1 工程概况

11 号线松岗车辆段位于深圳市宝安区规划松福大道、朗碧路和东宝河之间的地块，里程范围为 J1K0+000～J1K1+200，占地面积 30.3 万 m^2，建筑面积 23 万 m^2，包含盖内外单体 19 个。其中，J1K0+760～J1K1+200 段为非咽喉区，占地面积 13.8 万 m^2，长 425m，宽 327m，包含检修主厂房、运用库两座盖体内结构以及运转维修楼、易燃品库、垃圾中转站 3 座盖外单体结构。车辆段非咽喉区主体结构运用库、检修库立柱均为方柱，结构尺寸有 450mm×450mm、500mm×500mm、800mm×800mm、1000mm×1000mm、1200mm×1200mm、1200mm×1300mm、1500mm×1500mm 七种。立柱从承台顶面一次浇筑至梁底下 30cm，高度 10～14m，其中 450mm×450mm、500mm×500mm 采用木模板制安，其余采用定型钢模制安。

车辆段非咽喉区立柱结构尺寸多、工程数量大，如何合理地优化资源配置是本工程的重点之一。车辆段非咽喉区立柱结构尺寸大，立柱高度达 10～14m，如何保证结构立柱施工模板和脚手架安全是本工程的另一个重点。

3.2 设计方案优化

原设计方案：立柱支架形式为双排落地式脚手架。每根立杆底部设置 5cm 厚垫板，相邻立杆的对接扣件不得在同一高度内。

优化设计方案：立柱支架形式为移动灯笼架，周转方便。

3.3 整体式灯笼架应用

3.3.1 整体式灯笼架技术要求

立柱支架形式为整体式脚手架，整体吊装。每根立杆底部设置 5cm 厚垫板，相邻立杆的对接扣件不得在同一高度内。

纵向水平杆要求设置在立杆内侧，对接扣件交错布置，两根相邻纵向水平杆的接头不宜设置在同步或同跨内，不同步或不同跨两个相邻接头在水平方向错开的距离不应小于 500mm，各接头中心至最近主节点的距离不宜大于纵距的 1/3。接长如采用搭接，搭接长度不应小于1m，应等间距设置3个旋转扣件固定。

作业层上非主节点处的横向水平杆，宜根据支承脚手板的需要等间距设置，最大间距不应大于纵距的1/2。横向水平杆两端均应采用直角扣件固定在纵向水平杆上。横向水平杆靠模板一端外伸长度不小于300mm，以满足铺一块脚手板的要求，且距离模板约10cm。

剪刀撑在外侧立面整个长度和高度连续设置，斜杆与地面的倾角按60°控制。

螺栓拧紧扭力矩不应小于40N·m，且不应大于65N·m；主节点处固定横向水平杆、纵向水平杆、剪刀撑等用的直角扣件、旋转扣件的中心点距离不应大于150mm；对接扣件开口应朝上或朝内；各杆件端头伸出扣件盖板边缘的长度不应小于100mm。

在架体内搭设临时简易上人斜道，斜道坡度不宜大于1:3。沿架体内排设单侧扶手栏杆，扶手栏杆高1.2m。支架搭设详见图8.3-1。

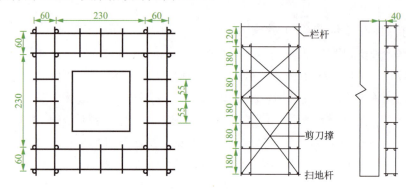

图8.3-1　支架搭设图（尺寸单位：cm）

3.3.2　操作方法及适用范围

操作方法：加工移动灯笼架→垫层处理→吊装→拼装。

该工艺适合于基础形式为基础底面平整，立柱高度控制在10m以内，立柱工程数量较大的工程项目。

现场效果如图8.3-2、图8.3-3所示。

图8.3-2　移动灯笼架　　　　　　图8.3-3　整体立柱双排架

3.4　整体式灯笼架应用经济效益分析

除施工生产直接节约外，模拟运用库施工投入情况：1354个立柱，共投入40套移动灯笼架，平均每套移动灯笼架周转 4.1 次，数据对比见表 8.3-1。

运用库立柱灯笼架经济比选　　　　　　　　表 8.3-1

序 号	工 程 项 目	工 程 量	单价（元）	总价（元）	备　注
一	使用双排外架			2310300	
1	立柱双排外架	92412 m²	25	2310300	按立面投影面积计算工程量，单价含支架的搭拆及使用费
二	使用移动式灯笼架			719900	
1	灯笼架使用费	164 套·月	1500	246000	
2	灯笼架工费	1354 个	350	473900	
	差值			-1590400	

优化方案较原设计方案节省了 159 万元。

研究表明，优化后立柱施工操作方便，安全稳定性高。

第 9 章

车站机电安装装修工程技术创新

第 1 节
机电系统特点及创新

1.1 通风空调

1.1.1 系统特点

11号线属快速城市轨道交通线路，采用最高运行速度为120km/h的A型车，压力舒适度标准按照800Pa/3s执行，对隧道区间通风排风要求高。此外，车辆采用8节编组，车站有效站台186m，通风系统较普通线路的车站规模大。

11号线隧道通风系统（除福田站单活塞外）均为双活塞，能充分利用活塞通风效应。提高长大区间通风效果，节约机械通风能耗，并加大区间隧道内有效换气次数，改善列车内新风比例，减少异味。松岗车辆段、机场北停车场出入段线及车站配线、交叉渡线设置射流风机，与车站两端隧道风机合理组织气流。利用Subway Environment Simulation Input Manager（SESIM）对全线隧道通风系统进行模拟计算。合理配置隧道风机和射流风机，使隧道通风系统满足区间隧道正常、阻塞、火灾运行工况的功能要求，为地铁的安全运营提供适宜的环境，给乘客提供便捷的出行条件。经与行车专业配合，在机福区间、机机区间、宝碧区间、南前区间、红后区间、车红区间、车福区间等长大区间设置中间风井，解决了普速列车未有的长大区间列车追踪、阻塞及事故通风问题。其通风空系统主要特点如下：

（1）区间隧道通风系统应满足在正常、火灾、阻塞三种工况下的温度、风速控制要求。

（2）全线地下车站公共区域通风、空调系统按车站设置屏蔽门系统设计；高架车站站台设置半高安全门，站厅、站台层公共区采用自然通风，局部设置风扇辅助通风，站台公共区设置空调候车室。

（3）通风空调系统应按最大客流和最大通过能力进行设计。在不影响使用功能的前提下，设备及系统布置应考虑近、远期分期实施的可能性。

（4）车站设备及管理用房通风空调系统应按照使用时间及环境温、湿度分类设计，重要房间设冗余系统。

（5）车辆段、停车场依据各建筑生产工艺和生活办公需要分别设置空调、通风与除尘净化系统。

（6）全线车站和隧道按同一时间内仅有一处发生火灾进行设计。换乘车站按与该站相关的车站范围内同一时间发生一次火灾考虑。

1.1.2 泡沫玻璃保温材料的应用

地下车站长期处在湿热的环境中，以往车站采用离心玻璃棉保温较多，但离心玻璃棉易吸水导致保温效果差，本工程在后海站、松岗车辆段水系统首次尝试使用泡沫玻璃保温（见图 9.1-1）。泡沫玻璃本身无毒、无放射性、不会释放有害物质，为环保材料，不燃烧（满足消防 A 级不燃要求），且泡沫玻璃保温棉吸湿和吸水率低、不易风化、不老化、不受鼠啮虫咬和微生物腐蚀，保温效果良好。

1.1.3 空气净化除臭装置的应用

11 号线车站公共区卫生间采用空气净化除臭装置（见图 9.1-2），较以往车站公共区卫生间只做机械通风有很大的改进，进一步提高了公共区卫生间的空气质量。

图 9.1-1　水系统泡沫玻璃保温　　　　图 9.1-2　空气净化除臭装置

1.1.4 冷水机组降膜式蒸发器的应用

11 号线采用降膜式蒸发器的冷水机组（见图 9.1-3），制冷剂经过换热顶部的制冷剂分配器均匀地分配到换热管表面，在换热管表面形成一层向下流动的薄膜，与管内冷冻水进行换热。未完全蒸发的制冷剂沉积在换热器底部，或以满液式蒸发的形式继续蒸发换热，或经由泵输送到换热器顶部循环。蒸发的制冷剂气体经换热器顶部的出口进入压缩机的吸气口。与满液式蒸发器相比，降膜式蒸发器具有以下优点：

图 9.1-3　冷水机组降膜式蒸发器

（1）更高的传热性能。即同样的蒸发温度条件下，可以减少换热管的数量，降低换热器成本。

（2）大幅降低制冷剂充注量。在当前面临制冷剂减排压力的情况下，可以实现制冷剂的减量使用。

1.2　给排水系统

长区间排水泵的控制是本线给排水专业的特点之一。区间水泵控制信号随传输距离变大而迅速衰减，传统的区间潜污泵控制方式已经不能用来传输长区间的控制信号。为了解决该问题，本线采用的潜污泵控制箱中增加了光电转换装置，把电信号转换为光信号，再利用区间的光纤传输，创造性地解决了该问题。

1.3 动力照明

1.3.1 标准化设计、模块化招标

地铁工程低压电气设备主要包括低压开关柜（PC）、环控电控柜（MCC）、应急照明电源装置（EPS）以及配电箱、控制箱、插座箱等，这些设备一般通过公开招标的方式进行采购，需要设计单位提供每个招标设备的系统图。由于地铁各车站风机、水泵、电梯、扶梯、弱电系统等用电设备基本类似，繁杂的招标图等技术文件各车站大同小异。

在11号线工程设计中，突破传统的招标设计方法，提出采用模块化招标创新指导思想，按照不同的负荷类型，对应地提供不同的配电或控制方案及元器件选型配置图，形成模块图；各车站设计人员仅提供与各个模块图相对应的数量统计表，而不再提供招标图；各模块单独报价，不同模块按需组合即组成一套完整设备，设备的价格由各模块的价格叠加组成。

模块化招标有以下几方面的优点：
（1）从根本上保证了各站点设计方案的正确性、可靠性、完整性、一致性；
（2）省去了大量的招标图纸，提高了招标各环节的工作效率；
（3）提高了计量计价的准确性，避免了传统招标方案中，部分设备没有报价给设备变更带来的问题，简化了设备变更流程；
（4）模块化设计有效降低了设备故障率，提高了地铁运营的安全性、可靠性；
（5）模块化的备品备件，有助于提高运营维护的工作效率。

用电设备标准化、模块化如图9.1-4所示。

图9.1-4 用电设备标准化、模块化

1.3.2 应急照明灯具的节能控制

11号线工程在各站点均设置了应急照明电源装置，由其集中给公共区、设备区、区间隧道内的应急照明灯具进行配电，并与综合监控系统（FAS、BAS）配合对各区域应急照明灯具进行节能控制，具体如下：

（1）对于设备区应急照明灯具，采用了双火线配电的方式，且在各设备房间设有双控开关，平时由双控开关对灯具进行就地控制，火灾情况下，由FAS系统强制接通两根火线的电源，确保应急照明灯具正常点亮。

（2）对于高架站站台层、地下站出入口飞顶处、区间隧道内的应急照明灯具，平时由综合监控系统根据使用需要进行远程控制，火灾时，由FAS系统强制点亮。

以上方案，既满足了火灾时应急疏散及救援的需要，又避免了电能的浪费，同时提高了灯具的使用寿命。

图 9.1-5 为应急照明灯具节能控制系统。

图 9.1-5　应急照明灯具节能控制系统

1.3.3　区间射流风机采用软启动

11 号线工程区间射流风机（见图 9.1-6）数量多、容量大、供电距离长、电缆投资大。

相较于直接启动，射流风机采用软启动具有以下优点：

（1）通过软启动器可调整风机的启动电流，限制供电电缆的压损，保障接触器线圈的吸合电压，确保风机的正常启动。

（2）减小供电电缆截面，节省工程投资。

（3）软启动的启动曲线平滑，可以减少启动过程对风机的冲击，延长设备寿命。

图 9.1-6　射流风机

1.3.4　总线型智能现场控制箱

为实现地铁风机、水泵等设备的就地控制，在设备旁边设有控制箱，从环控电控室到控制箱需要一对一的多芯控制电缆联系，控制电缆很多，敷设困难。11 号线各车站采用总线型智能现场控制箱（见图 9.1-7）。各总线型智能现场控制箱采用总线的方式相互连接后再接入环控电控室的总线网络，使得整个环控设备的监控网络形成一个整体。采用这种方式有以下优点：

（1）用一对多的总线取代传统一对一的控制电缆，减少了大量的控制电缆和敷设工程，节省了工程投资；

（2）总线型智能现场控制箱的体积小，安装简单；

（3）总线型智能现场控制箱的各功能组件（转换开关、按钮、指示灯）的功能可以根据实际需要通过软件的方式进行设定，使用灵活，减少运营维护的工作量；

（4）采用闭环总线，冗余结构，任何一点故障断开，不影响智能现场控制箱与上位机的通信，提高了可靠性。

图 9.1-7　总线型智能现场控制箱

1.3.5　振动报警系统与轴温报警系统

在传统的城市轨道交通工程设计方案中，普遍没有关注射流风机、隧道风机、轨道排风机及大系统回排风机等设备的运行情况。射流风机安装于区间隧道，始终处于地铁列车运行引起的振动环境中，若因故脱落将直接影响地铁运营的安全，甚至造成重大的安全事故。隧道风机、轨道排风机及大系统回排风机等设备属于地铁工程关键设备，且与消防密切相关，若因轴温过高导致设备损毁，将不利于地铁的安全运营。随着通信技术、物联网的发展，在增加投资不多的情况下，采用地铁风机振动报警系统及轴温报警系统是非常必要的。

11 号线各车站均设置风机振动报警系统及轴温报警系统（见图 9.1-8）。

在射流风机附近设置振动报警箱，振动报警箱通过振动传感器对射流风机的振动情况进行实时监测；在隧道风机、轨道排风机及大系统回排风机等设备附近设置轴温报警箱，轴温报警箱通过 Pt100 温度传感器对风机的轴温进行实时监测，发现异常及时报警，通知维护人员及时排除故障，以保障设备及地铁运行的安全。

图 9.1-8　报警系统

1.3.6 区间预分支电缆的应用

11 号线工程的区间隧道内设有工作照明灯具、应急照明灯具、疏散指示灯具、维修电源箱等设备,为这些设备供电的线缆均采用了预分支电缆(见图 9.1-9),采用这种方式有以下优点:

(1)预分支电缆的主干线与分支线的接头在工厂一次成型,无须现场加工,供电可靠性更高;

(2)预分支电缆直接敷设在电缆支架上,敷设方式简单,可大大提高工作效率,节省劳动力;

(3)预分支电缆避免了金属管线及接线盒被区间渗漏水等腐蚀而损坏的风险,更加适用于地铁区间隧道,可减少运营维护工作量,确保行车安全。

图 9.1-9 预分支电缆

1.4 屏蔽门及安全门

1.4.1 最高 120km/h 列车时速下屏蔽门的抗风压设计

11 号线列车最高时速达到 120km/h,列车速度快造成隧道风压大幅增加,11 号线地下站屏蔽门风荷载需按照 ±2000Pa(常规地铁屏蔽门风荷载不大于 ±1000Pa)进行设计。为了保证屏蔽门的结构强度,并满足在 ±2000Pa 隧道风压下屏蔽门能正常开关门的要求,采取了以下措施:

(1)立柱是屏蔽门的主要受力构件,立柱底部通过与土建绝缘的下部支撑件与站台板连接,立柱顶部通过高度补偿装置与土建结构梁相连。本工程构造设计采用了加大主要受力构件壁厚的办法,满足了强度需求,避免了加大立柱对屏蔽门门体布置及外观效果的影响。

(2)为了解决隧道风压过大造成屏蔽门无法正常开关门的问题,11 号线采用了加大电机功率至 200W 的设计方案,同时在 DCU 软件开发设计上增加了电机力矩输出自适应功能,此功能可以根据负载大小自动调节电机输出力矩,以保证正常开关门,此项设计为行业首创。此方案避免了只增加电机功率,增大关门力,造成夹伤人事故的风险。

1.4.2 高架站全高安全门抗台风设计

11 号线共设有 4 座高架车站,均采用 2.65m 高的全高安全门(见图 9.1-10)。深圳地区台风气象环境较多,为保证全高安全门在台风环境条件下的结构安全,进行了专门的抗台风设计:

(1)采用悬臂支撑结构,增大门体结构柱的尺寸;

(2)将站台板厚度从 200mm 加大至 300mm;

(3)采用 400mm×350mm、重约 70kg 的超大预埋件,满足安装调整的方便性和结构的稳定性要求。

经过以上特殊设计，11 号线高架站全高安全门可以抵抗 12～13 级台风。

图 9.1-10　车站全高安全门

1.4.3　机场专用车车厢区域屏蔽门的特殊设计

11 号线采用国内首创的 8 辆 A 型车固定编组方案，其中 6 辆为普通车厢，2 辆为机场专用车。根据机场专用车车厢的开门特点，对屏蔽门系统进行了以下特殊设计：

（1）对于机场专用车车厢区域的屏蔽门，相对应的仅开 2、4 号门，而先期封闭并隔离的 1、3、5 号门，后期根据需要再恢复，如图 9.1-11 所示。

（2）对机场专用车车厢顶箱面板与普通车车厢顶箱面板的外观装饰效果进行差异化设计，方便乘客识别及选乘。

图 9.1-11　机场专用车车厢区域屏蔽门

1.4.4　曲线站台屏蔽门及安全门的优化布置

11 号线曲线站台较多，其中塘尾站的整个站台均为曲线。在满足限界要求前提下，11 号线采取在固定门中部门槛及门机梁处转折等措施，保证了屏蔽门及安全门整体曲线与站台门曲线相一致（见图 9.1-12），不仅最大限度地减小了门体与列车之间的缝隙，保证了乘客的安全，而且使得屏蔽门及安全门门体的曲线效果十分明显，外观美观漂亮。另外，曲线站台的门体结构部件完全与普通直线站台相同，具有通用性和互换性，减少了备品备件的数量，方便了运营维护。

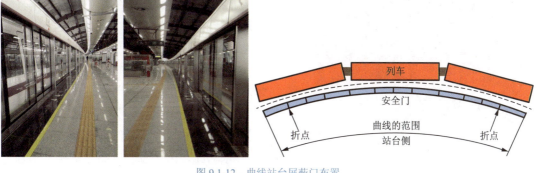

图 9.1-12　曲线站台屏蔽门布置

1.4.5　远程监控系统功能

在控制系统方面，PEDC（单元控制器）做成了 SIG（信号系统）/IBP（紧急控制盘）模块和 PSL（就地控制盘）模块，互为独立，这样当其中一个出现故障，系统仍然可以保证在线可更换。PSC（中央接口盘）对于 SIG、IBP、PSL 都有独立的继电器逻辑电路。如果 SIG 与 IBP 的继电器逻辑电路出现故障，屏蔽门/安全门系统的开/关可以通过 PSL 操作。

采用远程监控终端，可以实现远程监控系统功能。为了在屏蔽门/安全门设备出现故障后，维护人员能高效地修复设备故障，保障设备的正常运营，在地铁维修调度处增设一台计算机终端（远程查询），该终端通过地铁综合监控系统的以太网络，可任意远程连接到一个车站屏蔽门/安全门系统，在远程查询计算机终端上安装专用的查询软件，可对指定车站屏蔽门/安全门系统进行查询。本方案物理架构如图 9.1-13 所示。

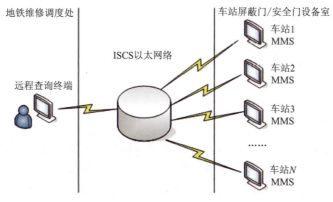

图 9.1-13　远程监控终端物理架构图

1.5　气体灭火系统

1.5.1　气瓶压力实时监测

11 号线工程采用七氟丙烷气体灭火系统，该系统主要组成部件为瓶组（见图 9.1-14）。为了保证气体灭火系统设备的有效性、完好性、可靠性，提升气体灭火系统设备的智能

图 9.1-14 气体灭火瓶

化监测水平和信息化管理水平,深圳地铁积极探索创新,在11号线气体灭火系统中率先应用气瓶压力监测成套装置。该装置主要由压力监测器件、压力监测报警盘、连接线缆等组成,并设置在气瓶间。压力监测器件采用弹簧管指针式压力表、压力变送器(模拟量型),压力监测报警盘采用开关量型(指示灯显示报警)或模拟量型(液晶数字屏监测报警),压力监测器件与压力监测报警盘之间连接可采用多线制。深圳地铁采取积极稳妥技术路线,因地制宜,循序渐进,结合工程项目实际,分别采用了气瓶低压报警监测和气瓶压力在线监测两种技术方案,实现气瓶压力实时在线远程监测预报警。

这样做,有以下几方面的优点:

(1)实现了对瓶组气体压力的 24h 监控,并在气瓶间就地显示实时压力;
(2)提高了气体灭火系统的安全性和可靠性,确保了气体灭火系统的安全运行;
(3)节省了地铁运营维护过程中的人力、物力投入,节约了维护成本。

1.5.2 阀门状态在线监测

气体灭火系统阀门有容器阀、电磁启动阀、选择阀、单向阀、安全泄压阀、低泄高封阀等。从气体灭火功能需求分析来看,容器阀、电磁启动阀、选择阀是气体灭火系统主要(核心)阀门。

《气体灭火系统设计规范》(GB 50370—2005)要求选择阀开启要先于灭火瓶容器阀开启,《火灾自动报警系统设计规范》(GB 50116—2013)要求选择阀动作反馈信号应能发送至消防联动控制器。根据上述两个规范要求,通过对气体灭火系统设备功能和阀门结构特性分析论证,结合地铁气体灭火系统建设运营管理实践,在11号线气体灭火系统中选择电磁启动阀和选择阀作为技术创新对象,以提高设备部件质量为目标,以实时在线监测阀门状态为导向,采取合理可行切实有效的综合技术措施手段,实现电磁启动阀、选择阀工作状态远程在线监测。

电磁启动阀选用直流阀用电磁铁,其内部金属材料全部进行防锈镀铬与密封处理,使阀铁动作滑动接触面保持光滑。电磁铁线圈浸漆处理(绝缘漆)并采用高温绝缘胶带固定封装。出线口与启动容器阀结合部保证连接牢固密封,接插件选用航空插头并采用整体封装工艺,微动开关防护等级不得低于 IP67。电磁启动阀防护等级应不低于 IP55。电磁铁上设置有带极性的状态指示灯和启闭动作监视端子,可实现断线监视功能和阀门动作状态反馈功能。电磁启动阀电源线断线后能立即向 FAS 系统反馈故障信息,当电磁启动阀收到 FAS 系统启动信号后,其指示灯常亮,并将其动作反馈信号以及动作时间记录立即上传送至 FAS 系统。通过持续性工艺改进与技术创新,全面提升了电磁启动阀整体性能与产品质量。

对于气动式选择阀,在不改变选择阀整体结构的基础上,根据选择阀结构特性和手动操作特性,通过在气动选择阀的阀体上巧妙设置微动开关装置,可将阀门动作信号反馈至 FAS 系统。

1.6 综合监控系统

1.6.1 综合型能源管理系统

11 号线是全国第一条设置了综合型能源管理系统的地铁线路。该系统针对地铁行业目前普遍存在能耗缺乏精细化管理，能耗浪费严重等情况，从提高能源利用效率为出发点，对地铁主要的能耗包括列车动力能耗和车站建筑机电设备能耗等进行统计、分析，实现在信息分析基础上的能源监控和能源管理、能源设备管理、运行管理，有效实施客观的以数据为依据的能源消耗评价体系，计效考核，减少能源管理的成本，提高能源管理的效率，及时了解真实的能耗情况和提出节能降耗的技术和管理措施。能源管理系统界面如图 9.1-15 所示。

图 9.1-15 能源管理系统界面

11 号线能源管理系统不仅集成了智能电表，还集成了智能水表，实现了对地铁工程用能种类的全覆盖。该系统采用具有国际先进水平、稳定可靠的控制网络构建，管理中心设在深圳地铁网络运营控制中心（NOCC）大楼内，其中远程数据传输采用综合监控系统提供的通信通道。能源管理系统在变电所开关柜、车站环控电控柜及弱电 UPS 各馈出回路上安装智能电表，在生活水进水管和消防水进水管上安装智能水表。通过采集现场监测装置及智能表计的数据，实现对地铁能源使用参数的测量、分析和计量管理等功能（见图 9.1-16、图 9.1-17）。

能源管理系统现场多功能表通过双绞线构成的现场通信总线与综合监控系统串口服务器实现双向通信。该系统单独设置服务器实现实时数据通信和历史能耗数据接收与存储，利用综合监控系统的 WEB 服务器实现向最终用户提供数据统计分析服务，中心的工作站主要提供能源管理系统实时运行界面和历史数据查询服务。

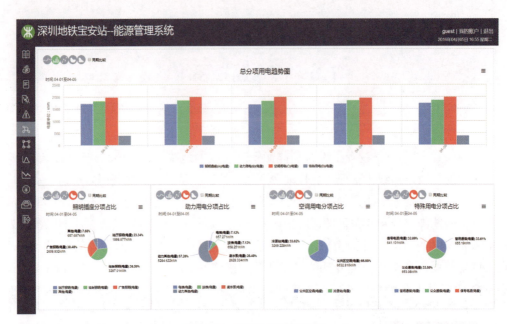

图 9.1-16 车站电表用电量统计

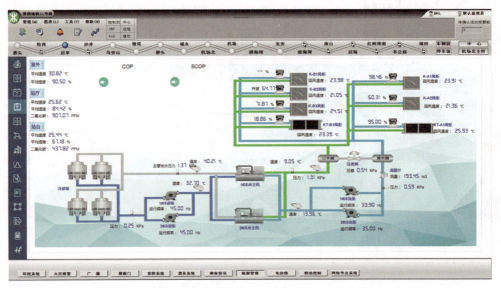

图 9.1-17 地铁 SCOP（能效比）数据统计

综合监控系统将集成和互联的设备系统节能指标量化，以地铁车站为计量单位，实现车站用电、用水的总计量，实现用电分项计量，实现对各计量回路电压、电流、功率因数、有功功率、无功功率、有功电度、无功电度以及频率等电力参数的实时监测。

1.6.2 火灾自动报警系统（FAS）

1）防灾报警系统构成

（1）车站网络构成

车站级 FAS 系统由火灾自动报警系统（含气体灭火控制部分）、隧道感温探测系统、电气火灾预警系统及吸气式烟雾探测系统四大部分组成。

FAS系统设备由设在监控设备室的维护工作站、车站控制室火灾报警控制器、气体灭火报警控制器、电气火灾主机和感温光纤主机以及设在现场的气体灭火控制盘、各类智能火灾报警探测器、手动报警按钮、电话插孔、声光报警器、警铃、放气指示灯、消防对讲电话、电气火灾探测器、感温光纤、吸气式探测管和现场回路总线及其他相应现场设备等组成。

FAS系统主机与气体灭火主机分别接入综合监控系统冗余网络,如图9.1-18所示。

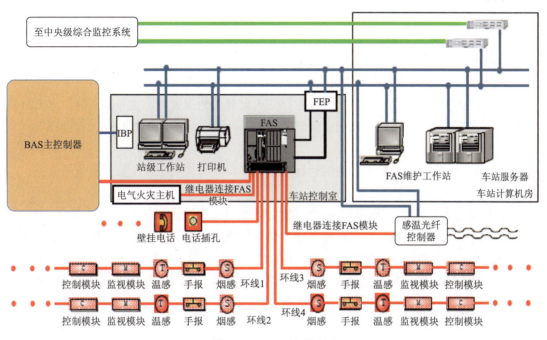

图9.1-18 FAS网络构成图

（2）隧道感温探测系统

工程地下区间隧道设隧道感温探测系统,实现地下区间隧道火灾探测及报警。车站感温光纤主机接入综合监控系统冗余网络。

（3）电气火灾预警系统

电气火灾预警主机设置以太网接口分别接入车站冗余局域网,向综合监控系统发送电气火灾报警、设备运行状态、故障报警及运营维护统计信息,同时通过硬线接口将重要的设备火灾报警信号传送给FAS系统监视模块。

（4）吸气式烟雾探测系统

吸气式烟雾探测系统设置于车站站厅站台公共区、站厅两端设备区走道内。吸气式烟雾探测系统由吸气式烟雾探测控制器、现场空气采样管、通信总线、网关等设备组成。车站各台吸气式烟雾探测控制器之间通过线网组成独立的报警网络,并通过网关接入FAS维护工作站及综合监控系统网络。

2）防灾报警系统功能描述

FAS系统具有中央级集中监控、车站级集中监控和就地监控三级监控功能。FAS在车站集成于综合监控系统,中央级、车站级设备及功能由综合监控系统（ISCS）负责设置及实现。FAS系统的主要功能为：

(1) 中央级设备功能

①控制中心是全线的消防控制中心，监视和控制整个地铁线路火灾自动报警系统。

②接收并储存全线火灾自动报警设备运行状态，接收全线车站的火灾报警并显示报警部位，存储操作人员的各项记录，并能进行历史档案管理。

③通过闭路电视系统的显示确认火灾灾情；或者通过有线或无线调度电话，由车站级控制室值班人员现场确认火灾灾情。根据火灾发生的实际情况，可自动或手动选择预定的解决方案，向车站级控制室发出消防救灾指令和安全疏散命令，指挥救灾工作的开展。

④设置火灾报警外线电话，并与消防局119报警台通报有关车站火灾灾情。

⑤设置向有关部门报告灾情的专用电话。

⑥能接收主时钟的信息，使FAS系统时钟与主时钟同步。

⑦火灾报警具有最高优先级，当同时存在火灾及其他报警时，优先报火警。火灾报警时，中央图形控制中心自动弹出相应报警区域的平面图，并发出声光报警。

(2) 车站级设备功能

①监视车站火灾自动报警设备的运行状态，接收车站火灾报警及重要系统的火灾、故障报警，并显示报警部位。

②优先接收消防指挥中心发出的消防救灾指令和安全疏散命令。

③通过车站级的数据接口向环境与设备监控系统发出救灾模式指令，使环境与设备监控系统启动相应的消防联动设备，并报告控制中心。

④在火灾时，能在车站控制室将广播系统强制转入火灾事故广播状态，通过事故广播系统和闭路电视监视系统，对乘客进行安全疏散引导。

(3) 现场级设备功能

根据需要，在现场分别设置各类报警探测器、手动报警装置、输入输出模块、消防专用电话系统等。现场设备应能够可靠运行，监视系统管辖范围内的设备状态，做好火灾探测，及时确认，及时报警，并且能够按照既定的方式控制相关消防专用设备，实施救灾工作。

1.6.3 环境与设备监控系统（BAS）

1）设计原则

(1) 按全线同一时间内只发生一次火灾考虑防灾、救灾能力。

(2) 车站BAS系统的监控范围除负责本站外，还包括相邻区间的一半。

(3) BAS系统采用二级管理（车站级、中央级）、三级控制（就地级、车站级、中央级）的模式。

2）系统构成及功能

全线BAS系统采用Controllogix系列PLC设备。冗余PLC控制器通过网关与智能低压MCC系统接口，对车站和隧道环控通风、排烟进行监控。

分散在环控电控柜、照明配电室的BAS-RI/O控制箱，用于监视防烟防火阀的状态信息、切除非消防电源及启动应急照明电源。分散设置的防火阀控制箱，用于监视和控制电动防火阀的状态信息。

BAS 系统与 FAS 系统设置独立的通信接口，当车站确认火灾时，BAS 系统配合 FAS 系统完成相应的消防联动功能（如启动应急照明、切除非消防电源等），并按通风空调控制量及运行模式表制定的工况进行环控设备的联动。

紧急情况下，值班人员还可直接通过设在车站控制室紧急手动控制盘（IBP 盘）上的按钮操作完成灾害模式下的工况转换，实现联动功能。

IBP 盘将提供以下系统的手动后备应急功能，包括：信号系统、环境与设备监控系统、电力监控系统、火灾自动报警系统、安全门/屏蔽门系统、导向标识系统、自动扶梯/电梯系统、自动售检票系统、门禁系统等。各系统的控制及监视部件将设置在各自系统的子后备盘上。其中，环境与设备监控系统可监控车站管辖内的防排烟模式，根据 IBP（PLC）内模式逻辑控制通风空调设备，并反馈模式的执行状态。IBP 盘面上的火灾自动报警系统区域可监控安装在站内的区间消防引水蝶阀，操作人员能通过 IBP 盘强启引水蝶阀，并监视引水蝶阀的实时状态。

1.6.4 "综合型"火灾报警系统

11 号线火灾报警系统采用国内领先的地铁"综合型"火灾报警系统设计理念设计。与传统火灾报警系统构成相比，11 号线"综合型"火灾报警系统提供了火灾报警系统、气体灭火控制系统、感温光纤探测系统、电气火灾预警系统、吸气式烟雾探测系统和双波段视频探测系统等多种预警和探测方式，为地铁车站和隧道区间实现全面立体的多手段监控覆盖。

火灾报警系统实行两级管理，在 NOCC 设防灾调度指挥中心，车站综合控制室为分控级。主控级与分控级之间的防灾报警信息，利用综合监控系统网络进行传输，车站现场级监控报警网络仍为独立配置。FAS 系统与综合监控系统设有上层通信接口，与 BAS 系统设有底层通信接口。FAS 系统结构示意图如图 9.1-19 所示。

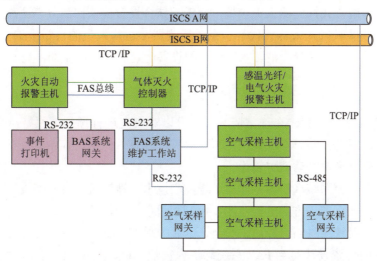

图 9.1-19 FAS 系统结构示意图

FAS 系统的设备如图 9.1-20 所示，主要包括火灾报警主机（见图 9.1-21）、气体灭火报警主机、电气火灾预警主机、吸气式烟雾探测主机（见图 9.1-22）、点式烟雾探测器及点式温度探测器、感温光纤测温主机、模块、模块箱及电源盘、多种接口线缆等。通过以上设备可以实现对地铁车站全面、立体、多手段的监控覆盖。

图 9.1-20 "综合型"火灾报警系统设备

图 9.1-21　火灾报警主机　　　图 9.1- 22　吸气式烟雾探测主机及吸气式采样管

与以往地铁火灾报警系统的设计相比，11号线"综合型"火灾报警系统探测方式更全面、更多样。车站站厅站台公共区、设备区走廊采用吸气式烟雾探测系统火灾预警，设备区房间采用传统点式探测器火灾预警，两者相结合设置促使探测效率更高效，数据更准确。此外，公共区吸气式采样管代替了点式探测器，运营人员的日常维护更方便和高效，特别是在净空较高或因风管、消防水管遮挡的设备区走廊或狭小空间，更易于维护。

1.6.5　FAS系统报警+BAS系统控制的大融合监控方式

火灾报警系统（FAS），在正常情况下，可以对火灾进行预警、报警，在确认火灾情况下，可以实现联动控制。即火灾探测器对火灾进行有效探测，控制器进行火灾信息处理和报警控制，联动模块联动消防装置。

环境与设备监控系统（BAS）通过过程控制技术对地铁机电设施按设置功能、系统运行工况、地铁环境标准等方面进行监测、控制和科学管理，并配合火灾报警系统、电力监控系统等系统为地铁线路创造舒适、安全、可靠的乘车环境，并达到节约能源的目的。

国内地铁的传统设计是当FAS系统确认火灾后，联动消防相应设施设备，并由通信口给BAS系统发送模式控制命令，完成对车站相关机电设备环控模式的控制。在监控设备中，通常是把防烟防火阀、全电动防火阀、电动蝶阀的远程监控纳入火灾报警系统实现，这样做的好处是与火灾相关设备统一由火灾报警系统完成。11号线对上述设计进行了优化，将以上阀体的监视和控制纳入环境与设备监控系统完成，这样做可以充分发挥 PLC 的编程逻辑功能，阀体的日常监控功能由 BAS 系统实现，真正做到 FAS 系统报警 +BAS 系统联动相关设备的大融合监控方式。此外，上述被控设备的正常、故障状态也可通过 BAS 系统的 HMI 直观的看到，方便了运营人员的日常管理。

1.6.6 大型换乘枢纽综合监控系统的优化设计

车公庙枢纽是目前华南地区超大型地铁换乘枢纽（见图9.1-23），集1、7、9、11号线四线换乘+楼宇物业开发为一体。车公庙枢纽车站控制室面积为100m²，集1、7、9、11号线四线控制于一体，属于地铁超大型控制车站。

图 9.1-23　车公庙枢纽效果图

车公庙枢纽各弱电系统中合设子系统由枢纽统一运营，各线路不再单独设置，枢纽只设置一个车控室，实现对整个枢纽的统一调度管理，减少运营管理人员。各线路设置接口计算机，通过通信接口与枢纽综合监控系统连接，实现各线路弱电系统的资源共享。枢纽综合监控系统接入11号线综合监控系统线网，由11号线控制中心实现对枢纽调度指挥及防灾救灾组织的统一管理。

1.6.7 信号与智能照明联动

综合监控系统与信号系统的接口在 NOCC 中心，从而获得列车的信息，包括所有列车所在位置区间及离到站信息；与智能照明系统的接口在车站，综合监控系统能够控制或调节站台照明装置的亮度。在综合监控系统中为智能照明系统设置了自动和手动控制模式。在手动模式下，站台照明系统为手动调节；在自动模式下，系统根据列车的运行方向（上、下行）、到站或离站标识，自动向列车当前所在车站的对应站台的智能照明专业发送到站或离站模式联动命令，从而实现站台的照明亮度自动控制，在列车停靠站台时，照明亮度加大，在列车离站时，照明亮度适当降低，在人性化设计的同时达到了节能的效果。

第 2 节 车站装修设计及特色

2.1 建筑装修原则

（1）以"安全、适用、经济、美观"为原则，以"速度、秩序、通畅、易识别"体现快捷性交通建筑的特点，力求简洁、明快、朴实、经济、不追求豪华并能体现深圳的地方特色。

（2）各站应在统一的模式下，体现各站的特点，采用适宜的手法最大限度地改善地下封闭空间的沉闷和压抑感。在条件许可的情况下，管线采用明露而不设吊顶的处理方法。

2.2 建筑装修要求

（1）所选择的装修材料应具有不燃、无毒、放射性指标满足国家环保要求、经济、耐久、便于设备管理和清洗的性能，地面材料应防滑、耐久、耐磨、耐腐蚀。

（2）按需要，在设备和管理用房及公共部位考虑采用具有吸声、防潮功能的装饰材料。

（3）全线各车站建筑装修应服从统一格调的总体设计要求，装修材料应尽可能统一。

（4）车站站台层轨行区应加喷具有减噪功能的饰面材料。

（5）装修材料宜标准化、模块化，便于施工、维护。

2.3 公共区装修创意

1）装修设计创意

11 号线车站公共区装修设计的主题为"中国梦——民族腾飞梦"。依据线路定位和主题将飞机跑道、机舱、机翼等元素融合到 11 号线车站空间中，用飞的形态体现机场线特色。全线标准站造型、色调基本一致，天地墙冷灰色背景点缀蓝色门套。车站门套和三角房墙面结合站点周边文化特征丝印不同图案，既帮助乘客识别站点，也突出线路车站的独有特色。装修材料有灰麻花岗岩（踢脚线为黑色花岗岩）、现浇水磨石、搪瓷钢板、阳极氧化铝板、微晶石等。松岗站站台内设如图 9.2-1 所示。

2）设计理念

标准站统一装修风格，体现一线一景特色；大镂空率装修，标准化、模数化设计；简约风格，选材经济合理，有效控制造价；运用 BIM 技术，提前协调各专业。

11号线全线共设车公庙、南山、前海湾、宝安、机场5个装修重点站。重点站在标准站统一材质、模数的基础上，结合车站周边环境及文化提取不同的造型，体现车站独有的区域特征。重点站设计理念为空间一体化设计，体现区域特色；引进参数化设计，注重方案落地实施；功能与艺术结合，将艺术与装饰完美衔接；轻装修重艺术，清水混凝土裸装试点。

其中，在后海、南山、宝安、碧海湾、机场、机场北（见图9.2-2）、福永、后亭、碧头6个车站设置了文化墙。

图 9.2-1　松岗站站台内设

图 9.2-2　机场北站站厅内设

2.4　装修设计实践

在BIM模型中截取任意位置的平面、立面、剖面及三维视图，清晰地分析各专业之间的碰撞问题，优化管网提升装饰天花设计高程，如图9.2-3所示。

图　9.2-3

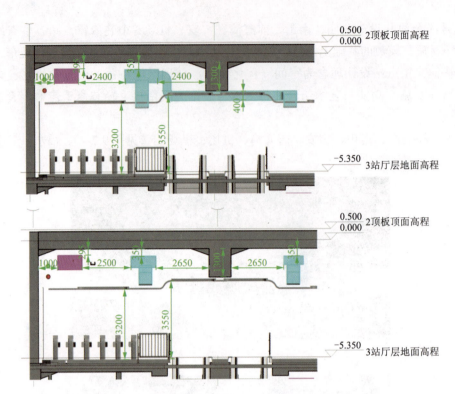

图 9.2-3　BIM 技术在管网优化中的应用（尺寸单位：mm）

优化前，原定天花设计高程为 3200/3550mm，与送风管相撞，若按原设计将导致天花设计高程降至 2800/3150mm。经过分析优化了送风管路径，保证了原设计高程。

2.5　导向、标识

（1）站台层、站厅层、地面出入口，以及与轨道交通车站相连的物业开发区、地下步行街、商店、火车站等公共区域，必须设足够、明显且引人注目的路引，引导乘客以最捷径的路线流动。

（2）导向牌在地面以上车站 300m 半径范围内设置。

（3）导向、标识具备事故疏散时的引导功能。

第 3 节
公共艺术与地铁空间的对话

3.1 应用背景

"公共艺术"是近些年来比较火热的词语,对于国内城市建设者来说,它已经不再像 20 世纪 90 年代初那么陌生,深圳市公共艺术中心从 1999 年创作的"深圳人的一天"作品开始,也与城市一同进入了公共艺术的时代。深圳地铁 1 号线开通于 2004 年,带给深圳人全新的便捷通行方式,而三期轨道交通开通后全网日客流量超 400 万人次,如果能更好地引入公共艺术的理念,将艺术与空间文化更好地融合,将深圳的交通枢纽转变为文化传播的窗口,必将再次刷新创建一个程碑式的案例,为陆续建设通车的庞大交通系统提供一些宝贵的经验。

车公庙枢纽位于深南大道与香蜜湖立交桥交叉口处,集深圳地铁 1、7、9、11 号线为一体,建筑面积约 5 万 m^2,是深圳迄今为止最大的四线交汇换乘站点。深圳市政府对此枢纽给予高度的重视和期望,提出"不能按室内装饰装修思路;优先梳理空间关系,合理利用空间;完整的地铁枢纽站设计;结合枢纽设施布局、人流动线;用现代手法设计;体现深圳设计之都水平——高水平的设计要求"。在经过多个设计方案遴选后未能达到要求的情况下,深圳市地铁集团有限公司特委托深圳市公共艺术中心,对该枢纽站点做全新概念的一体化文化艺术研究设计。

车公庙枢纽站公共艺术设计项目(以下简称项目)通过深圳市公共艺术中心团队历时两年的组织和研究,最终形成了目前地铁综合性最强的一个公共艺术案例。通过综合性的研究,将公共艺术理念、设计思维融入地铁空间,营造真正意义上的"文化地铁"概念,并将概念转换为可行性实施方案,实现当代地铁建设史上的创新与突破,将单纯的交通服务功能向支撑城市文化发展的方向转变。

项目团队认为,地铁公共艺术的设计创作应深入调研,强调作品的公共性,素材应来源于地铁真实的建设、运营过程,并挖掘站点周边的自然、历史、人文,综合寻求最佳的公共艺术空间作品。该项目区别于以往公共空间中的单体艺术品形式,是通过对艺术、历史、室内设计、导视设计、灯光设计、动画等方面的综合考虑,对空间体验、视觉体验、信息服务进行的公共空间一体化设计。一体化设计的理念使艺术墙不再是一个独立的单体,而是融入了车公庙站点中,构成了另一件全新的艺术品。转换大厅概念图和站厅效果图如图 9.3-1 和图 9.3-2。

图 9.3-1　地下二层转换大厅概念图　　　　　图 9.3-2　站厅部分效果图

项目概念阶段希望带给大家的是最真实的地下建筑空间，人性化地开展设计，合理化地使用材料，避免装修材料的堆砌。柱体保持混凝土本色，天花裸露管线，部分墙面干挂混凝土装饰板等体现低碳环保的理念。带来清晰明了的换乘指引功能，更加人性化信息发布功能，加入趣味的互动体验设计。展露建筑结构之美、真实的材料之美、提炼人文之美、呈现人文历史之美。利用建筑材料创作艺术品；采用摄影艺术表现形式体现地铁建设场景；在地下空间增加垂直绿化和透光混凝土；通过壁画的形式体现车公历史传说，车公所属宋代文化、科技及艺术，并创作了新的车公形像等。项目创造出崭新的地铁系统体验，体现出深圳的地铁文化和车公庙枢纽独特人文魅力。

项目团队在项目概念阶段到协同深化实施的过程中，遇到了许多问题，希望通过下文的分析总结，能为日后地铁开展综合性文化艺术设计项目提供有价值的参考。

3.2　功能性与光学媒介的对话

灯光作为光学媒介，是新媒体艺术的一种基础语言形式。本项目的最大亮点是从基础照明出发，将导视灯带及艺术灯光形式有机结合（见图 9.3-3），乘客只需微微抬头或平视远方，便能跟随导视灯带快捷地抵达目的位置。

飘动的竹影（见图 9.3-4）、波澜的水影（见图 9.3-5）、神秘的星空（见图 9.3-6），这些新媒体的实施运用，让乘客在走进地铁的期间，忘却城市的喧嚣。

图 9.3-3　导视灯带结合照明灯光的效果　　　　图 9.3-4　将大自然的竹影通过灯光处理后带到地下空间

在项目实施的过程中，遇到的最大问题便是标准化的问题。艺术希望通过独特的造型、色彩、观念达到传达的目的，而工程则希望通过标准化的生产，达到批量生产、低成本投入的目的。若在项目前期无合理的经费规划，一切概念都将化为空谈。另外，在原有视觉导视系统及新的灯具指引系统上形成重复，这是后期介入所产生的问题，倘若指引设施在前期便统一化设计，将会减少不必要的浪费，并使空间更加清新简洁。在项目中，广告灯箱的背光是地铁空间中的另一大"亮点"，项目团队强调需要将墙面传统的广告灯箱集中布置，减少视觉干扰，同时提高广告位价值，那将产生更佳的整体效果，而这是设计理念博弈的最大焦点之一，最终的效果需要时间验证。

图 9.3-5　波光粼粼的水影给空间带来了生动的气息

图 9.3-6　车公庙天花独有的"星空"

3.3　文化与空间的对话

深圳车公庙旧址及宋代车公大元帅传说为此站公共艺术概念设计的基础元素，通过广泛的调研咨询，项目团队开展头脑风暴，找到从深圳生长出来的"车公"形象，而"车公"所在的宋代文化随之成为了理所当然的呈现内容，重新设计的瘦金体文字也顺应成为了此站的标识（见图9.3-7）。这些文化素材的设计应用，除了视觉层面，更大的初衷是解决后期介入中墙面所产生的一些问题。

图 9.3-7　全新塑造的"瘦金体"字体

"车公"元素是贯穿整个空间的重要元素之一，通过项目团队的组织调研，将"车公庙"为什么叫车公庙这一问题充分剖析，最终通过此站点枢纽进行展示呈现，将车公传说演变成为深圳的一段文化故事。

按照历史顺序，展现南宋历史和车公的由来，墙面图像以宋代线描画的风格呈现，大面积的色彩运用，将民间传说中关于宋代车公大元帅的故事进行呈现（见图9.3-8），构建出全新的现代车公形象。

图 9.3-8　车公大元帅的传说故事墙面

通过"车公"的传说故事开展衍生，将从古至今的各种文化艺术题材，例如车公大元帅所在的宋代，不仅其文化在中国历史上有着不可替代的地位，在科技方面也发展到一定的高度；宋代绘画代表了中国传统绘画的巅峰，影响至今。这些题材通过艺术的手法，整体融入到空间中来，赋予"车公"灵魂并为其创建全新的"存在"空间，与乘客产生更多的对话。

图 9.3-9 《四景山水图》

墙面通过对南宋刘松年的画作进行改造，由春、夏、秋、冬四景组成了《四景山水图》（见图 9.3-9），描绘了幽居于山湖楼阁中的大夫闲逸的生活，现通过全新的工艺手法再次呈现，展示车公大元帅生活年代的山水趣味。

墙面选取宋代名家名画的经典元素（见图 9.3-10），将宋代美学用现代的方式重新融入空间，展示车公大元帅生活年代的艺术之美。

墙面选取南宋画家梁楷的《蚕织图卷》中代表性的画面（见图 9.3-11），呈现南宋民间劳动热火朝天的经典场景，展示车公大元帅生活年代的手工艺场景。

图 9.3-10 宋代名家名画

图 9.3-11 《蚕织图卷》

3.4 在地元素与当代艺术的对话

地铁的迅速发展，是城市轨道交通体系发展成熟的体现，如何挖掘提炼在地元素，将站点的建设通过当代艺术的手法再现，融入站点枢纽并形成全新的对话，是项目团队的另一个重点思考内容。项目由艺术家全程参与讨论及设计，将艺术家的思维方式在空间中得到充分的展现，将过于"理性"的设计思考方式转换成许多"感性"的表达，给空间带来更多的灵动气息。例如将枢纽建设中的材料、过程进行保存与展示，让观众感受到空间的"呼吸"等，艺术家都能融合自己的创作风格，给出有趣的对话形式。

作品《盖挖逆筑法》（见图 9.3-12）将工地宣传画通过艺术手法转化为车站艺术作品，展

图 9.3-12 《盖挖逆筑法》

现出车公庙站修建时所采用的施工方法及其主要过程及设备，为乘客科普地铁的修建知识，并成为站点的永久记忆。

作品《四季》（见图9.3-13）利用地铁修建过程中及日常生活中的电线，呈现了春、夏、秋、冬四个季节。

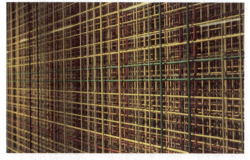

图9.3-13 《四季》

作品《生长》（见图9.3-14）利用地铁修建过程中常用的金属材料，抽象地构成材料的自然美感。

图9.3-14 《生长》

作品《轨道交通历史》（见图9.3-15）讲述了由车轮到车辆的发展历史，以及城市轨道交通的发展历史，图像以版画的风格呈现，大面积的色彩运用，缓解了地铁换乘空间过于冷调的感受，营造了一个明亮、舒适的空间视觉效果。

作品《时空之间》（见图9.3-16）将地铁建设与当下进行隔空穿梭，让乘客了解车公庙站的艰辛建造历史。

图9.3-15 《轨道交通历史》　　　　图9.3-16 《时空之间》

墙面垂直绿化的营造，让空间瞬时恢复自然生机，如图9.3-17所示。站内共设置绿植

图 9.3-17 垂直绿化

墙 5 处，配套自动供水设施，可使绿植墙一年四季保持生机，为枯燥的旅途平添一份生气。

3.5 文化的传播平台的对话

文化地铁更注重的是文化精神理念的传播，而地铁项目的建设，最终还是落实到使用者的身上，如何让城市居民、社区团体更好地表达自己的意见，交流更多的文化讯息，地铁的建设者们还需要做更多的努力，一个是在项目流程机制的建立上，另一个是需要建立一个有关文化艺术方面的专业管理组织委员会，将深圳地铁塑造成为深圳文化传播的交流平台。

在深圳市城市轨道交通三期项目中，市民只需要扫描墙面说明牌上的二维码，便可进入全新概念的深圳"地铁美术馆"（http：//artmetro.sxl.cn）。通过这个平台，乘客不但可以留下意见及建议，还可以看到更多的艺术文化信息，感受到深圳建设者、设计者们为建造地铁所付出的心血和努力。希望通过更多的交流对话，让乘客更热爱这座城市，更热爱地铁生活，更了解深圳及深圳地铁的文化。

第 4 节
BIM 技术应用

4.1 BIM 技术应用工程概况

4.1.1 应用背景

11 号线站后工程涉及常规设备安装、系统设备安装、建设单位委外设备安装,以及土建收尾、装修收尾、铺轨收尾等多专业在有限的时间和空间内穿插、交叉作业;同时涉及的机电设备种类繁多,数量庞大,招标时间跨度大,设备生产周期长短不一。设备制造、场内测试、运输、现场仓储、验收等环节繁杂,不可预见因素多,施工图深化设计进度往往受限,并且现场接口较多。因此,在站后工作中采用 BIM 技术可以较好地管理工程接口,为后期轨道工程建设提供好的应用实践经验。

4.1.2 应用概况

11 号线选取了宝安站、沙井站、机场北站、后亭站四个车站作为试点,进行 BIM 技术研究,分别对视频漫游、施工模拟、管线碰撞检查、精装修等侧重点进行研究,具体见表 9.4-1。

各站 BIM 技术应用侧重点 表 9.4-1

站　点	咨询单位	主要内容	侧　重　点
宝安站	筑博设计股份有限公司	土建、机电	视频漫游
沙井站	筑博设计股份有限公司	土建、机电	施工模拟
机场北站	深圳宏智邦建工程技术有限公司	土建、机电	管线碰撞检查
后亭站	深圳市博普森机电顾问有限公司	土建、机电、精装修	精装修

4.1.3 应用计划

11 号线 BIM 技术应用充分协调设计、施工、咨询机构,分阶段将模型反馈给设计和施工单位,在各个施工阶段及时修正图纸存在的问题,于 2015 年 6 月完成各站土建及风水电管线模型,共计发现碰撞点 700 余处,并通过 BIM 技术对机电管线进行优化,大幅提升了 11 号线安装工程质量,节约了工期。后亭站室内精装修采用工业化预制,施工前预先模拟拼装,并采用 3D 可视化技术交底技术指导现场施工,减少差错漏碰,全面提升了施工效率与质量水平。

4.2 BIM 技术研究与应用

4.2.1 模型创建

1）模型创建要求

（1）全专业可视化协同设计

根据设计、精装修单位及其他专业设计公司提供的施工图纸，搭建出车站建筑、结构、机电、钢构、场地及车站导向标识系统等精装修全专业可视化的 BIM 模型。机电模型包括给排水、雨水、通风空调、变频多联空调系统、强电、弱电、消防等机电专业管线及各类机电末端设备。

（2）全专业 BIM 族库

建模过程中，一些常规构件往往需要重复建模。通过建立地铁车站全专业族库，需要时直接对各构件族进行调用，通过设定现有的参数对构件进行控制，实现各构件在项目中的独特性与适用性，大大减少了建模时间，提高了工作效率，使各站模型更加规范、统一。

（3）建立 Revit 建模标准和交付标准

在项目试点过程中，逐渐积累了 BIM 技术具体实施经验。为规范各站 BIM 技术应用，建立了企业级建模标准《中铁建投 BIM 建模标准》（适用于 Revit），对各专业模型精度、构件命名规则、构件拆分规则、参数化设置、颜色区分等要点进行了规范，从而在建模初期规范建模行为，使各站 BIM 模型标准化、规范化；相对应地建立了企业级验收标准《中铁建投 BIM 交付标准》（适用于 Revit），规范模型交付时需提供的资料，为后期运维及质保提供数据支持。

2）模型搭建

根据设计单位各专业提供的 CAD 二维图纸，采用 Autodesk 公司的 Revit 系列软件，搭建出车站建筑、结构、机电、钢构、场地及车站导向标识系统等全专业可视化的 BIM 模型。搭建好的 BIM 模型见图 9.4-1、图 9.4-2。

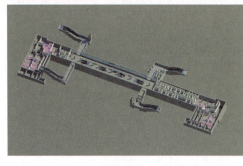

图 9.4-1　宝安站土建 BIM 模型

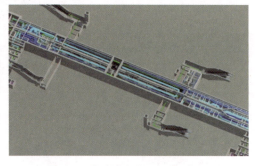

图 9.4-2　机电全专业 BIM 模型

4.2.2 碰撞检查

地铁车站场地空间有限，各专业机电管线复杂、众多且比较集中，对机电管线安装要求高，需要在安装之前提前进行管线综合排布。采用 CAD 二维设计时，设计单位主要由建筑或者机电专业牵头，将所有图纸打印成硫酸图，然后各专业将图纸叠在一起进行管线综合，由于二维图纸的信息缺失以及缺少直观的交流平台，导致管线综合成为建筑施工前可信度较低的技术环节。而利用 BIM 技术，通过搭建各专业的 BIM 模型，在虚拟的三维环境下可以方便地发现设计中的碰撞冲突。这不仅能及时排除项目施工环节中可能遇到的碰撞冲突，显著减少由此产生的变更申请，更大大提高了施工现场的生产效率，降低了由于施工协调造成的成本增加和工期延误。

在宝安站的设计审查中，通过错漏碰缺检查，发现建筑图纸与结构图纸标注不一致、给排水管穿梁柱、给排水系统图与平面图不一致、消火栓管道与扶梯位置冲突、站厅层排水沟内未设计排水地漏、暖通风管穿梁、立管位置上下不对应、电气桥架安装空间不足、设计单位图纸管线布置与精装修图纸不对应等各类问题近百处。碰撞检查问题示例见图 9.4-3、图 9.4-4。

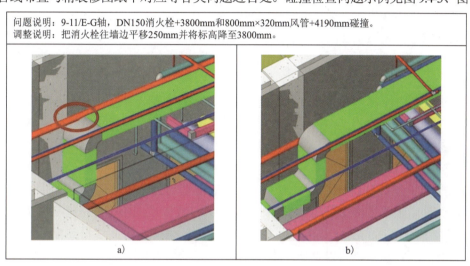

图 9.4-3　建筑问题报告

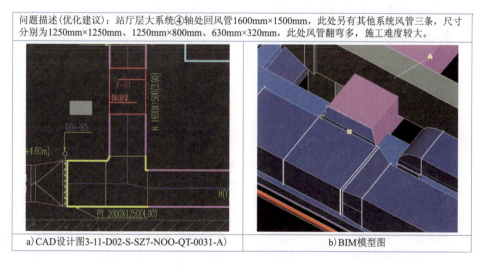

图 9.4-4　通风系统问题报告

4.2.3　管线综合深化设计

由于宝安站的 BIM 技术应用是在施工阶段才开展的，是在 CAD 图纸的基础上搭建三维模型，管线三维综合未能在设计阶段采用，因此宝安站在各专业碰撞检查的基础上，又开展了三维综合深化设计。采用的管线综合布置原则如下：

（1）站厅、站台公共区吊顶内，综合管线相对位置的布置主要遵守平行设置原则，即通风干管、电缆桥架及共用水管支架采用平行布置方式，各种管线之间的距离应满足各专业设计规范的要求。

（2）在设备区走廊吊顶内，综合管线相对位置的布置主要遵守风上、电中、水下的原则，即送风管、排风管道布置在上层，电缆桥架在中层，水管在下层。其中，电缆桥架应尽量布置在靠近车控室、环控电控室、照明配电室的一侧。

（3）各种管线的平面排列及高程设计发生冲突时，应按下列原则处理：小管径管道让大管径管道，可弯管道让不能弯的管道，压力管道让自流管道，弱电让强电，工程量小的让工程量大的。

4.2.4 施工模拟与现场技术配合

建筑施工是一个高度动态的过程，随着建筑工程规模的不断扩大，复杂程度的不断提高，施工项目管理变得极为复杂。在对宝安站的 BIM 设计完善后，又开展了施工进度模拟和现场技术配合。

1）施工进度模拟

当前建筑工程项目管理中经常用于表示进度计划的甘特图，因其专业性强，可视化程度低，无法清晰描述施工进度以及各种复杂关系，难以准确表达工程施工的动态变化过程。通过将 BIM 技术与施工进度计划相链接，将空间信息与时间信息整合在一个可视的 4D（3D+Time）模型中，可以直观、精确地反映整个建筑的施工过程。施工模拟技术可以在项目建造过程中合理制订施工计划，精确掌握施工进度，优化使用施工资源以及科学地进行场地布置，对整个工程的施工进度、资源和质量进行统一管理和控制，以缩短工期、降低成本、提高质量。

2）现场技术配合

通过 BIM 模型与施工现场实际实施情况进行比对，可以及时高效地解决现场问题。通过 BIM 模型让项目各方人员方便地讨论项目方案，论证项目的可建造性，及时排除风险隐患，减少由此产生的变更，从而缩短施工时间，降低由于设计协调造成的成本增加，提高施工现场生产效率。

4.3 BIM 技术应用存在的问题与建议

BIM 技术在 11 号线的研究与应用过程中，暴露出以下问题：

（1）管理模式的改变。基于 BIM 技术的实施方法与传统二维方法存在明显不同，原有的制度和标准已不能满足基于 BIM 模式的需要，两者之间存在一定的冲突。现阶段对基于 BIM 技术的新型管理模式缺乏经验，流程较混乱，各方职责不明确，最终管控效果较差。

（2）BIM 模型的利用率低。实际施工对传统模式依赖度较高，且缺少一个有力的组织引导，致使模型建好后并未立即高效地投入使用。

（3）BIM 技术的介入时间较晚。现阶段 BIM 技术介入的时间普遍较晚，往往先有二维图纸，再对二维图纸进行翻模以得到 BIM 模型，BIM 技术的应用存在严重的滞后性。BIM 技术应先于施工，在施工前模拟施工以找出问题并解决，指导实际施工。

（4）缺乏统一标准。现阶段 BIM 应用较混乱，各 BIM 应用单位均采用自己的标准与规范，这些标准均有一定局限性，无法大范围推广。BIM 技术需要一个统一的行业标准，使 BIM 技术应用标准化、规范化。

（5）软件自身问题。现阶段各 BIM 实施软件均存在一定的不足，国外 BIM 软件本土化并不完美，无法完全满足国内建筑行业的应用要求，特别是轨道交通行业，需要大量的二次开发，严重制约了 BIM 技术在轨道交通行业的推广。

针对 BIM 技术应用中出现的问题，建议在设计阶段开始介入 BIM 技术。建筑行业上下游标准不一致，只有由建设单位主导，在设计阶段开始应用 BIM 技术，才能大幅提高设计质量，从源头解决设计问题，避免后期因设计问题产生的工期延误。施工单位亦能通过 BIM 模型尽早熟悉项目情况，提前预判施工重点及难点，进而缩短工期提高施工效率，并为后期运维提供可靠的技术信息支持，最终达到全建筑生命周期的 BIM 技术应用。

4.4 应用效果

11 号线在安装装修阶段全面开展了 BIM 技术研究与应用，并选取了四个站分不同方面重点开展了研究，其应用大幅提高了 11 号线安装工程质量，节约了工期，全面提升了施工效率与质量水平。尽管目前 BIM 技术在轨道交通领域的应用尚存在诸多问题，但因其显著的技术优势，必将得到广泛的推广与应用。

BIM 模型的建立，是建筑领域的一次革命，将成为项目管理强有力的工具。BIM 模型适用于项目建设的各阶段。只有掌握 BIM 技术，才能在建筑行业更好地发展。建造绿色建筑是每一个从业者的使命，也是建筑行业的责任。

第 5 节 其他安装技术

5.1 综合支吊架技术

5.1.1 应用工程简介

11 号线是国内首次采用 8 列编组、长大区间隧道形式的线路，车站设备房间多，走道管线密集，故在设备区走道内采用综合支吊架，合理布置管线，以解决管线拥挤问题。

5.1.2 新技术应用实践

为解决车站设备区走道管线密集现状，设计阶段在各专业施工图纸设计完成后再进行综合管线设计，整合各专业管线设计高程及走向，形成综合管线图纸并正式出图；施工阶段考虑走道空间狭小，不具备各专业分别设置支吊架的条件，在车站设备区走道统一设置综合支吊架。

根据综合管线图对各系统、各专业管线统一进行优化布置，有效解决了管线密集区域安装空间受限、管线冲突、碰撞等问题，达到了管线排列整齐、简洁美观以及便于运维的良好效果。图 9.5-1 为宝安站综合支吊架。

本工程采用 4C 型铝合金材质走线架，具有重量轻、耐腐蚀、易安装等优点，是"四新"技术（新技术、新工艺、新材料、新设备）在地铁施工运用的典型范例。图 9.5-2 为南山站铝合金材质走线架。

图 9.5-1　宝安站综合支吊架

图 9.5-2　南山站铝合金材质走线架

5.1.3 主要成效

（1）综合支吊架为组合式构件、装配式施工，整齐、美观、大方，车站所属各专业能很好地协调，进而提高走道内的空间利用水平；

（2）安装速度快，缩短了整个工程施工工期；

（3）管线综合考虑，有序施工，为后续设备检修提供保障。

5.2 地铁车站的"裸装"

在经济和工业化进程日益推进的今天，人们对自然、原生态环境的追求日趋增多，"裸装"保留其粗糙、破损及没有规律的自然特征，与大自然构成"我中你有，你中有我"的完美艺术形式；同时，裸装风格更贴近节能、环保的应用概念。11号线车公庙站就率先引入"裸装"设计理念，将"裸装"与大自然完美结合呈现在人们面前。

11号线车公庙站之所以适合使用这种模式，是因为与它超级换乘站的功能定位非常契合。车公庙站属地下三层站，是深圳地铁1、7、9和11号线的综合换乘站，也是深圳市城市轨道交通路网的第一个四线换乘车站。因此，车站装修应力求简洁、明快，能充分体现通畅、易识别的快捷性交通建筑特点；同时，还要展现出深圳市城市快速轨道交通的时代感。

在11号线车公庙站站厅里，除地面使用耐污染、防滑的大理石外，墙壁和立柱都没有粉刷任何涂料，暴露出的是混凝土本色，整个站厅没有使用其他装修材料，这样大胆的设计在深圳地铁100余个车站中尚属首次。车公庙站"裸装"实景图如图9.5-3所示。

图9.5-3 车公庙"裸装"实景图

车公庙站站厅混凝土成型后具有自然的花纹，不需要对其再做后期处理。简洁的设计有助于突出车站内部的导向标志、服务设施，避免装修装饰喧宾夺主。乘客一走进这样的地铁空间，可以很快注意到自己需要的服务信息；车站站厅的天花板上安装有带线路数字的导向光带，乘客根据需换乘导向标识和线路灯带前进，就能轻松找到换乘大厅，能更方便、快捷、准确地实现四线换乘。

作为11号线的清水混凝土试点站南山站，提取"云"的形态演变，使它在空间中流动变化，整体空间采用冷灰色调，体现南山区生活美满幸福、环境生态自然、绿色宜居生活环境的区域特色。南山站空间实景如图9.5-4所示。

图9.5-4 南山站空间实景图

图 9.5-5 南山站站台立柱"裸装"实景图

南山站站台结构立柱采用清水混凝土柱，下部 1m 采用不锈钢板包边，有效地保护了清水混凝土柱的外观整体性；装修吊顶采用云朵图案，既节能又节材，体现出绿色施工的理念；装修地面采用耐磨大理石材，与结构立柱、吊顶喷灰色彩浑然天成。南山站站台立柱"裸装"实景图如图 9.5-5 所示。

5.3 防静电地砖铺贴

5.3.1 防静电地砖的优点

11 号线设备区弱电机房采用防静电地砖取代了防静电地板。防静地砖铺设简单，与各专业协调接口较少，不会受弱电等其他设备管线影响，为尽早提供机房移交和总体工期创造了良好的条件。

5.3.2 防静电地砖铺设控制要点

（1）防静电地砖工程应包括基层、结合层、面层和防静电接地系统的施工。

（2）结合层水泥砂浆宜采用体积比为 1:3 的干硬性水泥砂浆，厚度宜取 25～30mm，表面应刷一道水泥浆。

（3）在水泥砂浆结合层中应按配比加入复合导电粉。水泥砂浆和导电粉的质量比为 1:0.002。

（4）在水泥砂浆结合层上铺设导电铜带或铝带，纵向间距应为 3000mm，横向间距应在 3000～4800mm 之间。铺设完成后，应采用万用表检测导电铜带或铝带，使其全部形成通路，并做好隐蔽工程验收记录。

（5）在铺贴前，应预排防静电地砖。对防静电地砖的规格尺寸、外观质量、色泽等应进行预选。浸水湿润，晾干待用。

（6）铺贴时应保持防静电地砖水平就位，用橡皮锤轻击使其与砂浆黏结紧密，并调整其表面平整度和缝宽。

（7）在水泥砂浆结合层上铺贴防静电地砖时，地砖底面应洁净。在板块与板块之间应按设计要求设缝。板块靠墙处应紧密贴合，不得采用砂浆填缝。

（8）板块勾缝应采用同品种、同强度等级、同颜色的水泥或其他高品质的勾缝材料，并做好养护和保护。在洁净厂房中勾缝，应采用不发尘的勾缝材料。

（9）用地砖铺设的地面应平整，线路顺直，镶嵌正确。地砖与结合层间应粘贴紧密，无空鼓。

（10）板块的拼缝宽度应符合设计要求。当设计未规定时，拼缝宽度不宜大于 3mm。

（11）防静电地砖铺设后，表面应覆盖织物并保持湿润，养护时间不应少于 7d。待结合层的水泥砂浆抗压强度达到要求后，可用清水或 5%～10% 的草酸或中性洗涤剂溶液进行清洗，使其表面洁净。

（12）待地砖表面干燥后，应按要求进行接地连接。

（13）静电接地系统的室外接地部分宜做成独立接地；对不具备条件的场地，可接在接地母线上。接地极的数量视土壤地质条件而定，室外接地电阻不应大于10Ω。

（14）当静电接地和防雷接地、直流工作接地、交流工作接地、安全保护接地共用一个接地时，系统接地电阻应小于1Ω，且在防雷接地支路以外，静电和其他接地支路应安装防雷击敏感电阻器，以保证安全。

5.4 阳极氧化铝板

5.4.1 应用工程简介

11号线南山站、前海湾站、宝安站及机场站四站公共区站厅及站台层采用阳极氧化铝板取代原设计的搪瓷钢板，成为深圳地铁建设史上首批使用此种材料的车站。图9.5-6为前海湾站站厅层阳极氧化铝板立柱施工实景图。

图 9.5-6 前海湾站站厅层阳极氧化铝板立柱施工实景图

5.4.2 新技术应用实践

11号线南山站、前海湾站、宝安站及机场站四站公共区墙面及柱面采用阳极氧化铝板进行装饰，其中龙骨为标段自购，板材由甲方负责采购，标段负责安装。

氟碳喷涂铝板由于是先进行钣金加工，后进行喷涂处理，铝基材本身加工性能良好，可以很方便地进行冲剪、折弯、热压成型、焊接、打磨等机械加工，可以实现各种复杂造型工艺，造型表现能力非常强大，可以制成包括自由曲面在内的各种其他材料无法实现的形状。

（1）工程流程：技术交底→安装预埋件→放线→安装龙骨→固定。

（2）阳极氧化铝板在安装搬运和储存时，应保持板材平整，储放于坚硬的场地。注意存放时应避免单人搬运，以双人双手持两边直立搬运为正确。

（3）公共区墙面材料采用800mm×3500mm×2.5mm为模块的自然金属色阳极氧化铝板、600mm×3500mm×2.0mm为模块的浅灰色阳极氧化铝板、400mm×3500mm×2.0mm

为模块的深灰色阳极氧化铝板。

（4）墙面、柱面踢脚线为 90mm×1200mm×40mm 黑色花岗岩，弧形半径 25mm 与地面转接，铺贴应与地面石材对缝。

图 9.5-7 为南山站侧墙阳极氧化铝板安装过程图。

图 9.5-7　南山站侧墙阳极氧化铝板安装过程图

5.4.3　主要成效

阳极氧化铝板在地铁工程中的主要优点有：

（1）超强金属质感：高档、美观、熠熠生辉（见图 9.5-8）；密度只有不锈钢的 1/3；耐刮伤，表面硬度达到蓝宝石级；触摸后不留手印。超强硬度，属特种合金系列产品。

（2）抗静电不吸尘且容易清洗。

（3）环保无毒、完全防火、耐候性佳、抗紫外线，色彩均匀一致、不褪色。

图 9.5-8　南山站侧墙阳极氧化板实景图

/ 第 10 章

轨道施工技术创新

第1节 减振垫浮置板施工技术

1.1 工程概况

11号线预制隔离式减振垫浮置板道床铺设于机场站—机场北站（DK31+700～DK33+000），位于矩形隧道断面内，铺设长度共2.6km。机场站站内区域轨道结构高度（轨道中心线处轨顶面至结构底的高度）840mm，其他地段640mm。预制隔离式减振垫浮置板道床结构由钢轨、扣件系统、预制道床板（C60）、水泥沥青（CA）砂浆、减振垫、基底结构（C30）、凸形挡台及周边填充树脂组成。

基底采用C40细石混凝土铺设，顶面距离设计轨顶514mm，基底一般每8.4m左右设置一道20mm伸缩缝，伸缩缝设置方法与普通道床一致。

基底与预制板之间采用地铁减振垫板式轨道专用砂浆（MEST-CA砂浆）填充，砂浆灌注于专用的砂浆袋中。

预制隔离式减振垫浮置板道床采用P4130型标准板，板长4130mm，板宽2400mm，板厚200mm，板下部粘贴30mm厚减振垫，板与板之间设70mm宽板缝。

图10.1-1、图10.1-2分别为标准横断面图和标准平面布置图。

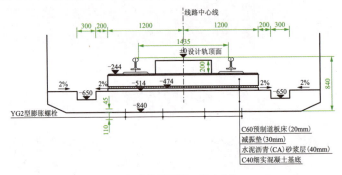

图10.1-1 标准横断面图（尺寸单位：mm）

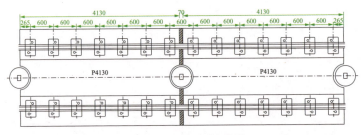

图10.1-2 标准平面布置图

1.2 主要施工工艺

1.2.1 浮置板道床施工工艺

根据现场实际情况，预制隔离式减振垫浮置板道床一般采用"调板法"施工，即先调板，再灌砂浆，后上扣件及钢轨，施工工艺流程如图10.1-3所示。

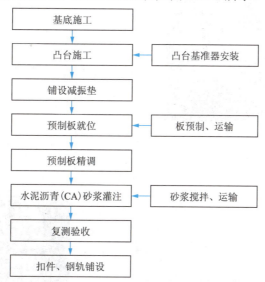

图10.1-3 预制隔离式减振垫浮置板道床施工工艺流程图

1.2.2 基底施工工艺

底座先施工2800mm宽范围部分，即左右侧水沟内边。

施工前由测量工程技术人员放出凸形挡台中心点位置，每4.2m一个。底座混凝土顶面高程按照设计高程降5mm控制，以确保轨道板的铺设满足设计要求。

底座混凝土施工完成之后，由测量工程技术人员根据设计图纸及CPⅢ轨道基础控制网放出每个断面凸形挡台的线路中心点，并弹出凸形挡台边线，以便钢筋绑扎定位满足在验标要求范围以内。基底及凸形挡台施工如图10.1-4所示。

用冲击钻在凸形挡台的预留凹槽内按照基准器底座螺栓孔位置打眼，采用两只$\phi 6$膨胀螺栓将基准器安装在凹槽内（见图10.1-5）。

图10.1-4 基底及凸形挡台施工

图10.1-5 基准器安装

1.2.3 轨道精调工艺

轨道板在预制厂预制完成达到设计强度后，用拖车运到铺轨基地，再利用轨道车将轨道板运到工作面，采用轨排铺架机铺设轨道板（见图10.1-6）。

根据已完成测设的基准器标签上所给定的超高数值设定超高值；松开坡度尺固定旋钮，并且根据线路坡度进行补偿设定，将短支腿上的双螺旋松开，根据基准器标识上的高差数值，锁定双螺旋。

将设定好三角规短支腿上的锥体放入基准器顶部的凹槽，另两个支腿分别放在轨道板表面标识的钢轨中心线，采用0.3mm鱼线将两个三角规短支腿上的环连起来，以测量轨道板中心线偏差调整值。

图10.1-6 轨排铺架机铺设轨道板

轨道板的调整，以基准器为基础，采用三向调整吊架、支撑螺栓、螺纹丝杆顶托等调整轨道板的三维状态。轨道板精调如图10.1-7所示。

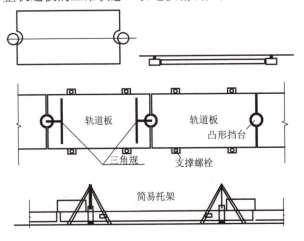

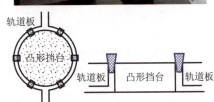

图10.1-7 轨道板精调图

将支撑螺栓安装在轨道板侧面的支撑吊耳上，支撑吊耳与轨道板采用螺栓栓接。利用简易吊架缓慢吊起轨道板，除去板下临时支撑方木。

按照预定高度值，使用三角规及简易吊架调节轨道板高度。调整轨道板，使其中心线与凸形挡台基准器之间的连线重合。用钢尺精确测量两凸形挡台间的纵向距离，将凸形挡台缝均匀设置。

在轨道板两端设置三角规，根据基准器测设数值，使用简易吊架调节轨道板面的水平。

曲线地段轨道板调整方法与直线段基本相同，但须将轨道板向曲线外侧移动正矢的1/2。具体如图10.1-8所示。

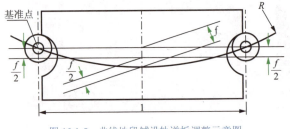

图10.1-8 曲线地段铺设轨道板调整示意图

1.3 技术创新

借鉴国内高铁成熟的板式轨道技术，同时结合地铁施工条件，预制隔离式减振垫浮置板轨道结构在 11 号线工程成功试铺，在国内尚属首次。开通运营后使用效果良好，根据现场实测数据，其减振效果可达 10dB 以上。

其主要技术创新点如下：

（1）国内首次在减振垫浮置板道床上实现了预制轨道板结构，在传统现浇减振垫浮置板道床结构基础上，借鉴国内高铁板式轨道技术，同时结合道床结构特点及地铁施工的工况条件，研发预制隔离式减振垫浮置板道床施工工艺和配套工装设备。

（2）道床结构实现了工厂化预制，降低现场混凝土浇筑的工作量，有效改善了作业环境和降低了作业强度。

（3）研发的配套地铁板式测量及调整工艺，实现了轨道的高精度调整。同时在工艺和测量上采用缓和曲线地段"以平代扭"、曲线地段"以直代曲"的方案解决标准件预制的问题。

（4）采用预制道床板结构，提高了轨道结构的可更换及维修性。尤其针对不良地质条件下，为地铁道床的整体更换、处理，提供了可行性和便利条件。

（5）采用预制道床板结构，大幅度提高了实体工程的质量，降低了施工质量缺陷出现的概率。同时提高施工效率，降低劳动作业强度，避免了人为因素、环境因素、管理因素对工程质量、施工安全的影响。从建设全寿命周期考虑，减少了后期养护维修工作量，有效降低了后期运营养护维修成本。

第 2 节
橡胶弹簧浮置板道床施工技术

2.1 工程概况

橡胶弹簧浮置板道床试铺区段在前海湾车站左线，共长350m，道床形式与钢弹簧浮置板道床类似，采用减振器外套筒结合橡胶弹簧进行减振，其主要由橡胶浮置板基底、橡胶弹簧隔振器、钢筋混凝土道床板、钢轨及其扣配件等组成（见图10.2-1）。

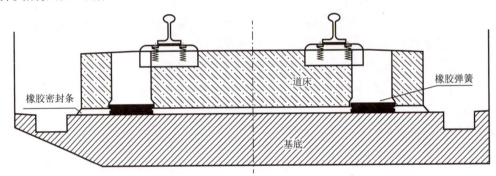

图 10.2-1 橡胶弹簧浮置板道床结构

（1）橡胶浮置板基底：结构底板进行混凝土回填，基底设置两侧排水沟。
（2）橡胶弹簧隔振器：由外套筒、橡胶弹簧隔振器两部分组成。
（3）钢筋混凝土道床板：具有一定质量和刚度的钢筋混凝土结构。道床板内预埋外套筒，道床板与结构基础用置于外套筒内的隔振器（橡胶弹簧）整体隔离，达到减振降噪的目的。

2.2 主要施工工艺

1）橡胶弹簧浮置板基标设置

橡胶弹簧浮置板基标分两次测设。
第一次放样线路中心基标，作为基底钢筋绑扎、模板支立基准，并通过线路中心基标在线路两侧1.35m处布设基底高程控制桩。基底高程控制桩采用钢筋桩，将钢筋桩植入结构底板内，要求钢筋桩植入深度不小于100mm，植入后牢固不可摇动（此钢筋桩作为基底面控制桩）。
第二次基标放样在基底表面，在距离线路中心线1.6m位置两侧放样，要求每2.5m放样一处。此基标作为轨道初调、精调依据，要求精度满足相关测量规范要求。

2）浮置板基底部分施工

施工浮置板前先对结构底板进行清理，清理干净底板上残留的垃圾、杂物等。在结构底板上锚入YG2-M16膨胀螺栓，膨胀螺栓每排埋设4根，每根间距600mm，排与排间距600mm，膨胀螺栓要求锚入深度不小于100mm，以保证结构底板和基底板之间可靠连接。

基底采用C30混凝土浇筑，并对混凝土进行振捣，振捣时间不少于30s。基础表面混凝土施工重点控制：①基础表面垂直方向公差为0、-5mm；②安装隔振器的位置表面一定要平整，平整度要求$2mm/m^2$；混凝土浇筑完成后12h内及时覆盖养生棉，并及时进行洒水养护，待混凝土强度达到5MPa后方可进行道床板施工。

3）基底高程及平整度检查、整修

基底混凝土浇筑完毕后，根据基底高程控制桩用线绳重新复查基底混凝土面高程，对于偏差尺寸超过设计要求的地段进行整修。

整修办法：基底混凝土面比设计高程高时，用打磨机在隔振器套筒位置扩大50mm范围内（即套筒位置450mm范围内）进行打磨，打磨过程中随时进行检查，直到达到设计高程。严禁基底高程低于设计高程。

4）隔离膜铺设

橡胶弹簧浮置板基底施工完毕，混凝土表面、两侧水沟中杂物应全部清理干净，然后再铺设隔离膜。正常情况下隔离膜接茬处搭接50mm，并用胶带封口，封口前要用抹布将隔离膜擦干净。隔离膜在中间限位凸形挡台位置应裁开，裁开后穿过限位凸形挡台进行铺设，并进行密封处理，严禁混凝土浇筑时灰浆流入隔离膜内。

5）橡胶弹簧浮置板轨排铺设及钢筋绑扎

橡胶弹簧浮置板轨排通过轨道车推进至铺轨门吊下，再通过铺轨门吊吊运至施工作业面，根据测量点位，调整轨排中心线及前后位置，确保钢筋笼中心线同设计轨道中心线重合、浮置板的前后位置同测量的板端线重合。吊装时应注意对基底限位凸形挡台的保护，严禁吊装时碰撞、损坏限位凸形挡台。

橡胶弹簧浮置板轨排定位完成后，在绑扎钢筋之前需对外套筒进行布置、定位、固定，外套筒其套筒中心线距线路中心线为1.08m，外套筒应位于两轨枕之间，其中心线应与两轨枕中心线重合。施工中如存在轨枕间距偏差致使外套筒位置存在偏差的，应对轨枕间距进行适当调整，以保持外套筒位置。

外套筒在安装、定位后用硅胶等胶凝材料把外筒底部密封好，以保持外套筒的位置并防止泥浆渗漏。

轨排、外套筒定位后即可开始道床钢筋绑扎。在外套筒位置钢筋均进行加密以固定、加强套筒。钢筋绑扎完毕后可采用焊接钢筋的方式加固外套筒定位，以免外套筒移位。

6）橡胶弹簧浮置板道床混凝土浇筑

橡胶弹簧浮置板道床板宽度为3.0m，厚度约为0.411m。采用C40混凝土浇筑，并应加强套筒及轨枕底部位置振捣，防止因振捣不到位出现麻面等现象。

道床模板根据设计要求，分别支立道床板两侧模板、凸形挡台中心圆形模板。道床板两侧模板采用不易变形的钢模板，要求模板必须平顺，位置正确，并牢固不松动。中心限位凸形挡台圆形模板应进行特别加固，保证道床圆形凹入位置与中心凸形挡台之间有60mm空隙，此空隙在后期顶升完成后采用橡胶弹性垫板和树脂相结合进行填充，故施工时先采用聚乙烯泡沫塑料板临时填充，待顶升完成将聚乙烯泡沫塑料板清除后填充弹性垫板和树脂。

橡胶弹簧浮置板每块道床板长度为4.76m，板与板之间预留70mm板缝，道床板宽3.0m，每块板在两侧道床板底部距离两端第二块轨枕（从板端向板中）位置设置预埋件，预埋件每块道床板4个，采用槽钢进行预埋，槽钢尺寸为200mm×150mm×110mm，预埋时开口向下，并将槽钢两侧密封防止灰浆进入预埋槽钢内。

混凝土浇筑完毕后，应及时清理外套筒顶面盖板，确保外套筒盖上无混凝土。同时清理钢轨、扣配件、轨枕面上混凝土残渣，保证浇筑完成后的道床面整洁、干净。

7）浮置板顶升作业

（1）在当混凝土浇筑28d，且达到设计强度后，用厂家提供的专用顶升设备从橡胶弹簧浮置板道床板两侧预埋槽钢位置将浮置板道床板顶升至设计高程（见图10.2-2）。

（2）为了测量浮置板水平和静变形，在每块浮置板道床板上布置4个测量点，测量浮置板的水平高差，并作为浮置板顶升高度控制桩。

（3）顶升时需先去掉外套筒上的盖子，检查外套筒内是否干净，是否潮湿，是否有灰浆进入外套筒内。如有杂物、灰浆等物需进行清理，保证外套筒内干净无杂物。

（4）安装完橡胶弹簧，并达到设计要求后安装锁紧垫片，通过螺栓与橡胶弹簧连接在一起，防止调平垫片移动，最后盖上外套筒盖板，以保护橡胶弹簧，并避免橡胶弹簧被破坏和杂物的进入。

（5）浮置板道床板顶升完毕后，将中间限位凸形挡台位置填充的橡胶泡沫塑料板清除干净，再以橡胶弹性垫板结合树脂进行填充。

图10.2-2 浮置板道床板顶升

8）橡胶浮置板施工误差控制

橡胶弹簧外套筒位置公差：±5mm，顶升位置预埋件安装位置公差：±5mm，每块浮置板的长度误差：±10mm，每块浮置板的宽度误差：±10mm，每块浮置板的高度：±5mm，基底表面允许高程误差：0～-5mm，基底表面平整度误差：3mm/m，限位凸形挡台顶面高度误差：+5～0mm。

其他要求参照《浮置板轨道技术规范》（GJJ/T 191—2012）、《地下铁道工程施工及验收规范》（GB 5029—1999）（2003年版）及国家现行有关强制性规范执行。

2.3 技术创新

橡胶弹簧浮置板道床为新型减振降噪道床类型，11号线成功试铺在国内尚属首次。

橡胶弹簧浮置板道床的施工主要包括浮置板道床基底回填、浮置板道床轨道几何尺寸调整及混凝土浇筑、浮置板顶升等工序，采用"轨排架轨法"进行施工。根据环评要求，该区段减振要求为不小于 8dB。根据现场实测情况，其减振效果可达 15dB。

其主要技术创新点如下：

（1）隔振器高度较小，轨道可实现更低的结构高度，并具有更好的横向稳定性。

（2）采用非线性刚度设计，有效解决了浮置板轨道隔振性能和垂向稳定性的矛盾，确保列车行车安全。

（3）刚度过渡段的设置直接通过调整隔振器刚度实现，施工更为方便。

第3节 钢轨吸振器及道床吸声板施工技术

3.1 工程概况

地铁列车运行时的噪声,是列车车辆在轨道上行驶时,由于车轮踏面擦伤和不圆顺、轨道几何形位不平顺、钢轨顶面波形磨耗等因素,导致轮轨间相互撞击,使车辆和轨道结构产生振动。轮轨振动激发轮轨噪声,经空气传播对周围环境造成污染;同时,轮轨振动由轨道结构传递到桥梁、隧道,并向周围的地层进行传播。

目前国内外降低轮轨噪声的措施,主要有声屏障、道床吸声板、钢轨吸振器等。列车在通过列车制起动区域、小半径曲线地段及特殊减振措施地段时,轮轨噪声会明显放大,从而影响旅客乘坐的舒适性和高架站地铁工作人员的身心健康。声屏障虽然能很好地隔离轮轨噪声对外部环境的影响,但轨行区内部的噪声却无法消除,继而影响旅客和驾驶员的乘坐舒适度。针对上述情况,11号线正线首次在深圳地区试铺了钢轨吸振器和道床吸声板,以减少上述地段轮轨噪声所造成的影响。

3.2 钢轨吸振器

钢轨吸振器是一种新型轨道降噪技术,通过在轨腰及轨底加装阻尼结构,以增大钢轨振动的衰减率,减小钢轨的振动及振幅,从而达到降噪的目的,是一种从源头上解决轮轨噪声的有效途径。它不仅有效减弱过量的车内噪声,而且对小半径曲线地段的尖啸噪声和钢轨磨耗具有较好的削弱效果。

钢轨吸振器在11号线共铺设2.8km,主要由减振楔块、弹性夹组成。减振楔块主要为橡胶元件,并且内部设有金属棒,弹性夹为固定和夹紧橡胶元件使其固定在钢轨上的辅助结构。图10.3-1~图10.3-3分别为钢轨吸振器的安装平面图、剖面图及实物成品图。

根据现场实测情况,在正常行车条件

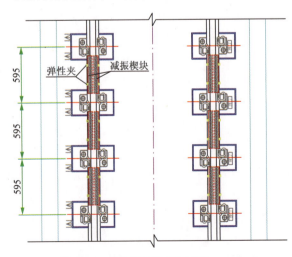

图 10.3-1 安装平面图(尺寸单位:mm)

下，钢轨吸振器可明显降低钢轨的垂向和横向振动，相对未安装钢轨吸振器的钢弹簧浮置板地段，钢轨振动可降低 4dB 左右。同时，轨旁和车厢内的噪声也有一定的降低，轨旁噪声可降低 5～6dB，车厢内噪声可降低 3～4dB。

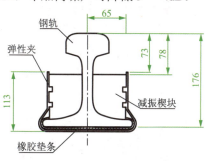

图 10.3-2　安装剖面图（尺寸单位：mm）

图 10.3-3　实物成品图

3.3　道床吸声板

道床吸声板是一种可以实现从声源上降噪的产品。1992 年，德国为了降低 ICE 高速列车经过整体道床时所产生的噪声，率先开发并使用道床吸声板，之后大量应用于高铁及城市轨道交通的车站及正线。11 号线共在高架段铺设道床吸声板 1km。

道床吸声板在板体底部设置垂直于线路方向的空腔，声波通过吸声板表面进入板底空腔，与其中的空气发生共振，声音振动的动能转化为热能，使声能衰弱，从而提高吸声和降低空气压力波的效果。道床吸声板虽未从源头防止噪声的产生，但在噪声源最近处就开始吸收轮轨噪声，避免噪声的扩散，降低了噪声。

道床吸声板以高强硬质陶粒、水泥等无机材料为主制成并且经久耐用，铺设在道床面上，位于轨道的中间和两边，主要由中心块和边块组成。中间块的尺寸为 1287mm×1080mm×150mm，边块的尺寸为 648mm×198mm×150mm。另外，边块两端下面各配有专用吸声砖（200mm×115mm×50mm）作为垫层，以保证吸声板板面与轨道接近，达到一个好的吸声效果。

道床吸声板安装示意图如图 10.3-4 所示。

道床吸声板在设计时就考虑其后期维护的便捷性，露天吸声板在风和雨水次冲刷下会自清洁，不必人工清理；而在室内铺装的吸声板需要定期用大水冲刷一下，一般为 3 个月冲刷一次。

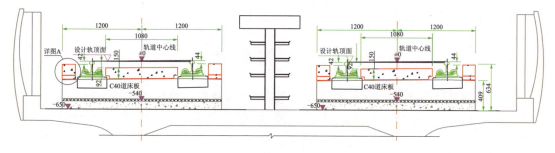

图 10.3-4

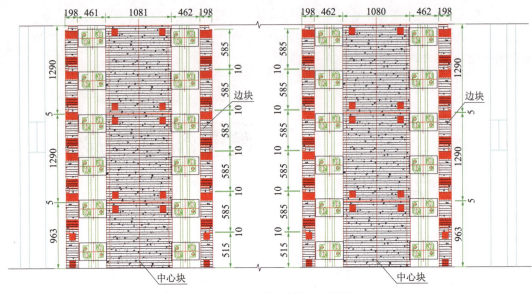

图 10.3-4 道床吸声板安装示意图（尺寸单位：mm）

道床吸声板铺设时的砂浆抹灰示意图如图 10.3-5 所示，铺设完成后的检查验收及成品分别如图 10.3-6、图 10.3-7 所示。

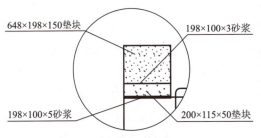

图 10.3-5 砂浆抹灰示意图（尺寸单位：mm）

图 10.3-6 检查验收

图 10.3-7 成品

3.4 实施效果

11 号线在塘尾高架站的制动和启动区段试铺了钢轨吸振器和道床吸声板，试铺段的曲线半径为 1275m，分别铺设于普通道床地段和浮置板道床地段。根据现场实测情况，在正常行车条件下，对于普通道床地段，轨旁和车体内噪声可降低 2～3dB；对于浮置板道床地段，轨旁和车体内噪声可降低 4～5dB。

第4节 新型地铁道岔施工技术

4.1 工程概况

11号线设置有大量的新型地铁道岔,而先期建设的轨道交通一期、二期道岔均不同程度的存在多种问题,主要表现在道岔形式不统一,折返线道岔磨耗较为严重,道岔养护维修工作量较大等。在11号线建设中开展地铁道岔关键技术及通用图设计研究,系统地解决了地铁道岔中存在的技术问题,实现地铁道岔的标准化,提升了性价比,减少了养护维修工作量,减少了备品备件,可以延长使用寿命,实现道岔铺设及维护作业的标准化,并提高其行车安全储备,对提升城市轨道交通的整体技术水平作出了贡献。

4.2 主要施工工艺

4.2.1 施工工艺流程

整体道床道岔及交叉渡线采用"散铺架轨法"施工,提前进行预铺,将道岔料运送至施工地点后,先用支承架将整组道岔架起,然后依据铺轨基桩调整道岔方向、轨距、水平,再按设计位置挂好道岔岔枕,检查无误后浇筑道床混凝土,具体工艺流程如图10.4-1所示。

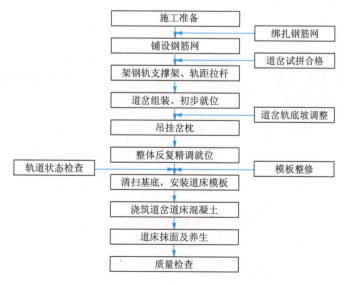

图 10.4-1 散铺架轨法施工工艺流程图

4.2.2 施工工艺要点

1）施工准备

施工前，先进行隧道复测，设置道岔边桩，进行基底处理，并在地面进行道岔的试装，经检查确认零件齐全、位置正确后，方可分组装车，运至施工地点。运送时将尖轨与基本轨捆牢，避免尖轨损坏。

2）道岔组装运输和调整

（1）道岔试拼运输

先在轨排场组装整组道岔，按"1、4""2、3""5、6""7""8""9、10、11""12、13"的组合方式分为七部分（依次编为①②③④⑤⑥⑦）。

试拼确认符合要求后，在每根钢轨轨顶用白油漆标注出岔枕中心位置，然后分组装车运至施工地点。用小型机动车辆牵引天平运输车，将道岔钢轨及零件运至铺设地点。在岔位上安装专用轨排支承架和轨距拉杆，并将各组钢轨连接，挂上混凝土岔枕。

（2）道岔组装

在岔位上安装好特制道岔支承架和轨距拉杆，连接各部分钢轨连接，挂混凝土岔枕。单开道岔平面组合示意图如图 10.4-2 所示。

道岔支撑架根据设计要求进行设置，施工顺序为先铺直股后铺曲股，铺曲股时先铺外股后铺内股，道岔直股支撑架 3m 设置一处，曲股 2.5m 设置一处，在辙叉部位由于自重变大，支撑架需进行加密，如图 10.4-3 所示。

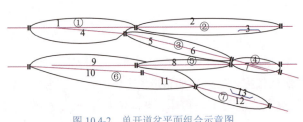

图 10.4-2 单开道岔平面组合示意图

图 10.4-3 道岔支撑架布设

3）道岔精调

（1）道岔轨底坡精调

由于道岔需设 1/40 轨底坡，在支撑架承轨台上安装带 1:40 坡度的调整片，以此形成符合 1/30 ~ 1/50 的轨底坡。支撑架承轨台如图 10.4-4 所示。

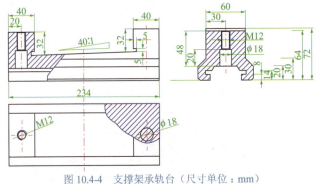

图 10.4-4 支撑架承轨台（尺寸单位：mm）

（2）道岔整体精调

先调整直线基本轨组①、②，使轨道水平，平面位置达到设计要求，然后根据直线基本轨确定直线④、⑤、⑥的位置。直股调整完毕，再根据支距，将曲线基本轨③调整就位，最后将曲线轨组⑦调整就位。

粗调完成后采用轨道基础控制网及轨检小车进行测控，测设次数不少于 2 次，达到精调要求后，进行下一工序施工。

道岔精度符合下列规定：

①道岔里程位置允许误差为 ±15mm。

②导曲线圆顺，支距正确，其允许偏差为 1 mm，附带曲线用 10m 弦量，连续正矢差允许偏差为 1mm。

③轨顶水平及高程：道岔全长范围内高低差不超过 2mm，高程允许偏差为 ±1mm。

④轨距：尖轨尖端处轨距允许误差为 ±1mm。

⑤转辙器部分：尖轨连接牢固，搬动灵活，尖轨尖端与基本轨密贴，其间隙不应大于 1mm；曲尖轨在第一连接杆处的动程不小于 152mm。

⑥护轨头部外侧至辙岔心作用边的距离为 1391mm，允许偏差为 0 ~ +2mm；至翼轨作用边的距离为 1348mm，允许偏差为 0 ~ -1mm。

⑦轨面平顺：滑床板在同一平面内，轨撑与基本轨密贴，其间隙不应大于 0.5mm。

⑧道岔范围内各接头以及与轨道连接处轨面无错台，轨头内侧应直顺无错牙，其允许误差为 0.5mm。

⑨轨缝：允许偏差为 0 ~ +1mm。

4.3 技术创新

1）尖轨线型的优化

道岔尖轨线型由传统的直线型改为相离半切线型，同时借鉴重载道岔中增加尖轨厚度的方法，结合尖轨线型的布置，选择适当的尖轨冲击角，尽量提高尖轨粗壮度，以提高尖轨的整体耐磨性。

2）尖轨防跳装置的应用

尖轨防跳措施能优化轮轨动力学指标，防止或减少尖轨拱腰等病害，改善运行状态。

3）弹性夹式滑床板的应用

传统道岔滑床板所采用的弹片及销钉结构在运营过程中易出现故障，养护维修量大，本次研究借鉴高铁道岔技术采用了弹性夹式滑床板，其优点是扣压力稳定，弹性夹安装、拆卸、维护方便。

4）道岔扣件系统的优化

本次道岔扣件系统设置偏心套和盖板，起到了缓冲、调距（-12 ~ +8mm）、绝缘和降低岔枕螺栓受力点的作用，而且可以使垫板统一采用圆孔，便于加工制造。另外，对扣件系统的铁件提出较高的防锈处理要求。

5）对尖轨接触应力的分析研究

尖轨接触应力水平直接影响其磨耗状态，本次研究通过建立基本轨、尖轨及磨耗型踏面车轮实体模型分析尖轨接触应力水平，改善受力条件，提高尖轨使用寿命。

6）道岔岔区刚度均匀化的分析研究

考虑到传统道岔整体刚度较大且不均匀的问题，开展专项的岔区刚度均匀化研究，将道岔进行区段划分计算分析，分别提出了各段板下胶垫均匀化目标刚度值。在轨下采用天然橡胶胶垫，在板下采用发泡橡胶胶垫，以实现岔区刚度的均匀化。

7）带轨底坡的地铁道岔的应用

借鉴高铁道岔设计经验，在全国首次采用带轨底坡的地铁道岔，提高行车平稳性和过岔速度，延长道岔使用寿命。

8）其他

（1）基本轨和尖轨采用在线淬火轨来提高其耐磨性能。

（2）对折返线道岔的辙叉进行爆炸硬化处理增加其硬度，从而提高辙叉的耐磨性，延长其使用寿命。

第 5 节
钢筋桁架双块式轨枕施工技术

5.1 工程概况

根据 11 号线地铁轴重轻、最高运营速度 120km/h 的特点，在借鉴高铁使用双块式轨枕的结构形式和制造工艺的基础上通过优化，研究出适用于 11 号线的钢筋桁架双块式轨枕，它是一种综合了短轨枕和长轨枕优点的轨枕形式（见图 10.5-1）。钢筋桁架双块式轨枕整体在工厂内预制，施工质量容易控制，且由于两轨枕块之间用钢筋桁梁连接，轨距保持稳定，通过特制的带坡度承轨台的支撑架将轨排进行调整，能够较好地减少轨道状态的调整量，加快施工进度，提高施工质量。钢筋桁架双块式轨枕采用 C50 混凝土浇筑。

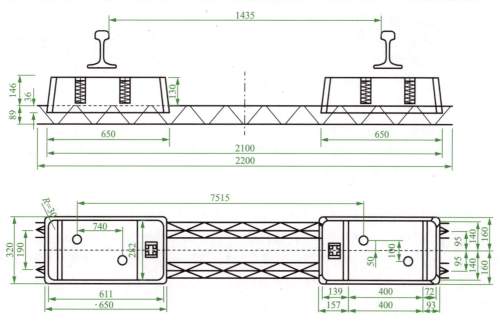

图 10.5-1 双块式轨枕设计图（尺寸单位：mm）

5.2 主要施工工艺

1）CPⅢ轨道基础控制网测设

（1）轨道基础控制点沿线路成对布设（见图 10.5-2），纵向间距为 30～60m，采用连接专用平面测量棱镜或高程测量杆的预埋件。

（2）使用 Leica TS30 全站仪通过自由测站边角交会的方法对轨道基础控制网进行平面测量，使用天宝 DINI03 和徕卡 DNA03 系列电子水准仪及其配套铟瓦尺通过水准测量的方法对轨道基础控制网进行高程测量；数据采集和数据处理软件全线统一，采用的软件为通过相关部门评审和鉴定的高速铁路轨道控制网数据处理与平差软件。

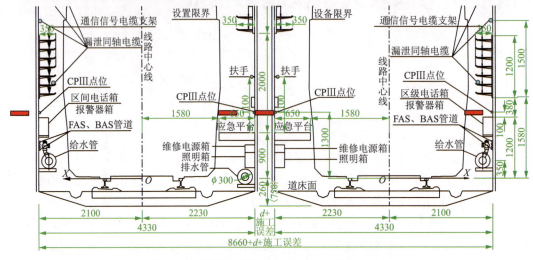

图 10.5-2　轨道基础控制点布置图（尺寸单位：mm）

2）轨枕验收、轨排组装及运输

钢筋桁架双块式轨枕是指两块短轨枕通过桁架钢筋连接为一体，轨枕内另外设置构造纵筋和箍筋。钢筋桁架双块式轨枕的技术要求、生产工艺、质量控制等应符合《客运专线铁路双块式无砟轨道双块式混凝土轨枕暂行技术条件》（科技基〔2008〕74号）的相关规定，且应符合相应设计图的规定。

轨排在基地组装好后，用轨排铺架机将其吊放在平板车上，由轨道运输车推至道床混凝土已施工完毕且强度达到 70% 设计强度的地段，再用两台洞内轨排铺架机抬至待铺位置。

3）轨排架设与轨道状态调整

（1）轨排初调

轨排经轨排铺架机初步摆放就位后，即能以施工基标为依据，借助直角道尺（特制）和万能道尺，通过钢轨支承架丝杆对轨道状态进行初调（见图 10.5-3）。钢轨支撑架一般每隔 2.5m 布置一个，然后将前后钢轨用临时接头夹板连接，上紧紧固螺栓并保持轨缝对接。由于一次性铺设新轨，且考虑到洞内温度恒定，除永久轨缝外，不再设置轨缝。永久接头轨缝允许误差为 $0 \sim +1mm$。

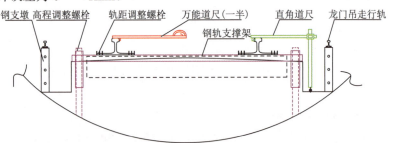

图 10.5-3　轨道状态调整示意图

（2）轨道精调

采用轨道基础控制网测控技术进行轨道精调。轨排初调完成后，在浇筑道床混凝土前，再用高精度的轨道定位测量系统，对钢轨位置、高程、方向等依轨道综合铺轨图进行精调，使轨道几何尺寸全部符合规定要求。

精调作业是在粗调的基础上进行的，是控制轨道平顺度关键的一步，精调对象是每根轨枕处的轮轨踏面；主要使用螺杆调整器和螺旋调整器配合轨道定位测量系统进行轨道精确调整。根据测量显示数据，调整螺杆调整器或螺旋调整器。精调的项目主要有高低、轨向、水平、轨距。

（3）轨道检测及技术要求

①轨道调准的时间和混凝土浇筑之间的时间必须非常短，这些步骤必须在10h内完成，避免温度变化造成调整过的、固定好的钢轨伸长或收缩。

②逐一检测每一断面线路的水平、高低、轨向等几何形位和中线位置并进行调整，直至满足规范标准的要求。

③道床混凝土浇筑前再次利用轨检小车对轨道状态进行检查，对不合格部位进行调整（见图10.5-4）。

轨道状态全部合格后才可浇筑道床混凝土。

图 10.5-4　轨检小车调整轨道状态

5.3　技术创新

目前，国内地铁常用的轨枕形式主要有短轨枕和长轨枕。短枕式整体道床结构简单，施工方便，价格较低，但施工工程中精度控制水平较差，很难有效保证轨底坡的实现，运营后钢轨易不均匀磨耗，增大了运营养护维修工作量；长轨枕整体道床价格稍高，能有效保证轨底坡的实现，但由于长轨枕体积较大，道床混凝土的捣固密实较困难，且道床结构相对稍薄弱一些，易形成"空吊"，造成道床裂缝的产生。

鉴于上述情况，在11号线轨道施工中借鉴成熟的高铁双块式轨枕技术，结合11号线的实际特点研发了钢筋桁架双块式轨枕，该技术兼顾短轨枕和长轨枕的优点，很好地解决了短轨枕施工轨底坡控制难和长轨枕容易出现枕下"空吊"等问题，有利于提高轨道施工精度，减少后期运营养护维修工作量。

钢筋桁架双块式轨枕结构优化了整体道床的钢筋绑扎、轨排组装和轨底坡控制等工艺，提高了工效，节约了劳动力。施工过程简单清晰，连续性强，各道工序衔接配合紧凑有序，全过程平行流水作业，施工进度快，工效高，满足现代地铁轨道工程施工节奏快的要求。

第6节
地铁CPⅢ精密测量技术

6.1 工程概况

11号线轨道工程施工引入了高铁精密工程测量中的CPⅢ测量与无砟轨道精调检测评估等技术,并根据地铁轨道工程的特点,融合、改进、再创新,形成了一套针对地铁轨道工程的测量技术体系。在11号线轨道施工过程中,该技术对其几何形位的控制提供了可靠的测量基准,并采用先进的仪器设备和技术手段进行测设,使轨道的相对精度达到了毫米级。其主要内容包括建立轨道控制网(CPⅢ)、整体道床轨道的铺轨和精调等。该技术提高了轨道施工精度,使轨道在建设阶段达到高平顺性,从而带动轨道设计及施工建设质量的整体提升,从源头上减缓振动与噪声的发生和发展速率,提高运行列车的平顺性和舒适性,减小运营阶段轨道养护维修的工作量,具有较为明显的社会效益和经济效益。

6.2 轨道基础控制网的布设

6.2.1 主要技术要求

轨道基础控制点应沿线路成对布设,点位布设应满足表10.6-1的要求。

轨道基础控制点布设的技术要求　　　　　　表10.6-1

名　称	纵向间距	高　度	备　注
轨道基础控制点	30～60m	高于轨面0.7～1.2m	成对布设在隧道侧墙、中隔墙或站台廊檐上

6.2.2 地下隧道区间段控制点布设

在地下隧道区间段,轨道基础控制点应埋设在隧道侧墙上。控制点布设时,应根据限界图中线路设备的设计位置进行综合比选,选择结构稳定、高度合适、便于控制网测量的位置进行布点。

本项目联络通道地段轨道基础控制点布设位置如图10.6-1所示。

直线段单圆隧道轨道基础控制点布设位置如图10.6-2所示。

曲线段单圆隧道轨道基础控制点布设位置如图10.6-3、图10.6-4所示。

区间直线段双线矩形隧道限界图(有中隔墙)及轨道基础控制点布设位置如图10.6-5所示。

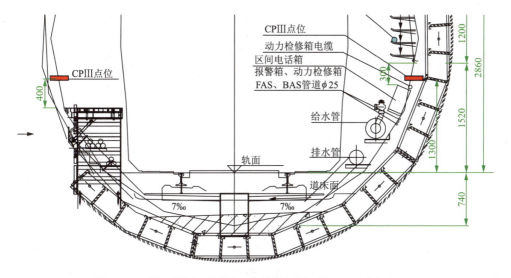

图 10.6-1　联络通道地段轨道基础控制点布设位置图（尺寸单位：mm）

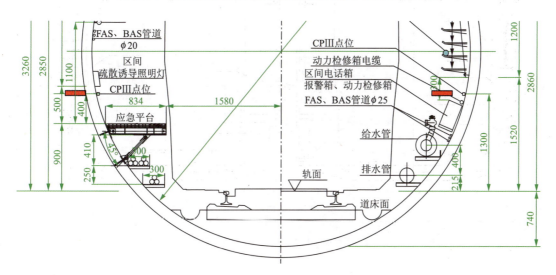

图 10.6-2　直线段单圆隧道轨道基础控制点布设位置图（尺寸单位：mm）

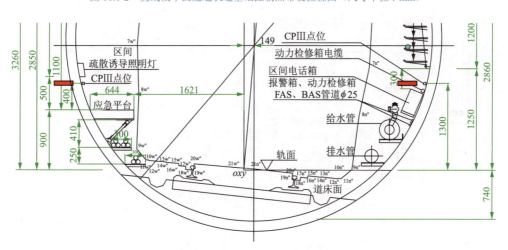

图 10.6-3　曲线段单圆隧道轨道基础控制点布设位置图（一）（尺寸单位：mm）

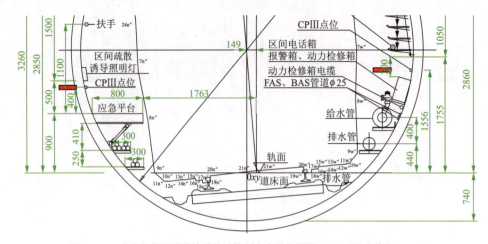

图 10.6-4 曲线段单圆隧道轨道基础控制点布设位置图（二）（尺寸单位：mm）

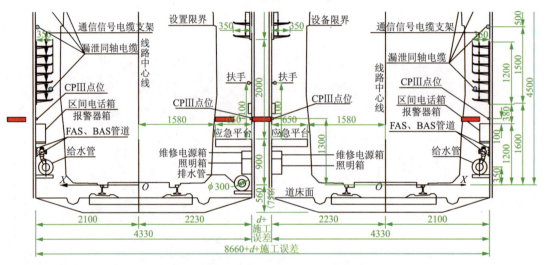

图 10.6-5 区间直线段双线矩形隧道限界图（有中隔墙）及轨道基础控制点布设位置图（尺寸单位：mm）

6.2.3 高架段控制点布设

区间直线段双线高架桥轨道基础控制点布设位置如图 10.6-6 所示。

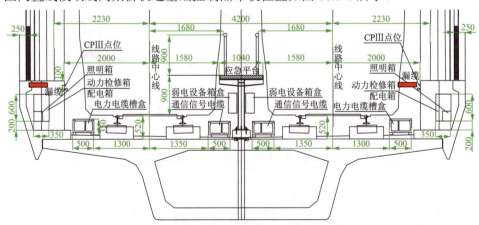

图 10.6-6 区间直线段双线高架桥轨道基础控制点布设位置图（尺寸单位：mm）

6.2.4 车站控制点布设

直线段岛式站台车站矩形隧道区间轨道基础控制点布设位置如图 10.6-7 所示。

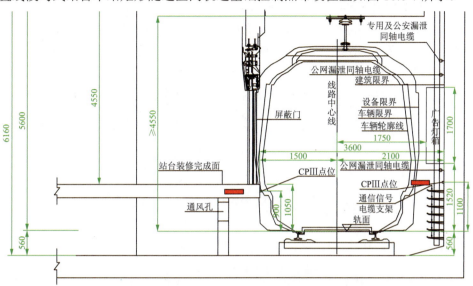

图 10.6-7 直线段岛式站台车站矩形隧道区间轨道基础控制点布设位置图（尺寸单位：mm）

直线段岛式站台车站高架桥轨道基础控制点布设位置如图 10.6-8 所示。

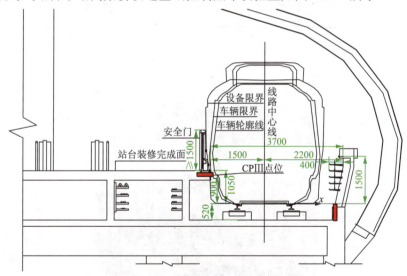

图 10.6-8 直线段岛式站台车站高架桥轨道基础控制点布设位置图（尺寸单位：mm）

注：
1. 本图所注尺寸单位均为 mm。
2. 安全门限界距离车辆限界不小于 25mm，直线段安全门限界坐标值见上表。
安全门的限界尺寸不含安全门的弹性变形量。

6.3 轨道基础控制网平面测量

轨道基础控制网平面测量主要技术要求见表 10.6-2。

轨道基础控制网平面测量的主要技术要求　　　　　　表 10.6-2

控制网	测量方法	方向观测中误差	距离观测中误差	相邻点的相对中误差
轨道基础控制网平面测量	自由测站边角交会测量	1.8″	1.0mm	1.0mm

轨道基础控制网采用自由测站边角交会的方法测量，每个自由测站观测 4 对控制点，测站间重复观测 3 对控制点。每个控制点有 4 个自由测站的方向和距离观测量，具体测量方法如图 10.6-9 所示。

图 10.6-9　轨道基础控制网平面测量示意图

6.4　轨道基础控制网高程测量

轨道基础控制网高程测量水准路线的精度要求见表 10.6-3。

高程测量水准路线的精度要求　　　　　　表 10.6-3

水准测量等级	每千米水准测量偶然中误差 M_Δ	每千米水准测量全中误差 M_w	限差			
			检测已测段高差之差	往返测不符值	附合路线或环线闭合差	左右路线高差不符值
精密水准	≤ 2.0mm	≤ 4.0mm	$8\sqrt{L}$	$8\sqrt{L}$	$8\sqrt{L}$	$6\sqrt{L}$

注：表中 L 为往返测段、附合或环线的水准路线长度，单位为 km。

区段之间衔接时，前后区段独立平差重叠点高程差值应不大于 ±3mm，满足该条件后，采用余弦平滑方法进行区段接边处理。CPⅢ控制网测量如图 10.6-10 所示。

图 10.6-10　CPⅢ控制网测量

6.5　技术创新

相对于传统的城市轨道交通工程，11 号线轨道工程所应用的 CPⅢ轨道精密测量技术的主要创新点如下：

1）用轨道基础控制网代替铺轨基标作为轨道控制基准

（1）布设方法：成对布设于线路两侧，稳固性好，易于保存；点位分布均匀，有利于轨道精调作业精度的控制；预埋件直接安放棱镜，属于强制对中，消除了棱镜的对中误差；采用网形布设，图形精度高，可靠性增强。

（2）服务时间：采用预埋件形式，易于保护，一经建成，可供建设和运营阶段长期使用。

（3）观测方法：采用自由设站，消除仪器设站对中误差；后方交会方式观测，成果精确可靠；相邻点间相对精度高，兼容性好，能有效地控制轨道的平顺性。

（4）平差理论：自动对平差文件进行粗差探测与修复，判断粗差的位置和大小，并自动生成粗差修复后的平差文件；采用余弦函数加权平滑处理技术，自动进行轨道控制网平面、高程和三维坐标的搭接平滑处理，提高了搭接处相邻点相对精度，节省了人工选择搭接控制点的时间，避免了因搭接点选择不同导致的平差结果差异。

2）采用轨道几何状态测量仪代替绳矢法作为调整工具

轨道基础控制网的极高的相邻点间相对精度，对提高轨道的平顺性起到重要作用，并将在轨道交通中应用先进的几何状态测量仪进行轨道的精调和精密检测成为了可能。轨道几何状态测量仪一般具备以下功能：自动测量线路坐标、高程、轨距、水平等轨道几何状态参数，分析计算线路中线坐标、左右轨坐标、左右轨面高程、轨向、高低和扭曲等几何状态参数，并根据线路测量数据进行轨道调整量分析计算、轨道平顺性评价分析和评定结果的统计，最后进行结果的报表输出。

传统城市轨道交通在进行轨道施工作业和线路运营维护时，在检查轨道参数和作业质量验收的过程中，静态检查主要由经验丰富的工人人工拉弦线进行轨向检测，手段落后，主要体现在：由工人手持简单工具实现（轨道尺检测超高和轨距），劳动强度大、测量不连续、测量间距不等、效率低，测量结果与测量人有关，个体性差异大，主观因素影响大；人工抄写并统计超限数据，信息再加工薄弱，无法科学评价轨道质量；数据纸质保存，没有充分利用历史数据记录，也不能被其他管理信息系统使用。这种方法已不能满足轨道高平顺性的需要。采用轨道几何状态测量仪代替绳矢法作为轨道的调整工具，提高了测量精度，解决了既有传统铺轨方法中的诸多问题，使轨道的初始平顺性大大提高，并带动轨道整体技术质量水平的提升，为运营后长期的平顺状态和减少维修工作量打下了坚实的基础。

结 束 语

2016年6月28日，全长51.936km、最高时速120km/h的深圳地铁11号线全线开通运营！这是深圳市城市轨道交通快速发展的缩影，是深圳市城市轨道交通坚持改革创新的果实，是建设各方戮力同心、砥砺奋进的见证。

深圳地铁11号线作为国内首条机场快线，结构安全稳定，线路运行平稳，乘坐舒适度好。从规划时即充分利用创新思路对线路进行优化，在设计中大胆进行技术创新，对高速轨道线路的各项技术标准和规范进行首创和实践。11号线自开工建设以来，各单位利用各项资源和技术手段，采用大量新技术，提升了11号线的技术含量，使11号线也成为科技线路、技术创新线路。

四年来，参建各方以争创"鲁班奖"为目标，以建设为运营服务为宗旨，秉持"建地铁就是建城市"的理念，着眼工程建设特点、难点，广泛应用新技术、新工艺、新设备，科学组织，严格管理，精工细作，全面完成关键里程碑工程，提前实现开通运营目标，兑现了合同承诺，交上了合格答卷。建设过程中，"深圳质量""品质交通"是深圳地铁高水平建设的内在要求，全线安全质量全面受控，未发生责任安全事故。建设全过程认真履行社会责任，绿色施工理念贯穿生产各个环节，真正做到了"绝泥水、抑扬尘、压噪音、靓围挡、降能耗、不扰民"。

安全质量管理成果丰硕。11号线全线获得"广东省建设工程优质奖"荣誉称号，主体结构全部通过广东省推荐鲁班奖工程结构评价，32个工地荣获"深圳市双优工地"称号，22个工地荣获"广东省双优工地"称号，11301标、11305标和11311标荣获国家"AAA级安全文明标准化工地"称号，车公庙枢纽工程入选"第三批全国建筑业绿色施工示范工程"，11家单位获得优秀质量管理小组奖。

科研及技术创新硕果累累。全线被评为"广东省建筑业新技术应用示范工程"，获得省部级设计奖4项；11号线科研课题获得省部级科技进步奖15项、省部级工法8项，同时获得国家发明专利4项、国家实用新型专利16项。

同时，11号线的开通完善了深圳地铁运营线网，降低了市民出行费用，全市1030个计费区段的票价普遍下降1~2元，最大下降4元；同时将中心区至机场的公交时间缩短至30min内，极大地方便了市民出行，被誉为深圳"最美、最快"的地铁线路，得到了广大市民的一致好评，相关各方评价非常满意！

  11号线的高效优质建设离不开深圳市委市政府的正确决策，离不开市轨道交通建设指挥部办公室、住房和建设局及政府相关职能部门的正确领导，离不开沿线各区政府和市民群众的大力支持。我们满怀感恩之情，感谢一路给予我们帮助的各级领导和各界人士，为我们建设优质工程、克服重重困难增添了信心。

  建设宏大工程，历来不易。广大建设者以工地为家，用实干作答，默默奉献，朴实无华。每一段隧道、每一座桥梁、每一个车站都浸润着他们的汗水，烙印着他们的足迹。唯其艰难，更显勇毅。今日回首，依稀可见工友们挥汗如雨、挑灯夜战的壮观场面，仿佛听到机器轰鸣、人声鼎沸的和谐乐曲。

  祝福深圳轨道交通事业取得新的更大进步！

参 考 文 献

[1] 郝磊. 地铁车站及周边地上、地下空间城市设计探讨 [J]. 地铁空间学报, 2006, (增1).

[2] 张海天, 陈健. 深圳地铁11号线隧道空气压力波研究 [J]. 都市快轨交通, 2011, (5).

[3] 张长生. 深圳后海湾海相沉积淤泥固结变形特性研究 [D]. 广州：中国科学院研究生院（广州地球化学研究所）, 2005.

[4] 刘建航, 刘国彬, 范益群. 软土基坑工程中时空效应理论与实践（上）[J]. 地下工程与隧道, 1999, 10 (3): 7-12.

[5] 宋晓哲. 深圳地区典型地质基坑开挖引起坑底回弹变形研究 [D]. 北京：北京交通大学, 2017.

[6] 李洪庆, 陈佳玮. 海积软土地层平行近接深基坑施工相互影响分析 [J]. 广东土木与建筑, 2017, 24 (3): 62-65.

[7] 王志业. 新建车站施工对密贴既有地下结构的影响分析 [D]. 石家庄：石家庄铁道大学, 2017.

[8] 顾问天. 城市中心超大面积深基坑支护选型研究 [J]. 铁道建筑, 2017, (3): 93-97.

[9] 刘厚朴. 盖挖逆作地铁车站十字型钢柱高精度预埋施工关键技术 [J]. 工程建设与设计, 2017, (2): 121-124.

[10] 宋林, 李昌宁, 范恒秀. 紧邻既有线地铁车站深基坑施工开挖方案研究 [J]. 现代隧道技术, 2016, 53 (5): 154-160.

[11] 汪正斌. 复杂环境下地铁隧道CRD工法施工技术研究 [J]. 铁路技术创新, 2018, (2): 40-43.

[12] 徐久勇. 地铁快线车辆段工艺设计研究 [J]. 铁道车辆, 2018, 56 (2): 34-37+5.

[13] 詹金武, 李涛, 郭朝, 等. 深圳复合地层Φ7m土压平衡盾构刀盘地质适应性分析 [J]. 土木工程学报, 2017, 50 (增2): 75-80.

[14] 赵科利. 盾构穿越基岩突起地层段施工技术 [J]. 绿色环保建材, 2016, (8): 102-104.

[15] 曹权, 杨爱武, 李清明, 等. 海水入侵对地铁地下结构侵蚀性的统计分析 [J]. 工程地质学报, 2016, 24 (3): 345-351.

[16] 刘继强. 海积淤泥地层地铁枢纽多基坑近接施工稳定性控制研究 [D]. 北京：北京交通大学, 2016.

[17] 潘建阁. 深圳复合地层对盾构隧道衬砌管片结构受力和变形的影响分析 [D]. 北京：北京交通大学, 2015.

[18] 姚乐. 复合地层土压平衡盾构掘进适应性评价 [D]. 北京：北京交通大学, 2015.

[19] 刘双武，孙磊. 地铁区间隧道全风化花岗岩注浆预加固技术研究[J]. 能源与环保，2018，(5)：180-184.

[20] 陈瑜，李海龙. 深圳地铁 11 号线车公庙枢纽高强度岩层中型钢立柱施工关键技术[J]. 隧道建设，2014，(4).

[21] 肖建辉，党如姣，喻鲲鹏. 矮支架在盖挖逆作地铁车站中的应用[J]. 隧道建设，2017，(增1).

[22] 丰宗明. 盖挖逆作法车站单侧模板支架施工侧墙质量缺陷原因分析及防治[J]. 国防交通工程与技术，2016，(2).

[23] 唐剑，付洵. 单侧移动模架在地铁车站侧墙施工中的应用[J]. 铁道建筑，2015，(8).

[24] 朱宏海. 混合岩残积层物理力学特性及其对地铁工程的影响与处理措施[J]. 现代隧道技术，2013，(1).

[25] 黄松，周书明，闫国栋. 浅埋大跨隧道小角度下穿既有线沉降控制技术[J]. 石家庄铁道大学学报（自然科学版），2011，(9).

[26] 郭衍敬，房倩，李兵. 浅埋暗挖地铁车站管棚的数值模拟及其加固效果分析[J]. 北京工业大学学报，2010，(1)

[27] 刘汉民，吴恒，周东. 强夯法处理吹填砂地基机理分析及应用[J]. 施工技术，2012，(增1)

[28] 傅洪贤，赵勇，谢晋水，等. 隧道爆破近区爆破振动测试研究[J]. 岩石力学与工程学报，2011，(2).

编写人员名单

编写章节		编写人员
序		龙宏德
第1章 工程概况	第1节 工程简介	刘晓阳
	第2节 工程技术应用情况	刘恒
	第3节 建设历程	徐世达、刘学勤
第2章 规划及设计创新	第1节 规划创新	周明亮、王仕春
	第2节 车站、区间设计创新	杨永刚、彭帅
	第3节 机场与轨道交通功能设计创新	苟明中、金永兵
	第4节 车辆段、停车场设计创新	居建勋、徐世达
	第5节 长大区间机电设计特点	罗曼、周伟
第3章 明（盖）挖车站及区间关键技术	第1节 基坑钢支撑自动轴力补偿与监测技术	刘晓阳、刘恒
	第2节 基坑止水帷幕ECR渗漏检测技术	刘晓阳
	第3节 单侧悬臂液压大模板台车施工技术	麦尔刚、胡浩
	第4节 十字型钢格构柱高精度定位技术	杨家响、徐伟工
	第5节 大型枢纽车站盖挖逆作法施工技术	王小丁、周学彬
	第6节 填海区深基坑与结构新型盖挖逆作法施工技术	李冲、蔡炜
	第7节 填海区域地下连续墙施工技术	陈滨、李剑辉
	第8节 紧邻次高压燃气管数码电子雷管微振控制爆破施工技术	王建山、周凯
第4章 高架车站及区间关键施工技术	第1节 海域段地铁高架桥梁施工技术	邓涛、陈俭华
	第2节 高架区间吹填大砂被填海施工技术	王小丁
	第3节 地铁高架桥挂篮法悬臂浇筑施工技术	王平豪、王小丁
第5章 矿山法隧道区间施工技术创新	第1节 矿山法区间超小净距下穿污水管（箱）涵施工技术	林思涛、戴继
	第2节 滨海滩涂区矿山法隧道防水施工技术	黄鑫琢、李旭
	第3节 矿山法隧道数控爆破技术	刘锐、贺干强
	第4节 矿山法区间隧道大管棚超前支护施工技术	汪正斌
第6章 盾构法隧道区间地质勘察及不良地质处理技术	第1节 车红区间孤石综合物探技术	张宏伟、刘厚朴
	第2节 孤石爆破效果及注浆效果的物探检验技术	麦尔刚、刘恒
	第3节 地面钻孔地下爆破预处理硬岩技术	李冲、李艳春
	第4节 区间地面空洞探测技术	汪正斌、何其开

续上表

编写章节		编写人员
第7章 盾构区间主要施工技术创新	第1节 浅覆土段上跨既有地铁1号线施工技术	吴蔚博
	第2节 盾构区间上软下硬地层预处理施工技术	蔡炜、刘恒
	第3节 大盾构小角度下穿既有运营线路施工技术	潘晓明、周学彬
	第4节 复合地层土压平衡盾构带压换刀施工技术	张建、周凯
	第5节 重叠段隧道液压台车支撑保护施工技术	王少臣、马婷婷
第8章 其他土建施工技术	第1节 车公庙枢纽大断面矩形顶管施工技术	白晓宇、吴蔚博
	第2节 地下通道开挖上穿共线下卧地铁隧道保护技术	张建、汤剑
	第3节 车辆段停车场移动式灯笼架立柱模板支撑系统施工技术	王平豪、王吉光、马婷婷
第9章 车站机电安装装修工程技术创新	第1节 机电系统特点及创新	潘荣平、罗曼
	第2节 车站装修设计及特色	程荣、唐广军
	第3节 公共艺术与地铁空间的对话	杨光、高敏
	第4节 BIM技术应用	吴蔚博、罗曼
	第5节 其他安装技术	罗曼、刘利峰
第10章 轨道施工技术创新	第1节 减振垫浮置板施工技术	徐世达、刘锦辉
	第2节 橡胶弹簧浮置板道床施工技术	周华龙、肖云飞
	第3节 钢轨吸振器及道床吸音板施工技术	阮煌、刘锦辉
	第4节 新型地铁道岔施工技术	刘继辉、张晓东
	第5节 钢筋桁架双块式轨枕施工技术	贾晓辉、刘锦辉
	第6节 地铁CPⅢ精密测量技术	徐世达、张仓海
结束语		赵勇

特 别 鸣 谢

在本书编写过程中，得到 11 号线各参建方的大力支持和帮助，对以下参编单位表示感谢：

中铁一局集团有限公司

中铁二局工程有限公司

中铁三局集团有限公司

中铁四局集团有限公司

中铁五局集团有限公司

中铁六局集团有限公司

中铁七局集团有限公司

中铁隧道局集团有限公司

中铁北京工程局集团有限公司

中铁上海工程局集团有限公司

中铁广州工程局集团有限公司

中铁电气化局集团有限公司

中铁二院工程集团有限公司